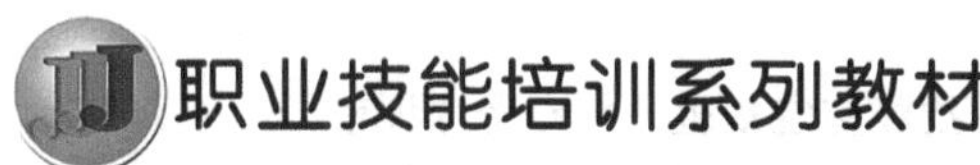

高级电梯安装维修工技能实战训练

主　编　闫莉丽
副主编　孙文涛　王文新
参　编　陈恒亮　邱勇根
主　审　张硕琳

机械工业出版社

本书是根据《国家职业标准》和职业技能鉴定规范，并参考深圳市电梯技能职业标准而编写的，详细讲述了高级电梯安装维修工必须掌握的相关知识内容和技能要求。本书以实践操作为重点，理论讲解围绕实际操作进行。

在了解和掌握中级电梯安装维修工技术的基础上，本书共分4个模块进行介绍。模块1介绍电子技术，模块2介绍PLC控制VVVF电梯，模块3介绍微机控制电梯的调试与故障排除，模块4介绍电梯大修知识。

本书可供高级技工学校、高职院校电梯安装维修类专业使用，也可作为高级电梯安装维修工培训的实际操作技能训练指导教材，还可作为电梯应用技术爱好者的学习参考书。

图书在版编目（CIP）数据

高级电梯安装维修工技能实战训练/闫莉丽主编．—北京：机械工业出版社，2010.5（2025.8重印）

（职业技能培训系列教材）

ISBN 978-7-111-30480-7

Ⅰ．①高…　Ⅱ．①闫…　Ⅲ．①电梯—安装②电梯—维修　Ⅳ．①TU857

中国版本图书馆CIP数据核字（2010）第072893号

机械工业出版社（北京市百万庄大街22号　邮政编码100037）

策划编辑：何月秋　陈玉芝　责任编辑：王振国

版式设计：霍永明　　　　　责任校对：刘怡丹

封面设计：马精明　　　　　责任印制：单爱军

中煤（北京）印务有限公司印刷

2025年8月第1版·第7次印刷

184mm×260mm·11.25印张·275千字

标准书号：ISBN 978-7-111-30480-7

定价：35.00元

电话服务　　　　　　　　　网络服务

客服电话：010-88361066　机　工　官　网：www.cmpbook.com

　　　　　010-88379833　机　工　官　博：weibo.com/cmp1952

　　　　　010-68326294　金　　书　　网：www.golden-book.com

封底无防伪标均为盗版　机工教育服务网：www.cmpedu.com

职业技能培训系列教材

编委会名单

序

随着我国经济的不断发展和产业结构的转型升级以及经济的全球化发展，我国已逐步成为世界的“制造中心”，而制造业的主力军——技能人才却严重匮乏，成为影响我国经济进一步发展的瓶颈。为此，国家提出了新的人才发展战略目标，全面推进技能振兴计划和技能人才培养工程。

在技能人才培养的教学过程中，教材处于基础地位，是课程体系设计的核心。为加快技能人才的培养，我们精心策划了这套“职业技能培训系列教材”。本系列丛书的编写特色体现在以下几个方面：

一是书中内容突出一个“新”字，做到结合当前企业的生产实际，力求教学内容能反映本工种新技术、新标准、新工艺和新设备的应用。

二是根据《国家职业标准》和职业技能鉴定规范，同时结合深圳市电工、电梯、制冷等专业工种的职业技能标准，力求教学内容能覆盖相应工种、相应层次的技能鉴定要求。

三是教学中注重培养学员的职业能力，把相关知识点的学习与专业技能的训练有机地结合起来，摒弃以往“就知识讲知识”的做法，坚持技能人才的培养方向。

四是内容安排上符合认知规律，由浅及深，由易到难，做到理论知识以够用为度，侧重实践操作。

本系列教材的编者来自深圳技师学院从事培训教学的一线教师和企业的部分专家，书中内容基本反映了深圳技能培训教学和社会化考核的方向。相信本书会受到中、高职类院校广大师生和广大青年读者的欢迎。

编委会主任　**黎德良**

前　　言

为帮助电梯安装维修从业人员、技工学校及职业技术院校学生顺利通过电梯安装维修工（高级）职业技能鉴定，根据《国家职业标准》和职业技能鉴定规范，并参考深圳市电梯职业技能标准，结合目前电梯安装维修工的文化素质、技术状况和企业对电梯安装维修技能的实际需求，我们编写了《高级电梯安装维修工技能实战训练》，供高级电梯安装维修工培训及考核训练时使用。

本书内容侧重系统性，并且以实践训练为重点，与实际操作紧密结合。全书共分4个模块，主要内容包括：电子技术、PLC控制VVVF电梯、微机控制电梯的调试与故障排除、电梯大修知识等。

本书由闫莉丽任主编，孙文涛、王文新任副主编，由张硕琳主审。模块1由闫莉丽编写，模块2由王文新、陈恒亮编写，模块3由陈恒亮、邱勇根编写，模块4由孙文涛编写。全书由闫莉丽统稿。

本书收录了编者的大量教学成果，收集了很多现场图片，还参考了部分国内外相关资料，在此谨对有关作者表示衷心的感谢。

限于业务水平和掌握的资料有限，书中难免有错误及不当之处，敬请广大读者批评指正。

编　者

目　　录

模块1　电子技术

1.1　电子技术基本电路

1.1.1　放大电路

放大电路是用来对电信号进行放大的电路，习惯上又称为放大器。它是构成其他电子电路的基本单元电路。这里所指的“放大”是指在输入信号作用下，利用有源器件的控制作用将直流电源提供的部分能量转换为与输入信号成比例的输出信号。因此，放大电路实际上是一个受输入信号控制的能量转换器。

1.1.1.1　放大电路的组成

放大电路由信号源、放大电路、负载和直流电源4部分组成，其组成框图如图1-1所示。

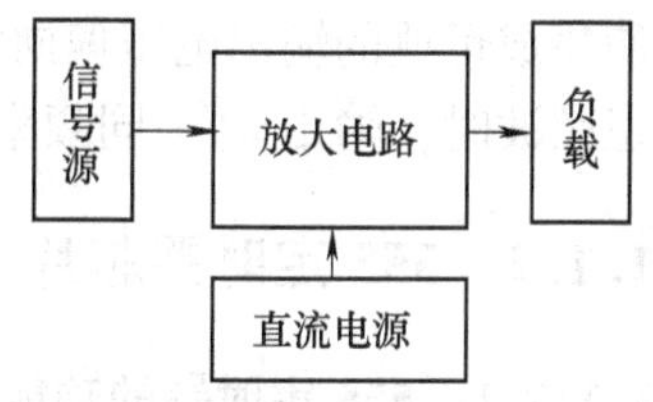

图1-1　放大电路组成框图

放大电路的主要性能指标包括放大倍数、输入电阻、输出电阻、输出功率和效率等。

1.1.1.2　集成运放

集成运算放大器简称集成运放，是一种具有高放大倍数的直接耦合放大器，通常由输入级、偏置电路、中间级、输出级等部分组成。输入级一般采用差动放大电路，偏置电路采用恒流源电路，中间级常采用有源负载和复合管的结构形式，输出级常采用互补对称输出电路。集成运放的主要技术指标包括开环差模电压增益 A_{UOD}、输入失调电压 U_{IO}、输入失调电流 I_{IO}、差模输入电阻 R_{ID}、共模抑制比 K_{CMR}。

集成运放可以组成反相输入、同相输入、差动输入比例运算放大电路，以及反相求和电路、积分电路和微分电路等。除此之外，还可以利用其饱和特性组成过零比较器电路。其中，反相放大器、同相放大器、过零比较器电路如下：

1. 反相放大器　输出信号与输入信号相位相反，且存在比例关系的放大器，称为反相放大器，如图1-2a所示。其放大倍数是 $A_U=\dfrac{u_o}{u_i}=-\dfrac{R_f}{R_1}$，输出 $u_o=-\dfrac{R_f}{R_1}\times u_i$。可以看出，$u_o$ 与 u_i 是比例关系，改变比例系数 $\dfrac{R_f}{R_1}$，即可改变 u_o 的数值。负号表示输出电压与输入电压的极性相反。

2. 同相放大器　输出信号与输入信号相位相同，且存在比例关系的放大器，称为同相放大器，如图1-2b所示。其放大倍数是 $A_U=\dfrac{u_o}{u_i}=1+\dfrac{R_f}{R_1}$，输出 $u_o=\left(1+\dfrac{R_f}{R_1}\right)u_i$。可以看出，

u_o 与 u_i 的相位相同，且两者之间存在一定的比例关系，比例系数为 $1+\frac{R_f}{R_1}$。

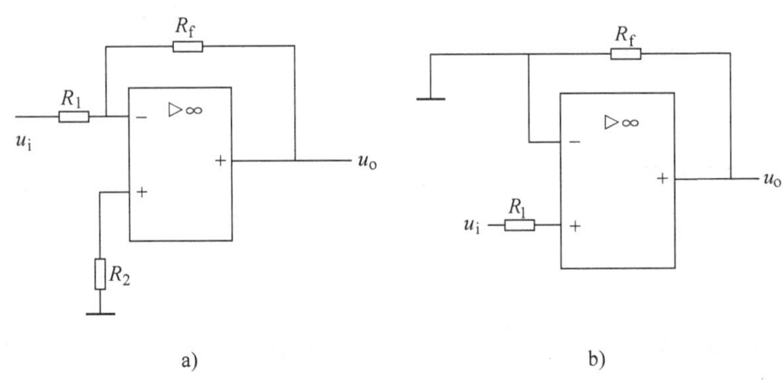

图 1-2 反相放大器及同相放大器

a）反相放大器 b）同相放大器

3. 过零比较器 图1-3 所示为过零比较器。此时的集成运放处于开环状态，具有很高的电压增益，只要在反相端和同相端之间存在微小的电压差值，就会使集成运放的输出电压偏向它的饱和值。当输入 u_i 为正弦波时，输出 u_o 为同频率的方波。

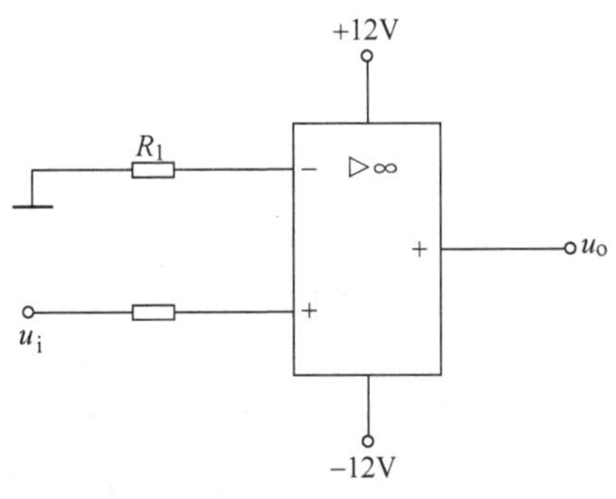

图 1-3 过零比较器

1.1.2 555 定时器芯片的应用

1.1.2.1 555 定时器的功能简介

集成时基电路又称为集成定时器或 555 电路，是一种数字、模拟混合型的中规模集成电路，应用十分广泛。555 定时器的电源电压范围宽（3～18V），可以提供与 TTL 及 CMOS 数字电路兼容的接口电平。它在脉冲波形的产生与变换、仪器与仪表、测量与控制、家用电器与电子玩具等领域都有着广泛的应用。它是一种产生时间延迟和多种脉冲信号的电路，由于内部电压标准使用了 3 个 5kΩ 电阻，故取名 555 电路。其电路类型有双极型（包括 TTL 型）和 CMOS 型两大类，两者的结构与工作原理类似。几乎所有的双极型产品型号最后的三位数码都是 555 或 556；所有的 CMOS 产品型号最后的四位数码都是 7555 或 7556，两者的逻辑功能和引脚排列完全相同，易于互换。555 和 7555 是单定时器。556 和 7556 是双定时器。双极型的电源电压 $V_{CC}=+5\sim+15V$，输出的最大电流可达 200mA，CMOS 型的电源电压为 +3～+18V。其内部电路和电路符号如图 1-4 所示。

555 定时器内部含有一个由三个阻值相同的电阻器组成的分压网络（产生 $V_{CC}/3$ 和 $2V_{CC}/3$ 两个基准电压）、两个电压比较器 C_1、C_2、一个由与非门组成的基本 RS 触发器（低电平触发）、放电晶体管 VT 和输出反相缓冲器 G。

555 定时器有 8 个引出端，按照 1～8 编号各端功能依次为：接地端、低触发输入端、输出端、复位端、电压控制端、高触发输入端、放电端和电源端。

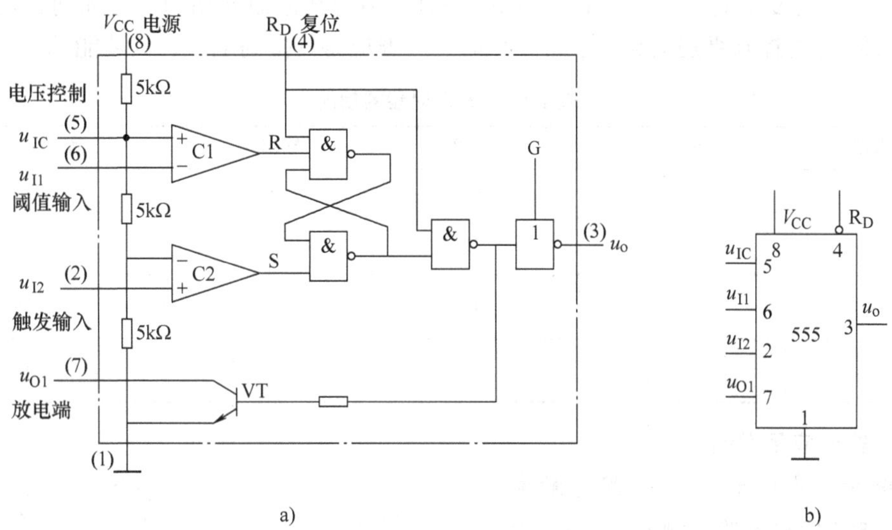

图 1-4　555 定时器的内部电路和电路符号
a）内部电路　b）电路符号

555 定时器主要是与电阻器、电容器构成充放电电路，并由两个比较器来检测电容器上的电压，以确定输出电平的高低和放电开关管的通断。这就很方便地构成从微秒到数十分钟的延时电路，可方便地构成单稳态触发器、多谐振荡器、施密特触发器等脉冲产生或波形变换电路。

1.1.2.2　555 定时器的基本功能

555 定时器有两个阈值，分别是 $2V_{CC}/3$ 和 $V_{CC}/3$。输出端 3 脚和放电端 7 脚的状态一致，输出低电平时对应的放电管饱和，在 7 脚外接上拉电阻时，7 脚为低电平。输出高电平时对应的放电管截止，在有上拉电阻时，7 脚为高电平。输出端状态的改变有滞回现象，回差电压为 $V_{CC}/3$。输出与触发输入反相。当 5 脚悬空时，比较器 C1 和 C2 的比较电压分别为 $2V_{CC}/3$和 $V_{CC}/3$。

（1）当 $u_{I1}>2V_{CC}/3$，$u_{I2}>V_{CC}/3$ 时，比较器 C1 输出低电平，C2 输出高电平，基本 RS 触发器被置 **0**，放电管 VT 导通，输出端 u_o 为低电平。

（2）当 $u_{I1}<2V_{CC}/3$，$u_{I2}<V_{CC}/3$ 时，比较器 C1 输出高电平，C2 输出低电平，基本 RS 触发器被置 **1**，放电管 VT 截止，输出端 u_o 为高电平。

（3）当 $u_{I1}<2V_{CC}/3$，$u_{I2}>V_{CC}/3$ 时，比较器 C1 输出高电平，C2 也输出高电平，即基本 RS 触发器 $R=1$，$S=1$，触发器状态不变，电路亦保持原状态不变。

由于阈值输入端（u_{I1}）为高电平（$>2V_{CC}/3$）时，定时器输出低电平，因此也将该端称为高触发端（TH）。

因为触发输入端（u_{I2}）为低电平（$<V_{CC}/3$）时，定时器输出高电平，因此也将该端称为低触发端（TL）。

如果在电压控制端（5 脚）施加一个外加电压（其值在 $0\sim V_{CC}$之间），那么比较器的参考电压将发生变化，电路相应的阈值、触发电平也将随之变化，并进而影响电路的工作状态。

另外，R_D 为复位输入端，当 R_D 为低电平时，不管其他输入端的状态如何，输出 u_o 为低电平，即 R_D 的控制级别最高。正常工作时，一般应将其接高电平。其功能见表 1-1。

表 1-1 555 定时器的功能

阈值输入端 u_{i1}	触发输入端 u_{i2}	复位 R_D	输出 u_o	放电管 VT
×	×	0	0	导通
$<\frac{2}{3}V_{CC}$	$<\frac{1}{3}V_{CC}$	1	1	截止
$>\frac{2}{3}V_{CC}$	$>\frac{1}{3}V_{CC}$	1	0	导通
$<\frac{2}{3}V_{CC}$	$>\frac{1}{3}V_{CC}$	1	不变	不变

1.1.2.3 典型应用举例

1. 用 555 定时器组成施密特触发器 将 5G555 定时器的高触发输入端 TH 和低触发输入端 TL 连在一起，作为触发器信号 u_i 的输入端，并从输出端输出 u_o，便构成了一个反相输出的施密特触发器，如图 1-5 所示。

施密特触发器的回差电压为

$$\Delta U_T = U_{T+} - U_{T-} = V_{CC}/3$$

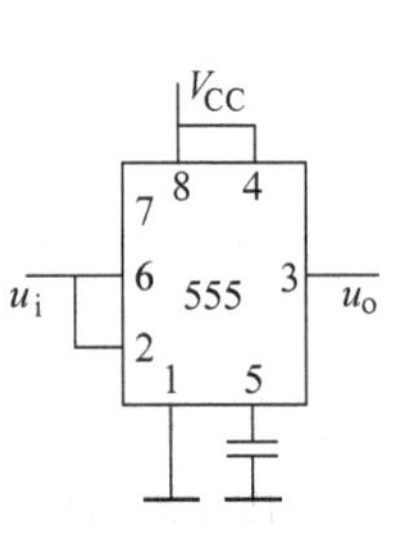

a)

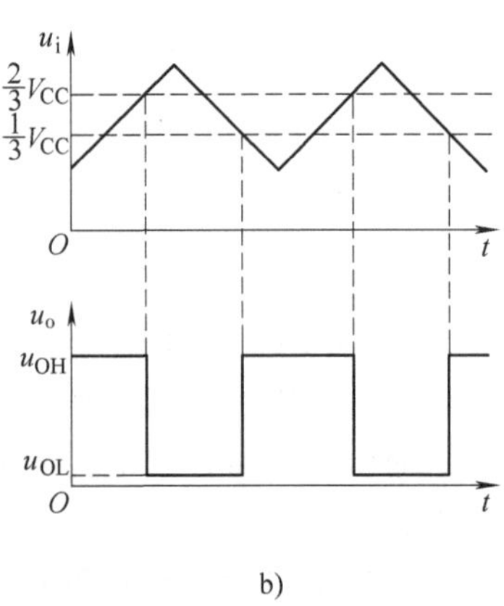

b)

图 1-5 用 555 定时器组成的施密特触发器

a）电路 b）波形

2. 用 555 定时器组成单稳态触发器 将 555 定时器的 TL 作为触发信号 u_i 的输入端，放电管 VT 的集电极通过电阻 R 接 E_C，组成了一个反相器，其集电极通过电容 C 接地，便组成了图 1-6a 所示的单稳态触发器。R 和 C 为定时元件。

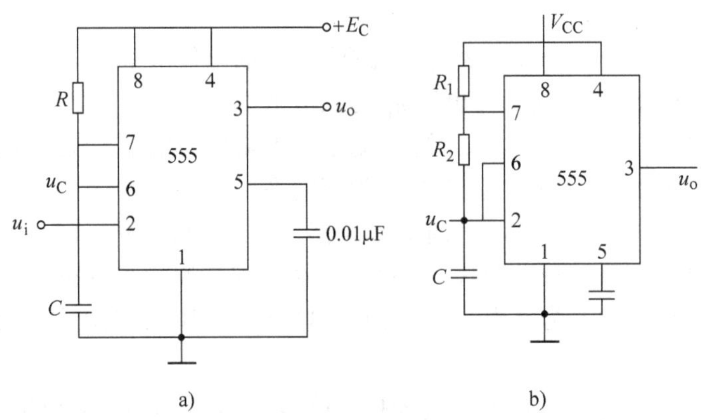

图 1-6 用 555 定时器组成的单稳态触发器和多谐振荡器电路

a）单稳态触发器 b）多谐振荡器

3. 用 555 定时器组成多谐振荡器 将放电管 VT 集电极经电阻 R_1 接到 V_{CC}上，便组成

了一个反相器。其放电端对地接 R_2、C 组成的积分电路，积分电容再接 TH 和 TL 端便组成了如图 1-6b 所示的多谐振荡器。R_1、R_2 和 C 为定时元件。多谐振荡器参数如下：

振荡周期 T：$T = tw_1 + tw_2 \approx 0.7(R_1 + 2R_2)C$

振荡频率 f：$f = 1/T = 1/0.7(R_1 + 2R_2)C$

占空比 q：$q = tw_1/(tw_1 + tw_2) = R_1 + R_2/ R_1 + 2R_2$

1.1.3　触发器电路

触发器是具有记忆功能的单元电路，由门电路构成，专门用来接收、存储以及输出 0、1 代码，能够存储 1 位二值信号的单元电路统称为触发器。

触发器按功能分可分为 RS、JK、D、T 和 T′型触发器；按结构可分为基本、同步、主从、维持阻塞和边沿型触发器；按触发方式可分为上升沿、下降沿触发器和高电平、低电平触发器。

1.1.3.1　基本 RS 触发器

基本 RS 触发器的逻辑符号如图 1-7a 所示。其中，加在输入端的小圆圈表示低电平或负脉冲有效，即仅当低电平或负脉冲作用于输入端时，触发器的状态才能发生变化——低电平或负脉冲触发。集成基本 RS 触发器有 74LS279 及 CC4044 等。

其特征方程式为

$$\begin{cases} Q^{n+1} = \overline{(\overline{S})} + \overline{R}Q^n = S + \overline{R}Q^n \\ \overline{R} + \overline{S} = 1 \qquad (\text{约束条件}) \end{cases}$$

基本 RS 触发器，因为没有时钟信号，则当输入置 0 或置 1 信号出现时刻，输出状态随之变化。由于没有一个统一的节拍控制，所以这种控制方式在数字系统中是很不方便的，在实际应用中，更多的应用场合要求触发器按一定的节拍动作。另外，基本 RS 触发器的抗干扰能力差。

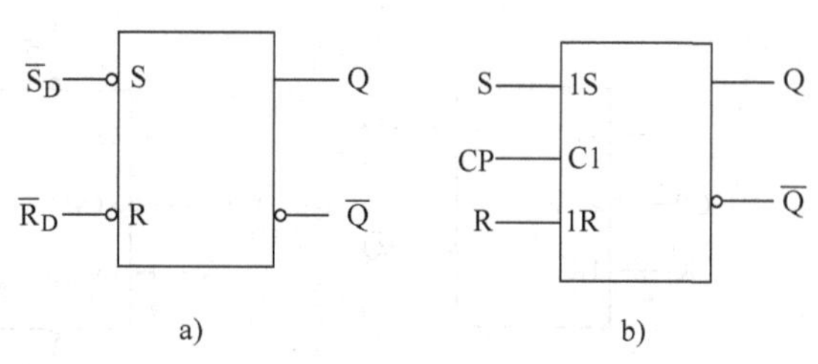

图 1-7　RS 触发器的逻辑符号

a）基本 RS 触发器　b）同步 RS 触发器

1.1.3.2　同步 RS 触发器

同步 RS 触发器是在基本 RS 触发器的基础上增加了两个由时钟脉冲 CP 控制的门。同步 RS 触发器的特性方程与基本 RS 触发器相同，如图 1-7b 所示。

1.1.3.3　同步 JK 触发器

同步 JK 触发器的特征方程式为

$$Q^{n+1} = J\overline{Q^n} + \overline{K}Q^n \quad (\text{CP} = 1 \text{ 时有效})$$

其逻辑符号如图 1-8a 所示。

1.1.3.4　同步 D 触发器

为了避免同步 RS 触发器同时出现 R 和 S 都为 1 的情况，可在 R 和 S 之间接入非门，构成单输入端的触发器，称为 D 触发器。其逻辑符号如图 1-8b 所示。D 触发器的特性方程为

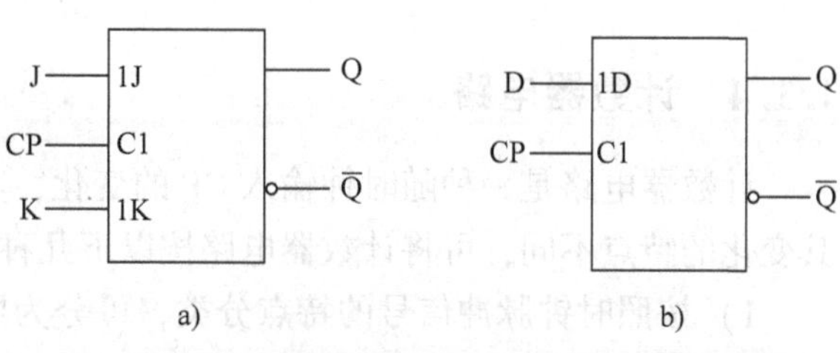

图 1-8　同步 JK 触发器及 D 触发器的逻辑符号

a）同步 JK 触发器　b）D 触发器

$$Q^{n+1} = D \quad (CP = 1 \text{ 时有效,无约束条件})$$

1.1.3.5 边沿 JK 触发器

在 CP 为高电平 1 期间，如果同步触发器的输入信号发生多次变化时，其输出状态也会相应发生多次变化，这种现象称为触发器的空翻。同步触发器由于存在空翻现象，它只能用于数据锁存，而不能用于计数器、移位寄存器和存储器等。为了克服这种空翻现象，实现触发器状态的可靠翻转，通过进一步改进触发器电路，产生了多种结构的触发器。其中，应用较多的有主从触发器和边沿触发器。

边沿触发器只在时钟脉冲 CP 上升沿或下降沿时刻接收输入信号，电路状态才发生翻转，从而提高了触发器工作的可靠性和抗干扰能力，它没有空翻现象。边沿触发器主要有边沿 JK 触发器、维持阻塞 D 触发器等。

边沿 JK 触发器的逻辑符号如图 1-9 所示。J、K 为输入端。逻辑符号中“ >”表示边沿触发器输入。边沿 JK 触发器是利用时钟脉冲 CP 的下降沿进行触发的，它的逻辑功能和同步 JK 触发器的功能相同，因此，它们的特性方程也相同。但是，在边沿 JK 触发器中，特性方程只有在 CP 下降沿到来时才有效，即

$$Q^{n+1} = J\overline{Q^n} + \overline{K}Q^n \quad (CP\downarrow \text{ 下降沿到来时有效})$$

在实际应用中经常用到具有直接置 0 端和置 1 端的边沿 JK 触发器。图 1-9b 所示为下降沿触发的边沿 JK 触发器逻辑符号，图中 $\overline{R}$ 和 $\overline{S}$ 分别为直接置 0 端和直接置 1 端。

1.1.3.6 维持阻塞 D 触发器

维持阻塞 D 触发器的逻辑符号如图 1-10 所示。特性方程为

$$Q^{n+1} = D(CP\uparrow \text{ 上升沿到来时有效})$$

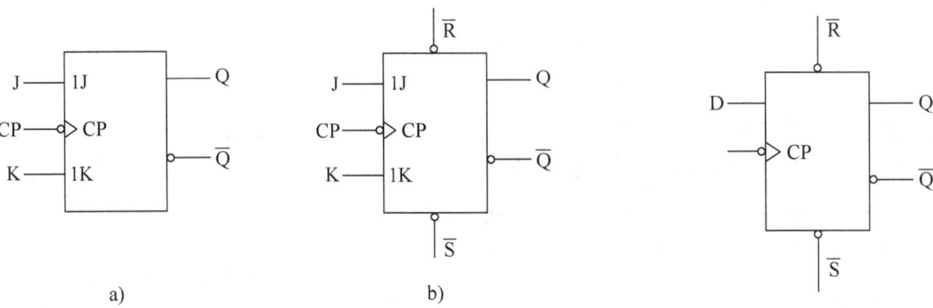

图 1-9 边沿 JK 触发器的逻辑符号
a）边沿 JK 触发器 b）带置 0 和置 1 端的 JK 触发器

图 1-10 维持阻塞 D 触发器的逻辑符号

1.1.4 计数器电路

计数器电路是一种随时钟输入 CP 的变化，其输出按一定的顺序变化的时序电路。根据其变化的特点不同，可将计数器电路按以下几种方法进行分类：

1）按照时钟脉冲信号的特点分类，可分为同步计数器和异步计数器两大类。其中，同步计数器中构成计数器的所有触发器都在同一个时刻进行翻转，一般来讲其时钟输入端全部连接在一起；而异步计数器，即构成计数器的触发器的时钟输入 CP 没有连接在一起，其各

触发器不在同一时刻变化。一般来讲，同步计数器较异步计数器具有更高的计数速度。

2）按照计数的数码变化升降分类，可分为加法计数器和减法计数器，也有一些计数器既可实现加法计数又可实现减法计数，这类计数器又称为可逆计数器。

3）按照输出的编码形式分类，可分为二进制计数器、二—十进制计数器、循环码计数器等。

4）按计数的模数（或容量）分类，可分为十进制计数器、十六进制计数、六十进制计数器等。

计数器不仅用于计数，还可以用于分频、定时等场合，是时序电路中使用最广的一种。二进制计数器是计数器中应用最多的计数器，其模数为 2^n（其中 n 为构成计数器的触发器的个数），由于其充分利用了计数器的资源，故在计数器件中占的比例最高。例如：74LS161 及 74LS163 等计数器芯片。另外，比较常用的计数器芯片还有二—五—十进制异步计数器，如：74LS290。

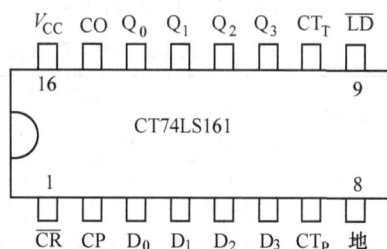

V_{CC} CO Q_0 Q_1 Q_2 Q_3 CT_T $\overline{LD}$

16 CT74LS161 9

1 8

$\overline{CR}$ CP D_0 D_1 D_2 D_3 CT_P 地

图 1-11 同步二进制计数器 CT74LS161 的引脚

1.1.4.1 同步二进制计数器

图 1-11 所示为同步二进制计数器 CT74LS161 的引脚。图中$\overline{CR}$为异步置 0 控制端，$\overline{LD}$为同步置数控制端，CT_P 和 CT_T 为计数控制端，D_0 ~ D_3 为并行数据输入端，Q_0 ~ Q_3 为输出端，CO 为进位输出端。

CT74LS161 的功能见表 1-2。

表 1-2 CT74LS161 的功能

输入									输出					说明
$\overline{CR}$	$\overline{LD}$	CT_P	CT_T	CP	D_3	D_2	D_1	D_0	Q_3	Q_2	Q_1	Q_0	CO	
0	×	×	×	×	×	×	×	×	0	0	0	0	0	异步置 0
1	0	×	×	↑	d_3	d_2	d_1	d_0	d_3	d_2	d_1	d_0		$CO = CT_T Q_3Q_2Q_1Q_0$
1	1	1	1	↑	×	×	×	×	计		数			$CO = Q_3Q_2Q_1Q_0$
1	1	0	×	×	×	×	×	×	保		持			
1	1	×	0	×	×	×	×	×	保		持		0	

集成同步十进制加法计数器 CT74LS160 的主要功能与 CT74LS161 基本相同，只是实现十进制计数。

1.1.4.2 异步二进制加法计数器

图 1-12 所示为由 JK 触发器组成的 4 位异步二进制加法计数器的逻辑电路。图中 JK 触发器都接成T触发器，用计数脉冲 CP 的下降沿触发。

计数前先清零，在计数器的置 0 端$\overline{R_D}$上加负脉冲，使各触发器的状态 $Q_3Q_2Q_1Q_0$ = 0000。在计数过程中，$\overline{R_D}$为高电平。该触发器的电路结构特点是前一级的输出 Q 作为后

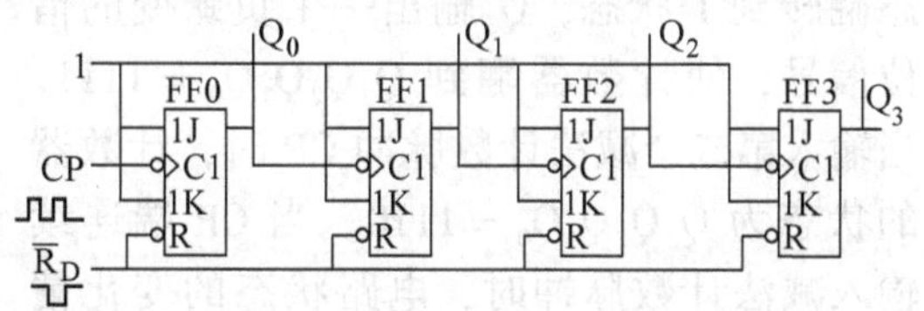

图 1-12 4 位异步二进制加法计数器的逻辑电路

一级的 CP 输入。

当输入第一个 CP（下降沿）时，第一位触发器 FF0 由 0 状态翻转到 1 状态，Q_0 端输出正跃变，FF1 不翻转，保持 0 状态不变。这时计数器的状态为 $Q_3Q_2Q_1Q_0=0001$。

当输入第二个 CP 时，FF0 由 1 状态翻到 0 状态，Q_0 输出负跃变（FF1 的 CP 有效），FF1 则由 0 状态翻到 1 状态，Q_1 输出正跃变，FF2 保持 0 状态不变。这时，计数器的状态为 $Q_3Q_2Q_1Q_0=0010$。

当连续输入计数脉冲 CP 时，根据上述计数规律，只要低位触发器由 1 状态翻到 0 状态，相邻高位触发器的状态便会发生改变。计数器的状态转换见表 1-3，由表 1-3 可知该电路为十六进制计数器，可完成时钟信号的十六分频。

表 1-3　由 JK 触发器组成的 4 位异步二进制加法计数器的状态转换

计数顺序	计数器状态				计数顺序	计数器状态			
	Q_3	Q_2	Q_1	Q_0		Q_3	Q_2	Q_1	Q_0
0	0	0	0	0	9	1	0	0	1
1	0	0	0	1	10	1	0	1	0
2	0	0	1	0	11	1	0	1	1
3	0	0	1	1	12	1	1	0	0
4	0	1	0	0	13	1	1	0	1
5	0	1	0	1	14	1	1	1	0
6	0	1	1	0	15	1	1	1	1
7	0	1	1	1	16	0	0	0	0
8	1	0	0	0					

1.1.4.3　异步二进制减法计数器

4 位二进制减法计数器实现减法运算的关键是在输入第一个减法计数脉冲后，计数器的状态应由 0000 翻到 1111。

图 1-13 所示为由 JK 触发器组成的 T 触发器构成的 4 位二进制减法计数器的逻辑电路，该电路可实现负跃变触发。与加法计数器不同的是，该电路前一级触发器的输出 $\overline{Q}$ 作为后一级电路的 CP 输入。因此，低位触发器由 0 状态变为 1 状态时能使高位触发器的状态翻转，从而实现向相邻高位触发器输出借位信号。它的工作原理分析如下：

电路在进行减法计数前，在置 0 端$\overline{R_D}$上输入负脉冲，使计数器的状态 $Q_3Q_2Q_1Q_0=0000$。在减法计数过程中，$\overline{R_D}$为高电平。

当在 CP 端输入第一个减法计数脉冲时，FF0 由 0 状态翻转到 1 状态，$\overline{Q_0}$输出一个负跃变的借位信号，使 FF1 由 0 状态翻到 1 状态，$\overline{Q_1}$输出一个负跃变的借位信号，使 FF2 由 0 状态翻转到 1 状态，$\overline{Q_3}$输出一个负跃变的借位信号，使计数器翻到 $Q_3Q_2Q_1Q_0=1111$。当输入第二个减法计数脉冲 CP 时，计数器的状态为 $Q_3Q_2Q_1Q_0=1110$。当 CP 端连续输入减法计数脉冲时，电路状态的变化情况见表 1-4。

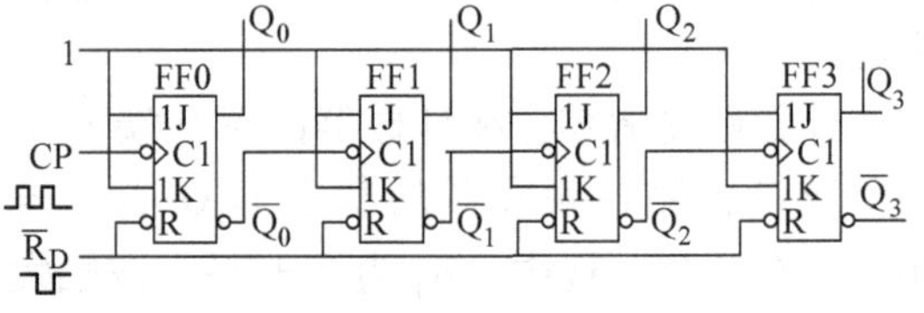

图 1-13　4 位异步二进制减法计数器的逻辑电路

表1-4 由JK触发器组成的4位异步二进制减法计数器的状态转换

计数顺序	计数器状态				计数顺序	计数器状态			
	Q_3	Q_2	Q_1	Q_0		Q_3	Q_2	Q_1	Q_0
0	0	0	0	0	9	0	1	1	1
1	1	1	1	1	10	0	1	1	0
2	1	1	1	0	11	0	1	0	1
3	1	1	0	1	12	0	1	0	0
4	1	1	0	0	13	0	0	1	1
5	1	0	1	1	14	0	0	1	0
6	1	0	1	0	15	0	0	0	1
7	1	0	0	1	16	0	0	0	0
8	1	0	0	0					

1.1.4.4 异步十进制加法计数器

异步十进制加法计数器是在4位异步十六进制加法计数器的基础上经过适当修改而获得的。它跳过了1010～1111六个状态，利用自然二进制数的前十个状态0000～1001实现十进制计数器。

计数器的级联是将多个集成计数器串联起来，以获得计数器容量更大的N进制计数器。一般集成计数器都设有级联用的输入端和输出端。只要正确连接这些级联端，就可获得所需进制的计数器。

在实训部分中，还会讲解其他一些集成计数芯片。

1.1.5 D/A和A/D转换电路

随着数字电子技术的迅速发展，尤其是计算机和通信技术的发展与普及，使得数字系统的应用越来越广泛。但数字系统只能处理数字信号，可是现实世界中大量的信号均是模拟信号，例如：温度、压力、流量等物理量都是随时间连续变化的函数。为了能用数字系统处理现实世界的模拟信号，需要先将这些模拟信号转换成相应的数字信号，然后再送到数字系统中进行处理；经数字系统处理后的数字信号，很多时候我们还需要将它转换为相应的模拟信号，作为最终的输出。将模拟信号转换成数字信号的过程称为模/数转换，简称A/D转换，实现模/数转换的电路称为模/数转换电路，简称ADC。相反，将数字信号转换成模拟信号的过程称为数模转换，简称D/A转换，实现数模转换的电路称为数/模转换电路，简称DAC。ADC和DAC是数字系统两个不可或缺的组成部分，下面分别介绍ADC和DAC的基本结构与原理。

1.1.5.1 数/模转换电路（DAC）

1. *D/A转换的基本原理* 数字量是以二进制代码按数位组合起来表示的，每一位代码都有一定的权值。例如：4位二进制数1011，各位代码的权值分别为：最高位的权是2^3，次高位的权是2^2，次低位的权是2^1，最低位的权是2^0。因此，二进制数1011所代表的十进制数可用加权展开为：$1\times2^3+0\times2^2+1\times2^1+1\times2^0=8+0+2+1=11$。由此可见，对于有权码，先将每位代码按其权的大小转换成相应的模拟量，然后把各位模拟量相加，即可得到与数字量成正比的总模拟量，从而实现数/模转换。

图 1-14 所示为 DAC 的结构框图。由图可见，首先将输入数字量 $D_nD_{n-1}\cdots D_2D_1D_0$ 送至输入寄存器，然后由寄存器的输出控制 n 位模拟开关，模拟开关再根据寄存器输出的各位取值，将译码网络的相应部分接通参考电压源 U_{REF} 或接地，从而产生出与各位数值成正比的电流或电压，最后送至求和放大器实现所有电流或电压的相加放大，得到转换后的模拟电压输出 u_o。

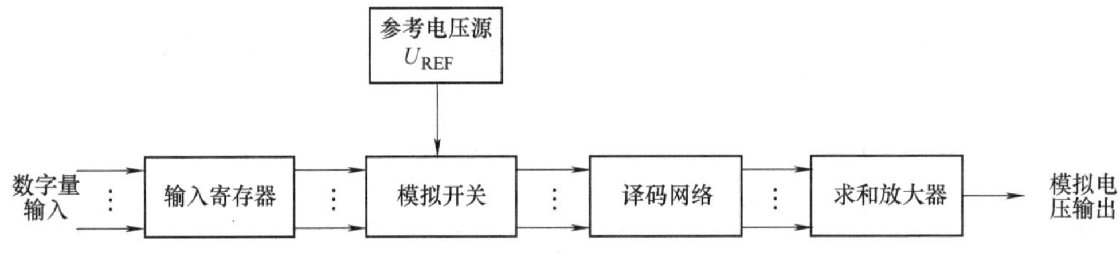

图 1-14　DAC 结构框图

DAC 的输出电压 u_o 与 n 位输入数字量 N 之间的关系式可表示为

$$u_o = \gamma N = \frac{U_{omax}}{2^n - 1}\sum_{i=0}^{n-1}(D_i \times 2^i)$$

式中，γ 为 DAC 的分辨率；N 为 n 位二进制代码所代表的十进制数。

假设输入数字量为 4 位二进制代码 1011，参考电压最大值 $U_{omax}=15V$，输出电压为

$$u_o = \gamma N = \frac{15V}{2^4 - 1} \times (1 \times 2^3 + 0 \times 2^2 + 1 \times 2^1 + 1 \times 2^0) = 1V \times 11 = 11V$$

图 1-15 所示为 4 位 DAC 的输出电压 u_o 与输入数字量 N 之间的转换关系。

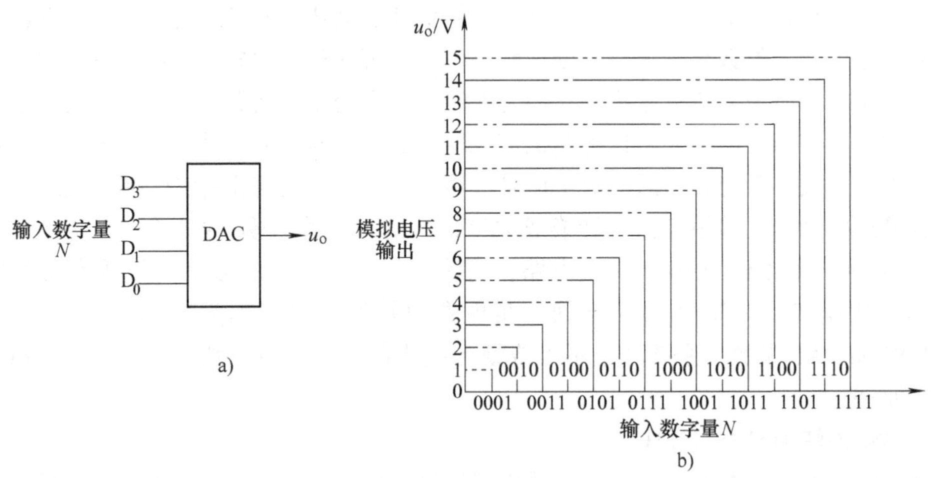

图 1-15　4 位 D/A 转换关系

a）图形符号　b）转换关系

D/A 转换的具体方法很多，其中倒 T 形电阻网络 DAC 是常用的 DAC 之一。

2. 4 位倒 T 形电阻网络 DAC 的结构　图 1-16 所示为 4 位倒 T 形电阻网络 DAC 的结构，它主要由倒 T 形 R—$2R$ 电阻网络、模拟电子开关、运算放大器和参考电压源 U_{REF} 等几个部分组成。图中，S_0 ~ S_3 为模拟开关，由输入数码 D_i 控制，当 $D_i=1$ 时，S_i 接运算放大器反相输入端（虚地），电流 I_i 流入求和电路；当 $D_i=0$ 时，S_i 将电阻 $2R$ 接地。

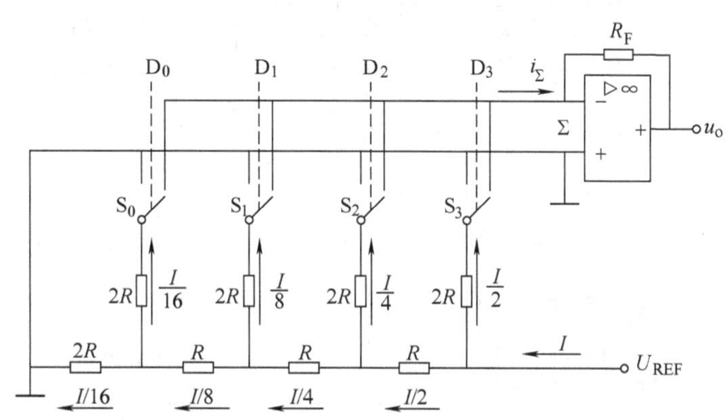

图 1-16　倒 T 形电阻网络 DAC 的结构

3. 4 位倒 T 形电阻网络 DAC 电路工作原理　从图1-16中可以看出，无论数码输入端 D_i 是 0 还是 1，与 S_i 相连的 $2R$ 电阻都相当于接"地"（地或虚地）。所以由 U_{REF} 向左看，倒 T 形电阻网络的等效电阻为 R，因此，由 U_{REF} 流出的基准电流为

$$I=\frac{U_{REF}}{R}$$

而流过 $2R$ 支路的电流是按 2 的倍速递减的，各开关支路（从右到左）的电流分别为：$I/2$、$I/4$、$I/8$、$I/16$。所以，流入运算放大器的总电流为

$$i_{\sum}=\frac{U_{REF}}{R}\left(\frac{D_0}{2^4}+\frac{D_1}{2^3}+\frac{D_2}{2^2}+\frac{D_3}{2^1}\right)$$

运算放大器工作在反相加法状态，为便于分析，假设反馈电阻 $R_F=R$，则运算放大器的输出电压为

$$u_o=-i_{\sum}R_F=-\frac{R_F\times U_{REF}}{2^4R}\sum_{i=0}^{3}(D_i\times 2^i)=-\frac{U_{REF}}{2^4}\sum_{i=0}^{3}(D_i\times 2^i)$$

由此可见，输出模拟电压正比于数字量的输入。由此，运算放大器的输出电压可推广到 n 位，即

$$u_o=-\frac{U_{REF}}{2^n}\sum_{i=0}^{n-1}(D_i\times 2^i)$$

4. 集成 DAC　将电阻网络、模拟开关等集成在一块芯片上，再根据实际应用的需要，附加一些功能电路，便可构成具有各种特性、不同型号的 DAC 芯片，这里只介绍一种 8 位 D/A 转换器 DAC0832。对于其他型号的 DAC，读者可查阅相关集成电路应用手册。

DAC0832 是采用 CMOS 工艺制成的单片电流输出型 8 位 DAC。图 1-17 是 DAC0832 的内部结构及引脚排列。

DAC0832 主要由输入数据锁存器、D/A 寄存器和 DAC 三部分电路组成，其中核心部分为倒 T 形 R—$2R$ 电阻网络的 8 位 DAC。DAC0832 的内部采用双缓冲寄存器，使用时有较大的灵活性，可根据需要接成不同的工作方式。

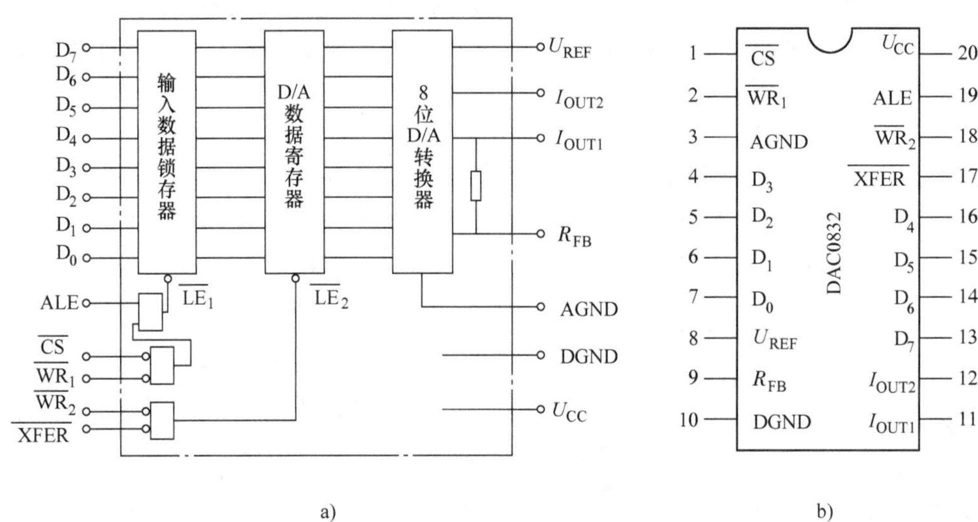

图 1-17　DAC0832 的内部结构及引脚排列

a）内部结构　b）引脚排列

表 1-5 所示为 DAC0832 各引脚的功能说明。从 DAC0832 的内部控制逻辑分析可知，当 ALE、$\overline{CS}$和$\overline{WR}_1$ 同时有效时，LE_1 为高电平。在此期间，输入数据 $D_0 \sim D_7$ 进入输入锁存器。当$\overline{WR}_2$ 和$\overline{XFER}$同时有效时，LE_2 为高电平。在此期间，输入锁存器的数据进入 D/A 寄存器。8 位 D/A 转换电路随时将 D/A 寄存器的数据转换为模拟信号（$I_{OUT1}+I_{OUT2}$）输出。

表 1-5　DAC0832 各引脚的功能说明

符　号	名　称	功 能 说 明
ALE	输入锁存选通	高电平有效。与$\overline{CS}$组合选通$\overline{WR}_1$
$\overline{CS}$	片选信号	低电平有效
$\overline{WR}_1$	输入锁存器写选通	低电平有效。当$\overline{CS}=0$ 且 ALE = 1，$\overline{WR}_1=0$ 时，将数据送入锁存器；当$\overline{WR}_1=1$ 时，输入到锁存器的数据被锁存
$\overline{WR}_2$	D/A 寄存器写选通	低电平有效。当$\overline{XFER}=0$ 且$\overline{WR}_2=0$ 时，输入到锁存器的数据被送到 D/A 寄存器
$\overline{XFER}$	数据传送选通	选通$\overline{WR}_2$，低电平有效
U_{REF}	参考电压输入	取值范围 -10 ~ +10V
R_{FB}	外接反馈电阻端	为外部运算放大器提供反馈
I_{OUT1}	DAC 输出电流 1	DAC 中为“1”的各位权电流汇集输出端。当 DAC 寄存器中的各位全为 1 时，电流最大；全为 0 时，电流为 0
I_{OUT2}	DAC 输出电流 2	DAC 中为“0”的各位权电流汇集输出端。当 DAC 寄存器中的各位全为 0 时，电流最大；全为 1 时，电流为 0
U_{CC}	电源输入端	供电电压范围 +5 ~ +15V
AGND	模拟地	接模拟电路地，即模拟信号与参考电压源的地
DGND	数字地	接数字电路地，即工作电源地与数字逻辑地
$D_0 \sim D_7$	数据输入端	8 位数据并行输入

DAC0832 芯片是电流输出型 DAC，内部不包含运算放大器，因此使用时需要外接运算放大器，才能获得模拟电压输出。同时，芯片内部已设置了反馈电阻 R_{FB}，只要将 9 脚接到运算放大器的输出端即可。若运算放大器增益不够，还必须外加反馈电阻。图 1-18 所示为 DAC0832 芯片的典型应用电路。

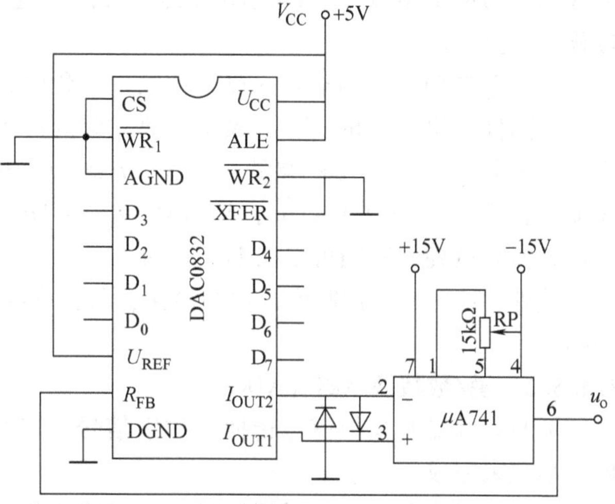

图 1-18　DAC0832 芯片的典型应用电路

5. DAC 的主要技术指标

（1）分辨率。指输入数字量发生单位数码变化时，对应输出模拟量的变化量。它反映了 DAC 可分辨输出最小模拟电压的能力。分辨率用输出模拟电压的最大值 U_{omax} 与最大输入码个数（2^n-1）

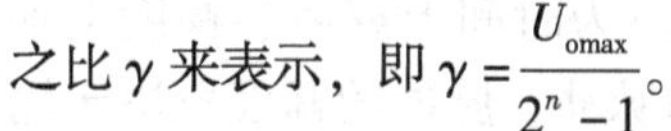

之比 γ 来表示，即 $\gamma=\dfrac{U_{omax}}{2^n-1}$。

分辨率越高，转换时对输入量的微小变化的反应越灵敏。而分辨率与输入数字量的位数有关，n 越大，分辨率越高。例如，$U_{omax}=10\text{V}$，12 位 DAC 的分辨率为 2.44mV，而 8 位 DAC 的分辨率为 39.22mV。在实际使用中，更常用的方法是采用输入数字量的位数或最大输入码的个数来表示分辨率。例如，8 位二进制 DAC 的分辨率为 8 位，16 位二进制 DAC 的分辨率为 16 位等。

（2）转换精度。转换精度是实际输出值与理论计算值之差，这种差值，由转换过程产生的各种误差引起，其中主要是指静态误差，它包括以下几种：

1）非线性误差。它是由电子开关的导通电压降和电阻网络的电阻值偏差产生的，常用满刻度的百分数来表示。

2）比例系数误差。它是由参考电压 U_{REF} 发生偏离而引起的误差，当 ΔU_{REF} 一定时，比例系数误差如图 1-19 中的虚线所示。

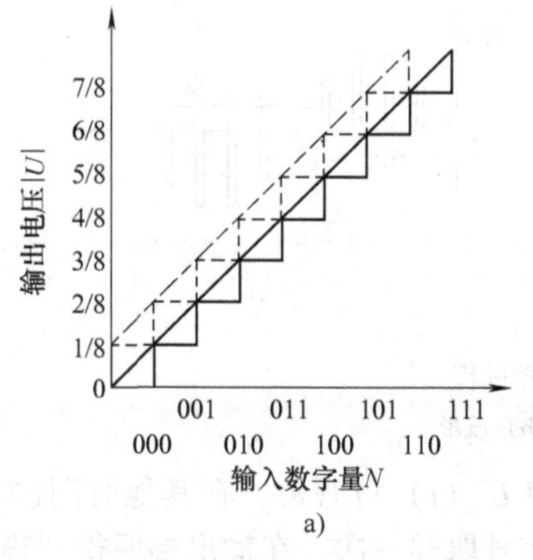

a）

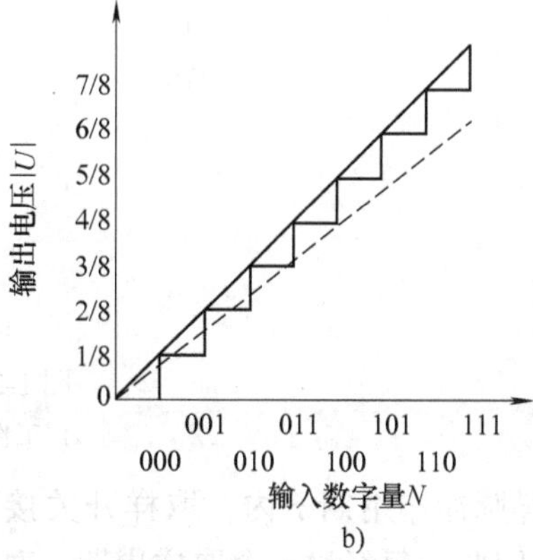

b）

图 1-19　转换精度

a）漂移误差　b）比例系数误差

3）漂移误差。它是由运算放大器零点漂移产生的误差。当输入数字量为0时，由于运算放大器的零点漂移，输出模拟电压并不为0。这是输出电压特性与理想电压特性产生相对位移而产生的。

（3）建立时间。当输入的数字量发生变化时，输出电压或电流变化到相应稳定值所需要的时间称为建立时间，用 t_s 表示。建立时间的大小决定了转换速度。根据建立时间的大小，DAC可分为以下几种类型：低速，$t_s \geqslant 100\mu s$；中速，$t_s = 10 \sim 100\mu s$；高速，$t_s = 1 \sim 10\mu s$；较高速，$t_s = 0.1 \sim 1\mu s$；超高速，$t_s < 0.1\mu s$。目前8~12位单片集成DAC（不包括运算放大器）的建立时间可以在1μs以内。

此外，还有电源抑制比、功率消耗、温度系数，以及输入高、低逻辑电平的数值等技术指标。

1.1.5.2 模/数转换电路（ADC）

A/D转换是将模拟信号转换为数字信号，转换过程需要通过取样、保持、量化和编码四个步骤来完成。

（1）取样和保持。取样是将时间上连续变化的模拟信号转换为时间上离散、幅度上连续的信号，即将时间上连续变化的模拟量转换为一系列等间隔的脉冲，脉冲的幅度取决于输入模拟量。取样电路相当于一个模拟开关，模拟开关周期性地工作。理论上，每个周期内，模拟开关的闭合时间趋近于0。在模拟开关闭合的时刻，我们就取到模拟信号的一个“样本”。其过程如图1-20所示。图中 $U_i(t)$ 为输入模拟信号，$S(t)$ 为取样脉冲，$U'_o(t)$ 为取样后的输出信号。

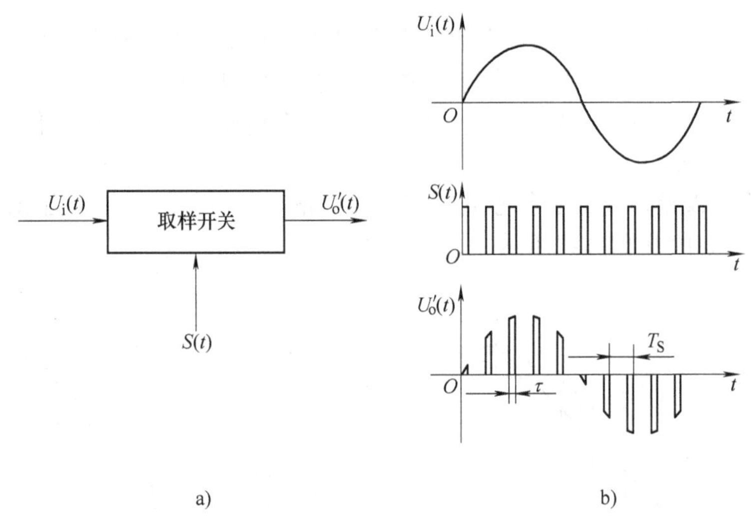

图1-20 取样过程

a）工作原理 b）波形

在取样脉冲作用期 τ 内，取样开关接通，使 $U'_o(t) = U_i(t)$，在其他时间 $(T_S - \tau)$ 内，输出=0。因此，每经过一个取样周期，对输入信号取样一次，在输出端便得到输入信号的一个取样值。为了不失真地恢复原输入模拟信号，根据取样定理，对于一个频率有限的模拟信号，其取样频率 f_s 必须大于或等于输入模拟信号包含的最高频率 f_{max} 的两倍，即取样频率

必须满足：

$$f_s \geqslant 2f_{max}$$

模拟信号经取样后，得到一系列样值脉冲。取样脉冲宽度 τ 一般是很短暂的，在下一个取样脉冲到来之前，应暂时保持所取得的样值脉冲幅度，以便进行后续的量化和编码。因此，在取样电路之后必须增加保持电路。图1-21a是一种常见的取样保持电路，场效应晶体管V为取样门，C 为保持电容，运算放大器为跟随器，起缓冲隔离作用。在取样脉冲 $S(t)$ 到来的时间 τ 内，场效应晶体管V导通，输入模拟量 $U_i(t)$ 向电容 C 充电；假设充电时间常数远远小于 τ，那么 C 两端的充电电压 $U'_o(t)$ 可以及时跟上 $U_i(t)$ 的取样值。取样结束时，V迅速截止，若运算放大器的输入电阻足够大，则 C 两端的充电电压 $U'_o(t)$ 就可以保持前一取样时间 τ 的输入 $U_i(t)$ 的值，一直保持到下一个取样脉冲到来为止。当下一个取样脉冲到来时，C 上的电压 $U'_o(t)$ 再按输入 $U_i(t)$ 变化。在输入一连串取样脉冲序列后，取样保持电路的缓冲放大器输出电压 $U_o(t)$ 便得到如图1-21b所示的实线波形。

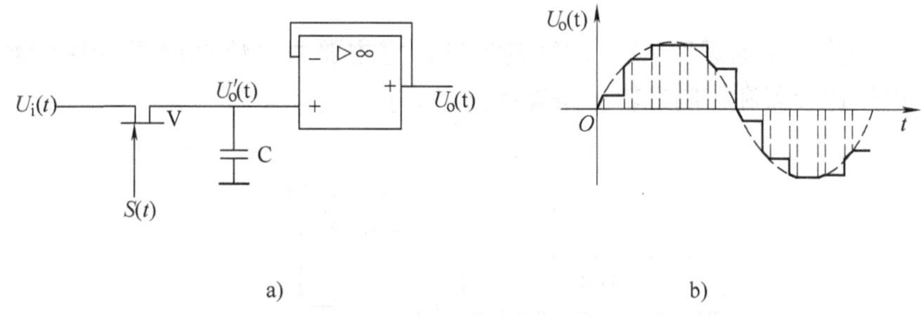

图1-21　取样保持电路

a）电路　b）波形

（2）量化和编码。量化是将连续幅度信号变成离散幅度信号的过程。由上面的分析可知，输入的模拟电压经过取样保持后，得到的是阶梯波。而阶梯波的幅度是任意的，会有无限个数值，因此该阶梯波仍是一个可以连续取值的模拟信号。另一方面，由于实际电路能够表示的数字量的位数是有限的，n 位数字量只能表示 2^n 个数值。因此，用数字量来表示连续变化的模拟量时就会出现类似于四舍五入的近似问题。只能将取样后的样值电平归化到与之接近的离散电平上，这一过程称为量化。指定的离散电平称为量化电平，用 U_q 表示。用二进制代码来表示各个量化电平的过程称为编码。两个量化电平之间的差值称为量化间隔 s，位数越多，量化等级越细，s 就越小。取样保持后未量化的 U_o 值与量化电平 U_q 值通常是不相等的，其差值称为量化误差 δ，即 $\delta = U_o - U_q$。量化的方法有两种：只舍不入法和有舍有入法，如图1-22所示。

（3）逐次逼近型ADC。ADC电路分为直接型和间接型两大类。直接型是通过一套基准电压与取样保持电压进行比较，从而直接转换成数字量，例如逐次逼近型ADC和并联比较型ADC。这种ADC的特点是工作速度高，转换精度容易保证，调整也比较方便。间接型是将取样后的模拟信号先转换成时间 t 或频率 f，然后再将 t 或 f 转换成数字量，例如双积分型ADC。这种ADC的特点是虽然工作速度较低，但转换精度可以做得较高，而且抗干扰性能强，一般在测试仪表中用得较多。下面只介绍逐次逼近型ADC的结构和工作原理，其他类型的ADC读者可参考相关书籍或集成电路手册。

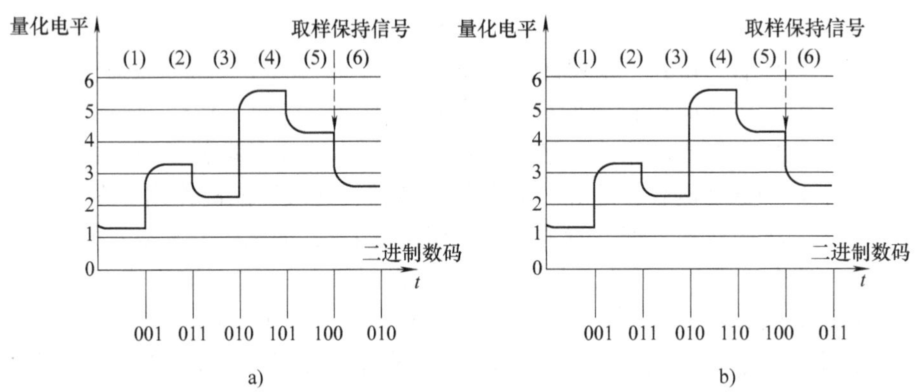

图 1-22　两种量化方法的比较

a）只舍不入法　b）有舍有入法

图 1-23 所示为逐次逼近型 ADC 的结构框图，它主要由逐位逼近寄存器 SAR、数/模转换器 DAC、电压比较器和控制逻辑电路等部分组成。

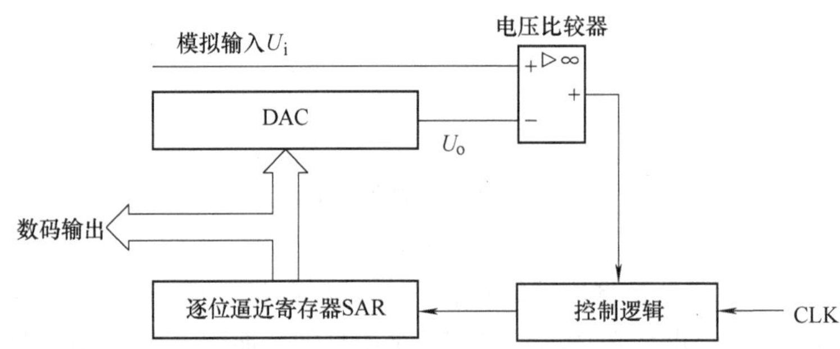

图 1-23　逐次逼近型 ADC 的结构框图

由图 1-23 可见，这种转换器是把要转换的模拟电压 U_i 与一系列的基准电压进行比较。比较过程是从高位到低位逐位进行的，并依次确定各位数码是 1 还是 0。

转换开始前，先将逐位逼近寄存器（SAR）清零，开始转换后，控制逻辑先将逐位逼近寄存器（SAR）的最高位置 1，使其输出为 100…000，这个数码被 DAC 转换成相应的模拟电压 U_o，紧接着送至比较器与输入模拟电压 U_i 比较。若 $U_o > U_i$，则说明 SAR 输出的数码大了，此时，应将最高位改为 0（去码），同时设次高位为 1；若 $U_o \leqslant U_i$，则说明 SAR 输出的数码还不够大，因此，应将最高位的 1 保留（加码），同时还应设次高位为 1。然后，再按同样的方法进行比较，确定次高位的 1 是去掉还是保留（即去码还是加码）。这样逐位比较下去，一直到最低位为止，比较完毕后，寄存器中的状态即为转化后的数字输出。显然，逐次逼近型 ADC 的设计思想是试凑法，即由粗到精、步步逼近。例如，采用逐次逼近法将模拟电压 $U_i = 163\text{mV}$ 转换为相应的数码输出，逐位逼近寄存器（SAR）的数字量为八位。

表 1-6 和图 1-24 分别给出其逐次比较过程及输出波形，经过 8 次逐次比较，最后输出的数码为 10100011。

表 1-6 U_i = 163mV 的逐次比较过程

比较步骤	SAR 设定的数码								十进制数	比较判断	结果
	128	64	32	16	8	4	2	1			
1	1	0	0	0	0	0	0	0	128	$U_i > U_o$	留
2	1	1	0	0	0	0	0	0	192	$U_i < U_o$	去
3	1	0	1	0	0	0	0	0	160	$U_i > U_o$	留
4	1	0	1	1	0	0	0	0	176	$U_i < U_o$	去
5	1	0	1	0	1	0	0	0	168	$U_i < U_o$	去
6	1	0	1	0	0	1	0	0	164	$U_i < U_o$	去
7	1	0	1	0	0	0	1	0	162	$U_i > U_o$	留
8	1	0	1	0	0	0	1	1	163	$U_i = U_o$	留
结果	1	0	1	0	0	0	1	1	163		

（4）集成 ADC。集成 ADC 的型号很多，ADC0809 是其中比较常用的单极型单片集成 ADC 之一。它是采用 CMOS 工艺制成的单片 8 位 8 通道逐次逼近型 ADC。图 1-25 所示为 ADC0809 的内部结构及引脚排列。由图 1-25a 可见，ADC0809 的核心部分为 8 位 A/D 转换器，它由逐次逼近寄存器 SAR、比较器、256R 电阻梯形网络、开关树和控制与定时 5 个部分组成。其中，ADC0809 各引脚的功能说明见表 1-7。

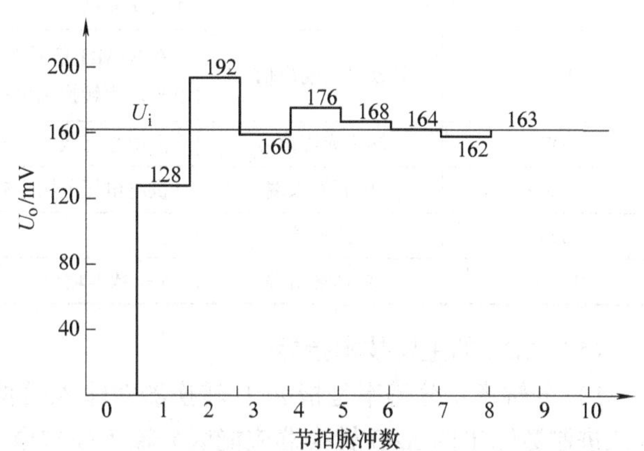

图 1-24 逐次逼近型 ADC 比较输出波形

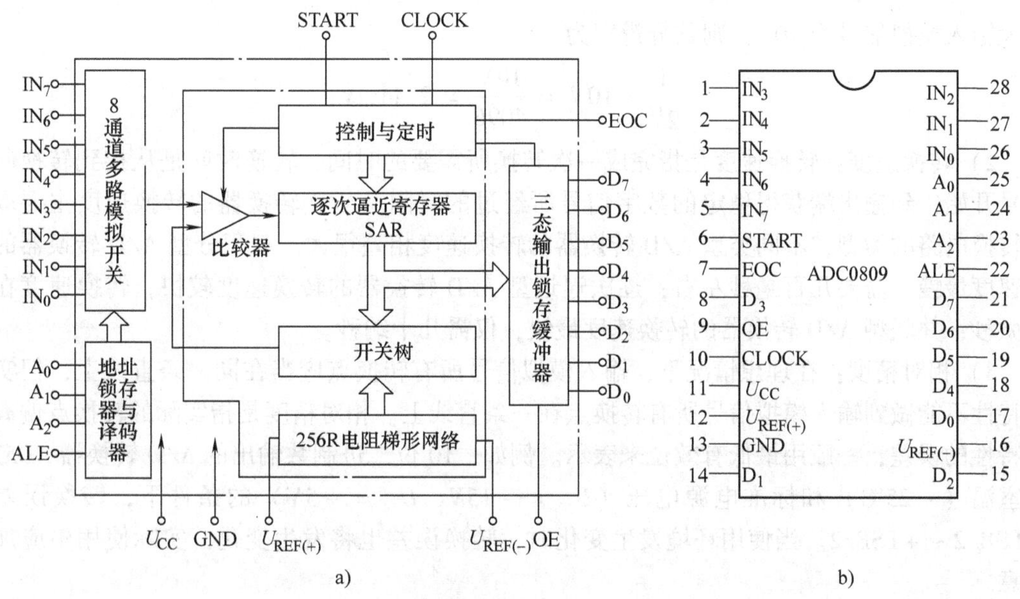

图 1-25 ADC0809 的内部结构及引脚排列

a）内部结构 b）引脚排列

表 1-7　ADC0809 各引脚的功能说明

符　号	名　称	功能说明
$IN_0 \sim IN_7$	模拟信号输入端	8 路模拟信号输入
A_0、A_1、A_2	地址输入端	模拟输入端选通地址输入
ALE	地址锁存允许信号输入	高电平有效。ALE =1 时，锁存地址码，从而选通相应的模拟信号通道，以便进行 A/D 转换
START	起动信号	为了起动 A/D 转换过程，应在此引脚加一个正脉冲，脉冲的上升沿将内部寄存器全部清 0，在其下降沿开始 A/D 转换过程
CLOCK	时钟脉冲输入端	一般在此端加 500kHz 的时钟脉冲信号
$U_{REF(+)}$、$U_{REF(-)}$	基准电压的正极和负极	由此施加基准电压，基准电压的中心点应在 $U_{CC}/2$ 附近，其偏差不应超过 ±0.1V
EOC	转换结束输出信号	在 START 信号上升沿之后 1 ~ 8 个时钟脉冲周期内，EOC 信号变为低电平。当转换结束后，转换后的数据可以读出时，EOC 变为高电平
OE	输出允许信号	高电平有效。当 OE =1 时，打开输出锁存器的三态门，将数据送出
U_{CC}	电源输入端	供电电压范围 +5V
GND	接地端	
$D_0 \sim D_7$	数据输出端	8 位数据输出

（5）ADC 的主要技术指标

1）分辨率：分辨率是指 A/D 转换器对输入模拟信号的分辨能力。从理论上讲，一个 n 位二进制数输出的 A/D 转换器应能区分输入模拟电压的 2^n 个不同量级，能区分输入模拟电压的最小差异为$\frac{1}{2^n}$FSR（满量程输入的 $1/2^n$）。例如，A/D 转换器的输出为 12 位二进制数，最大输入模拟信号为 10V，则其分辨率为

$$\frac{1}{2^{12}} \times 10V = \frac{10V}{4096} = 2.44mV$$

2）转换速度：转换速度是指完成一次转换所需要的时间，转换时间是从接到转换起动信号开始，到输出端获得稳定的数字信号所经过的时间。A/D 转换器的转换速度主要取决于转换电路的类型，不同类型 A/D 转换器的转换速度相差很大。双积分型 A/D 转换器的转换速度最慢，需要几百毫秒左右；逐次逼近型 A/D 转换器的转换速度较快，转换速度在几十微秒；并联型 A/D 转换器的转换速度最快，仅需几十纳秒。

3）相对精度：在理想情况下，输入模拟信号所有转换点应当在同一条直线上，但实际的特性不能做到输入模拟信号所有转换点在一条直线上。相对精度是指实际的转换点偏离理想特性的误差，一般用最低有效位来表示。例如，10 位二进制数输出的 A/D 转换器 AD571，在室温（+25℃）和标准电源电压（$U_- = -15V$，$U_+ = +5V$）的条件下，转换误差在 -LSB/2 ~ +LSB/2。当使用环境发生变化时，转换误差也将发生变化，实际使用中应加以注意。

除此之外，还有绝对精度、微分非线性、单调性和无错码、总谐波失真和积分非线性等技术指标。

1.2　电子技术实训指导

实训1　计数译码显示电路的连接及测试

1. 实训目的

1）掌握计数译码显示电路的工作原理及测试方法。

2）学会搭接计数译码显示电路并进行测试。

2. 实训平台

电子综合实训台。

3. 实训准备

（1）知识准备　理解相关的基础知识。

（2）工具准备　万用表、镊子等电子电路搭接工具。

注意：应按照安全操作规程进行实训，以免发生人身伤害或设备损坏事故。

4. 背景知识

（1）74LS90　74LS90是异步二—五—十进制加法计数器，它既可以作为二进制加法计数器，又可以作为五进制和十进制加法计数器。图1-26所示为74LS90芯片的引脚排列及接线方法，表1-8为74LS90的功能说明。表1-9为由74LS90构成两种计数器的编码。

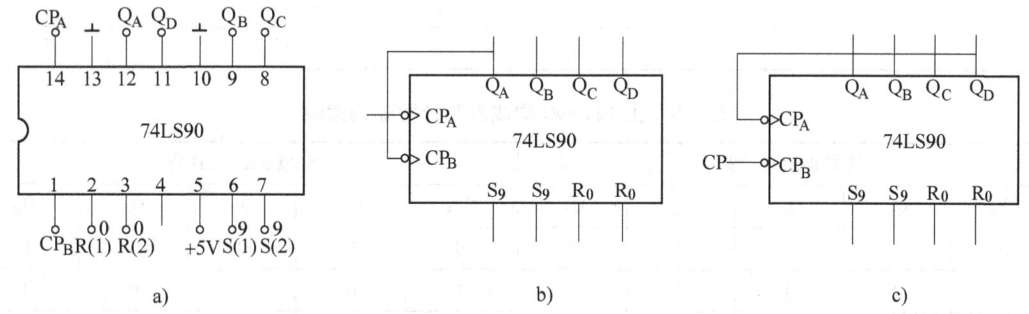

图1-26　74LS90芯片的引脚排列及接线方法

a）引脚排列　b）8421BCD码十进制计数器　c）5421BCD码十进制计数器

通过不同的连接方式，74LS90可以实现4种不同的逻辑功能，而且还可借助R(1)、R(2)对计数器清零，借助S(1)、S(2)将计数器置9。其具体功能详述如下：

1）计数脉冲从CP_A输入，Q_A作为输出端，为二进制计数器。

2）计数脉冲从CP_B输入，Q_D、Q_C、Q_B作为输出端，为异步五进制加法计数器。

3）若将CP_B和Q_A相连，计数脉冲由CP_A输入，Q_D、Q_C、Q_B、Q_A作为输出端，则构成异步8421BCD码十进制加法计数器。

4）若将CP_A与Q_D相连，计数脉冲由CP_B输入，Q_A、Q_D、Q_C、Q_B作为输出端，则构成异步5421BCD码十进制加法计数器。

5）清零、置9功能。

a. 异步清零

当R(1)、R(2)均为“1”；S(1)、S(2)中有“0”时，实现异步清零功能，即$Q_DQ_CQ_BQ_A=0000$。

b. 置9功能

当S(1)、S(2)均为“1”；R(1)、R(2)中有“0”时，实现置9功能，即$Q_DQ_CQ_BQ_A=1001$。

表1-8 74LS90的功能说明

<table>
<tr><th colspan="6">输入</th><th colspan="4">输出</th><th rowspan="3">功能</th></tr>
<tr><th colspan="2">清0</th><th colspan="2">置9</th><th colspan="2">时钟</th><th rowspan="2">Q_D</th><th rowspan="2">Q_C</th><th rowspan="2">Q_B</th><th rowspan="2">Q_A</th></tr>
<tr><th>R(1)</th><th>R(2)</th><th>S(1)</th><th>S(2)</th><th>CP_1</th><th>CP_2</th></tr>
<tr><td>1</td><td>1</td><td>0
×</td><td>×
0</td><td>×</td><td>×</td><td>×
0</td><td>×
0</td><td>×
0</td><td>×
0</td><td>清0</td></tr>
<tr><td>0
×</td><td>0
×</td><td>1</td><td>1</td><td>×</td><td>×</td><td>1</td><td>×
0</td><td>×
0</td><td>1
1</td><td>置9</td></tr>
<tr><td rowspan="5">0
×</td><td rowspan="5">×
0</td><td rowspan="5">0
×</td><td rowspan="5">×
0</td><td>↓</td><td>1</td><td colspan="4">Q_A输出</td><td>二进制计数</td></tr>
<tr><td>1</td><td>↓</td><td colspan="4">$Q_DQ_CQ_B$输出</td><td>五进制计数</td></tr>
<tr><td>↓</td><td>Q_A</td><td colspan="4">$Q_DQ_CQ_BQ_A$输出
8421BCD码</td><td>十进制计数</td></tr>
<tr><td>Q_D</td><td>↓</td><td colspan="4">$Q_AQ_DQ_CQ_B$输出
5421BCD码</td><td>十进制计数</td></tr>
<tr><td>1</td><td>1</td><td colspan="4">不变</td><td>保持</td></tr>
</table>

表1-9 由74LS90构成两种计数器的编码

构成8421BCD码					构成5421BCD码				
CP_A	Q_D	Q_C	Q_B	Q_A	CP_B	Q_A	Q_D	Q_C	Q_B
0	0	0	0	0	0	0	0	0	0
1	0	0	0	1	1	0	0	0	1
2	0	0	1	0	2	0	0	1	0
3	0	0	1	1	3	0	0	1	1
4	0	1	0	0	4	0	1	0	0
5	0	1	0	1	5	1	0	0	0
6	0	1	1	0	6	1	0	0	1
7	0	1	1	1	7	1	0	1	0
8	1	0	0	0	8	1	0	1	1
9	1	0	0	1	9	1	1	0	0

（2）CD4543译码器　CD4543是BCD锁存/七段译码/驱动器，具有测试功能；有消隐输入端；以异或门作输出级，可方便地驱动LED数码管显示。其引脚排列如图1-27所示。

其引脚功能说明如下：

1）第1脚为LE数据锁存，当其为高电平时锁存数据。

2）第6脚PH为显示方式控制。当驱动共阴极数码管时，该脚接低电平；当驱动共阳极数码管时，该脚接高电平；当驱动液晶显示器时，该脚加脉冲信号。

3）第7脚BI为工作消隐选择。当该脚为低时正常工作，当该脚为高时消隐所有显示。

4）A～D为数据输入端。

5）a～g为译码器输出端，可直接驱动数码管。

其功能说明见表1-10。

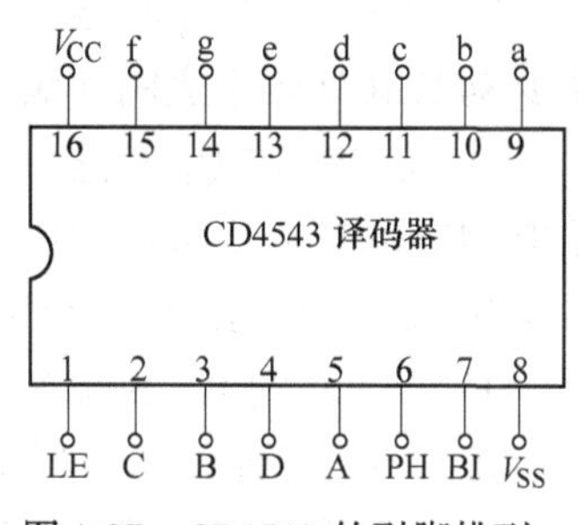

图1-27 CD4543的引脚排列

表1-10 CD4543的功能说明

输入							输出							显示
LE	BI	PH	D	C	B	A	a	b	c	d	e	f	g	
X	H	X	X	X	X	X	L	L	L	L	L	L	L	
H	L	X	L	L	L	L	H	H	H	H	H	H	L	0
H	L	X	L	L	L	H	L	H	H	L	L	L	L	1
H	L	X	L	L	H	L	H	H	L	H	H	L	H	2
H	L	X	L	L	H	H	H	H	H	H	L	L	H	3
H	L	X	L	H	L	L	L	H	H	L	L	H	H	4
H	L	X	L	H	L	H	H	L	H	H	L	H	H	5
H	L	X	L	H	H	L	H	L	H	H	H	H	H	6
H	L	X	L	H	H	H	H	H	H	L	L	L	L	7
H	L	X	H	L	L	L	H	H	H	H	H	H	H	8
H	L	X	H	L	L	H	H	H	H	H	L	H	H	9

（3）数码管　数码管有共阴极数码管和共阳极数码管之分。管脚排列的方式很多，常见的有图1-28所示两种方式：

如何用万用表测试数码管的管型和引脚？

5. 实训步骤

1）将各芯片的电源及公共端分类接好。

2）74LS90的R_0和S_9端均接地，CD4543的数据锁存LE端接高电平，工作消隐选择BI接低电平，根据所驱动的数码管选择PH的高低电平。将74LS90的ABCD输出端分别与CD4543的ABCD连接。将CD4543的a～g与数码管的7段码端相连。

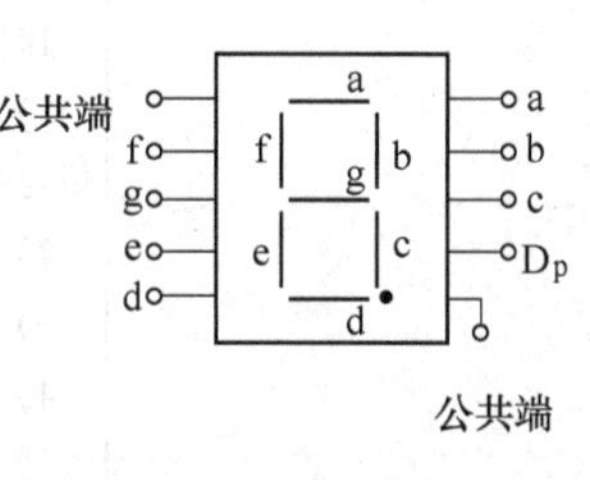

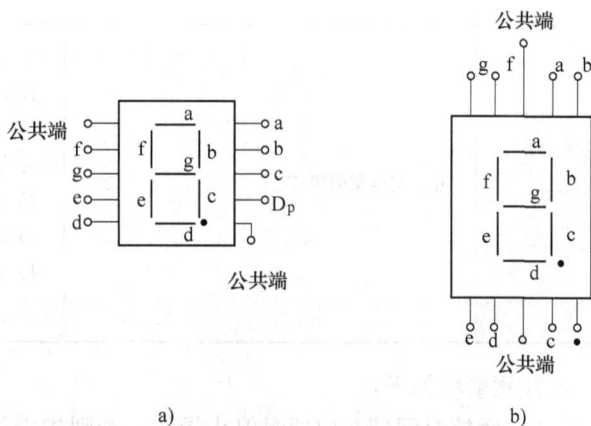

a)

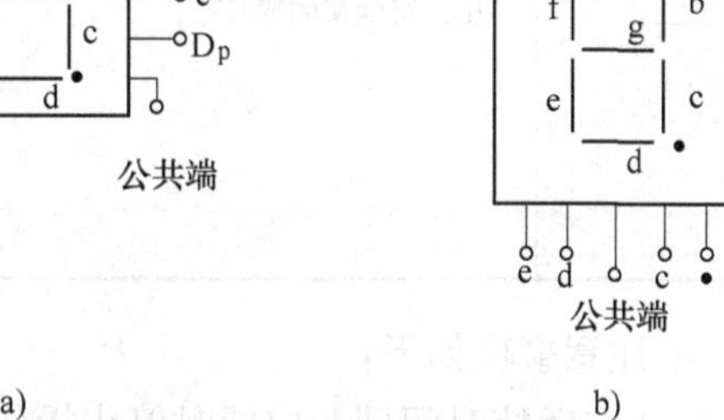

b)

图1-28 数码管的引脚排列

a）排列形式1 b）排列形式2

3）将 CP_B 和 Q_A 相连，计数脉冲由 CP_A 输入，Q_D、Q_C、Q_B、Q_A 作为输出端，则构成异步 8421BCD 码十进制加法计数器，并通电进行测试。

4）将 CP_A 与 Q_D 相连，计数脉冲由 CP_B 输入，Q_A、Q_D、Q_C、Q_B 作为输出端，则构成异步 5421BCD 码十进制加法计数器，并通电进行测试。

电路连接及测试注意事项：

① 74LS90 的 R、S 端正常工作时应接地。

② CD4543 的 1、6、7 脚的接法不要忘记。

③ 数码管的公共端不要忘记。

④ 各芯片的电源不要忘记。

⑤ 引脚的顺序要记牢。

试列写本电路的真值表和状态转换表。

6. 考核及评分标准（见表 1-11）

表 1-11　计数译码显示电路考核及评分标准

考核项目	技术要求	评分标准	配分
计数译码显示电路的连接及测试	一、按图接线	错一处不得分	20 分
	二、列写真值表	错一处不得分	10 分
	三、列写状态转换表	错一处不得分	10 分
	四、通电调试	得到教师许可后： 1）CP_B 与 Q_A 连接，CP_A 为输入端，计数器通电工作成功得 30 分 2）CP_A 与 Q_D 连接，CP_B 为输入端，计数器通电调试成功得 30 分 3）在规定时间内通电调试不成功或放弃此项不得分	60 分
	五、安全文明操作	违反安全文明操作由教师视情况扣分： 1）有作弊等违反考场纪律的行为按考场规定执行 2）未将考核设备复位扣 20 分 3）未归还考试工具、仪表、图样扣 50 分 4）造成主要设备损坏该项目记 0 分	

注意事项如下：

1）考核时间到，应即时停止操作，否则相应扣 1 ~ 5 分。

2）未能完成作业可按其完成工作量的比例评分。

3）安全文明生产和操作事故列入评分表中的考核项目。

实训2　触发脉冲生成电路的连接及测试

1. 实训目的

1）掌握触发脉冲生成电路的工作原理及测试方法。

2）学会搭接触发脉冲生成电路并进行测试。

2. 实训平台

电子综合实训台。

3. 实训准备

（1）知识准备　理解相关的基础知识。

（2）工具准备　万用表、镊子等电子电路搭接工具。

注意：应按照安全操作规程进行实训，以免发生人身伤害或设备损坏事故。

4. 背景知识

（1）CD4046　CD4046是锁相环芯片。锁相的意义是相位同步的自动控制，能够完成两个电信号相位同步的自动控制闭环系统叫做锁相环，简称PLL。它广泛应用于广播通信、频率合成、自动控制及时钟同步等技术领域。锁相环主要由相位比较器、压控振荡器、低通滤波器三部分组成，其原理框图如图1-29所示。其内部结构及外部引脚如图1-30所示。

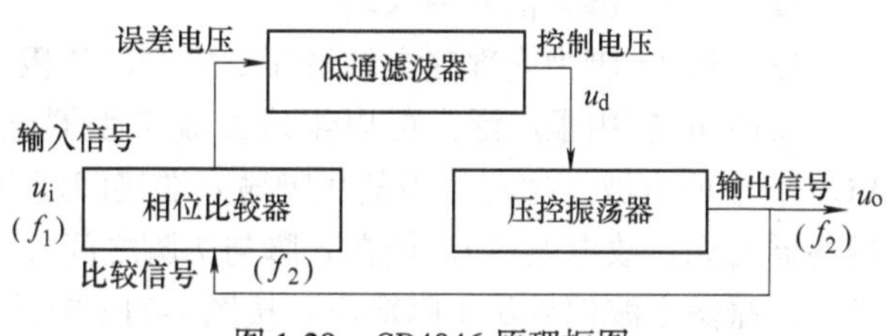

图1-29　CD4046原理框图

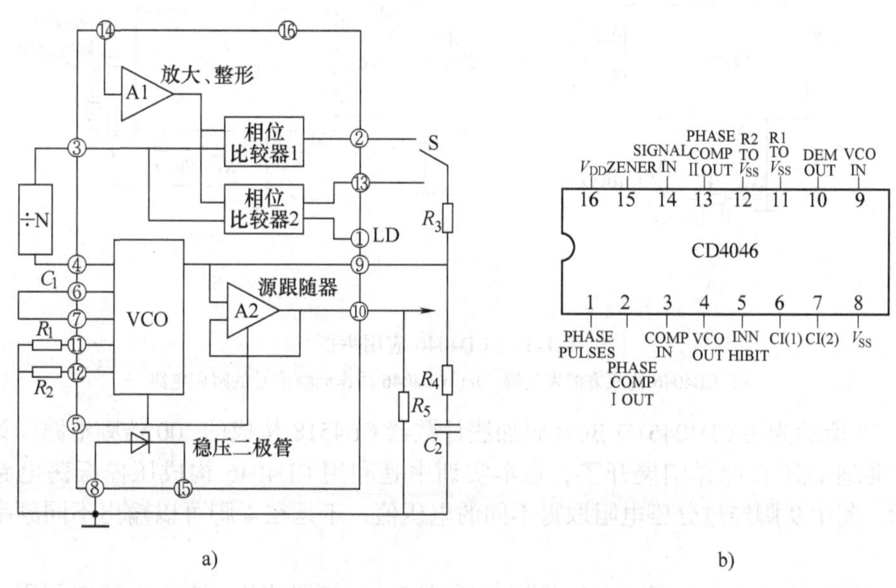

图1-30　CD4046的内部结构及外部引脚

a）内部结构　b）外部引脚

其引脚功能说明如下：

1）第 1 脚为相位输出端，环路入锁时为高电平，环路失锁时为低电平。

2）第 2 脚为相位比较器 I 的输出端。

3）第 3 脚为比较信号输入端。

4）第 4 脚为压控振荡器输出端。

5）第 5 脚为禁止端，高电平时禁止，低电平时允许压控振荡器工作。

6）第 6、7 脚可外接振荡电容。

7）第 8、16 脚为电源的负极和正极。

8）第 9 脚为压控振荡器的输入端。

9）第 10 脚为解调输出端，用于 FM 解调。

10）第 11、12 脚可外接振荡电阻。

11）第 13 脚为相位比较器Ⅱ的输出端。

12）第 14 脚为信号输入端。

13）第 15 脚为内部独立的稳压二极管的负极。

CD4046 应用很广泛，可以组成方波发生器电路。其中，图 1-31a 所示为用 CD4046 的 VCO 组成的方波发生器，当其 9 脚输入端接固定电源时，电路即起基本方波振荡器的作用。振荡器的充、放电电容 C_1 接在 6 脚与 7 脚之间，调节电阻 R_1 的阻值即可调整振荡器的振荡频率，振荡方波信号从 4 脚输出。按图 1-31a 中的数值，振荡频率变化范围在 20Hz ~ 2kHz。CD4046 锁相环还可用于调频信号的解调电路，如图 1-31b 所示。

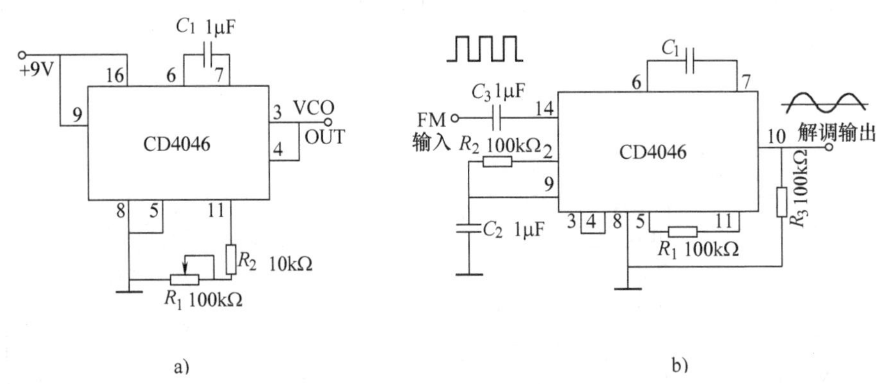

图 1-31　CD4046 应用举例

a）CD4046 构成方波发生器　b）CD4046 用作调频信号的解调电路

图 1-32 所示为用 CD4046 与 BCD 码加法计数器 CD4518 构成的 100 倍频电路。该电路的具体工作原理就不在此详细展开了。在本实训中是利用 CD4046 构成压控振荡电路，如图 1-33所示。其中 9 脚经过分压电阻取得不同的电压值，于是在 4 脚可以输出不同频率的矩形波。

（2）CD4040　CD4040 是 12 位二进制串行计数/分频器芯片。在本电路中利用其 4 脚作 2^8，8 位分频，即 1/256。即将压控振荡器的脉冲由 CD4040 的 CLK 脚输入，经 4 脚 8 位分频输出。同时，其 11 脚 RST 由 LM324 过零比较器控制，仅当 RST 无效时，分频信号才能从 Q7 输出。CD4040 芯片的引脚及由其构成的分频器如图 1-34 所示。

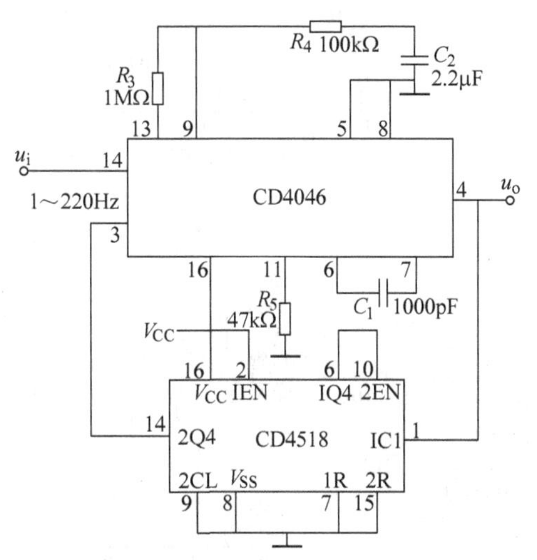

图 1-32 CD4046 与 CD4518 构成的 100 倍频电路

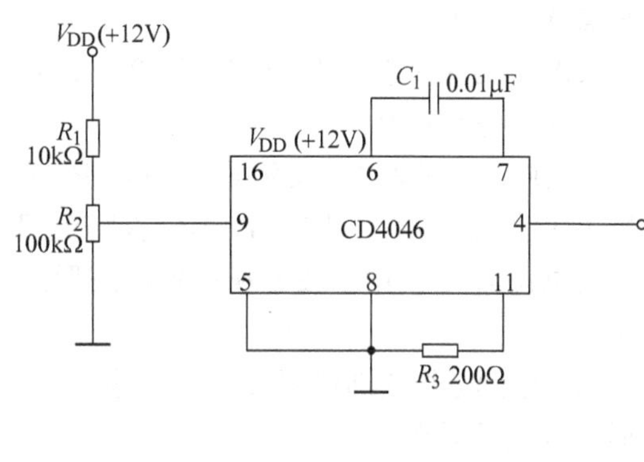

图 1-33 CD4046 构成的压控振荡电路

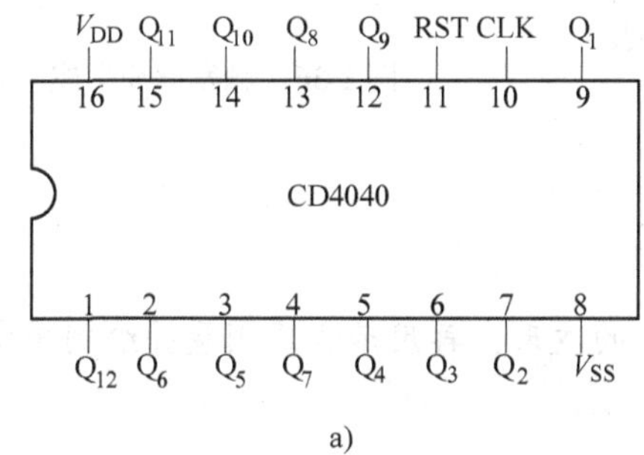

a)

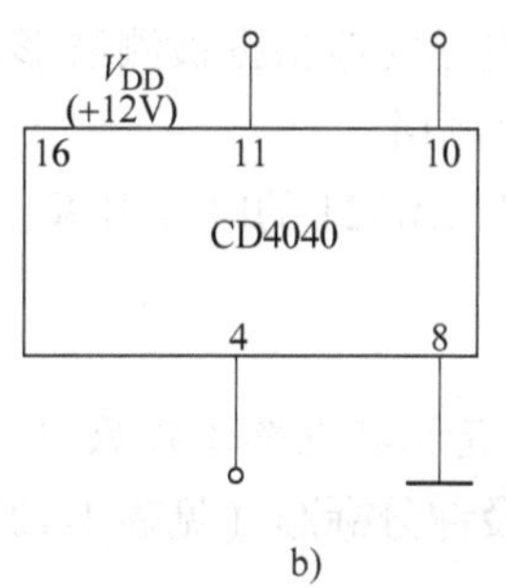

b)

图 1-34 CD4040 芯片的引脚及由其构成的分频器

a）芯片引脚 b）分频器

另外，LM324 芯片也可以构成过零比较器，其原理在基础部分已介绍，读者可参考。LM324 芯片的引脚如图 1-35所示。

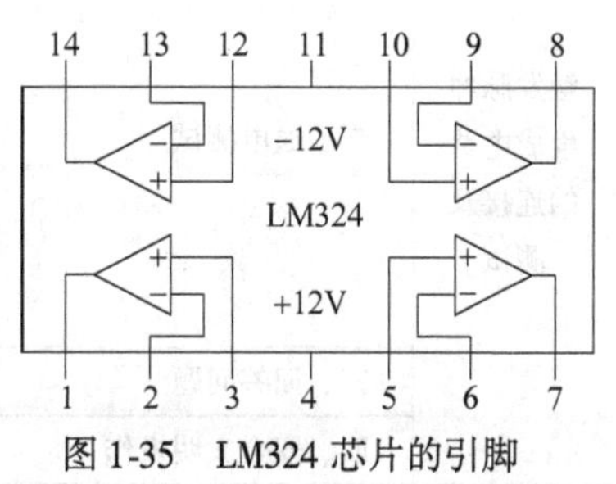

图 1-35 LM324 芯片的引脚

5. 实训步骤

1）弄清楚触发脉冲生成电路的工作原理如图 1-36 所示。其工作原理是：由 CD4046 组成的压控振荡电路在①端不同电压的作用下，可以产生不同频率的脉冲输出。同时，由 LM324 组成的过零比较器，工作在饱和状态，将输出方波。方波信号的频率与输入交流电源的频率相同，均为 50Hz。这个方波作为 RST 信号控制 CD4040，同时，脉冲信号也接入 CD4040 的 CLK 端，进行 2^8 分频，从而在 CD4040 的 4 脚得到相位可调的脉冲信号。

思考　试用框图的形式将该电路的工作原理表述出来。

按图 1-36 所示连接好电路。注意：各芯片的电源端务必接好。

2）在②端接入 6V 交流电，CD4046 芯片接 12V 直流电源，调节 CD4046 芯片 9 脚所接的电位器 R_2，用示波器观察各点波形的变化。

3）用示波器分别测量①～⑤测量点的波形，并记录下来。

电路连接与测试注意事项：

① 本电路可以采用分级调试的方法，即先调试好压控振荡器，再调试过零比较器，最后调试分频电路。

② 波形测量时应根据被测波形选择合适的直流挡和交流挡。

③ 要注意 LM324 的电源引脚。

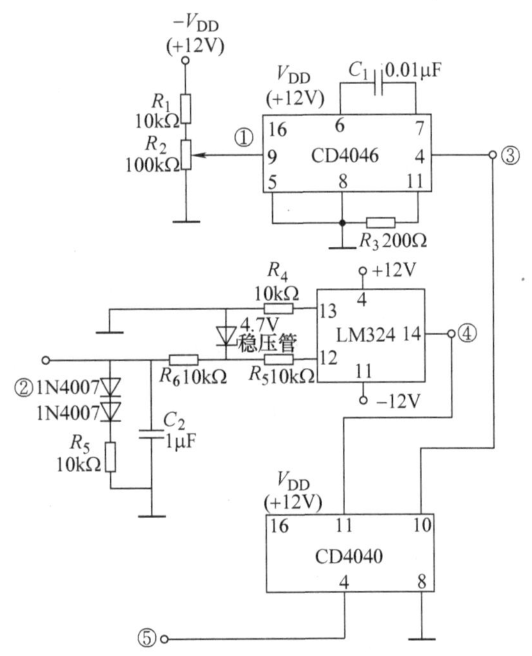

图 1-36　触发脉冲生成电路

思考　请根据电路工作原理分析各点的波形，再用示波器测量并绘制出实际波形。

6. 考核及评分标准（见表 1-12）

表 1-12　触发脉冲生成电路考核及评分标准

考核项目	技术要求	评分标准	配分
触发脉冲生成电路的连接及测试	一、按图接线	错一处不得分	20 分
	二、通电测试	得到教师许可后： 1）波形可调得 20 分 2）由教师抽查①～⑤点的波形，每个波形得 8 分 3）在规定时间内通电调试不成功或放弃此项不得分	60 分
	三、回答问题	每题 10 分，答错不得分	20 分
	四、安全文明操作	违反安全文明操作由教师视情况扣分	

实训 3　D/A 转换电路的连接及测试

1. 实训目的

1）掌握 D/A 转换电路的工作原理及测试方法。

2）学会搭接D/A转换电路并进行测试。

2. 实训平台

电子综合实训台。

3. 实训准备

（1）知识准备　理解相关的基础知识。

（2）工具准备　万用表、镊子等电子电路搭接工具。

注意：应按照安全操作规程进行实训，以免发生人身伤害或设备损坏事故。

4. 背景知识

DAC0808芯片有很多种类型，如内部不带锁存器的DAC即需要外加锁存器，如：AD7520、AD7521、DAC0808；内部带锁存器的DAC，可直接与数据线连接，如：DAC0832、AD7524。其中，DAC0808为8位数/模转换器，其解析度为1/256，精确度可以达到0.019%。稳定时间一般为150ns，线性度为±1LSB。其引脚如图1-37所示。

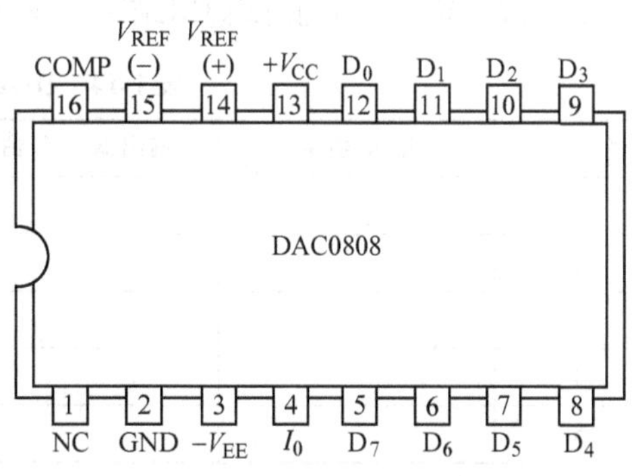

图1-37　DAC0808芯片的引脚

DAC0808各引脚的功能见表1-13。

表1-13　DAC0808各引脚的功能

引脚	$D_0 \sim D_7$	V_{CC}	$-V_{EE}$	NC	GND	I_o	V_{REF}（±）	COMP
功能	数值量输入脚	+4.5～+18V	−18～−45V	空脚	接地脚	电流输出	参考电压引脚	接电容以防止高频振荡

图1-38所示为DAC0808典型应用电路。

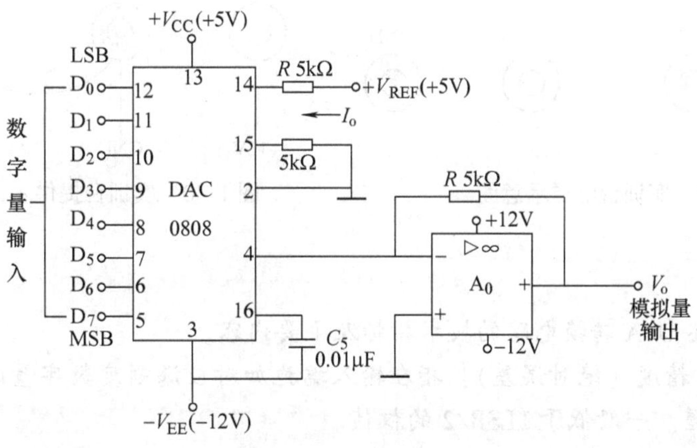

图1-38　DAC0808典型应用电路

此时，$V_o = 5\text{V} \times \left(\frac{1}{2^1}D_0 + \frac{1}{2^2}D_1 + \frac{1}{2^3}D_2 + \cdots + \frac{1}{2^8}D_7\right)$

$$V_{omin} = 5V \times 0 = 0V$$

$$V_{omax} = 5V \times \frac{255}{256} = 4.9805V$$

$$1LSB = 5V \times \frac{1}{256} = 0.0195312V$$

5. 实训步骤

1）按图1-38所示连接电路，注意各芯片的电源端接法。

2）改变输入值并测试输出结果，填入表1-14中。

表1-14 D/A转换器的输入输出测试

序　　号	输入数码	输出值（V_o值）	序　　号	输入数码	输出值（V_o值）
1			6		
2			7		
3			8		
4			9		
5			10		

注：本表仅列了10个数据，测试时应尽量多地采集输入、输出信号。输入数码在0000 0000B（00H）到1111 1111B（FFH）之间。

思考　很多实验实训台，不能提供±12V电源，仅有如图1-39形式的电源，如何实现±12V供电？

解析：按图1-40所示的方式接线，则可提供±12V供电电源。

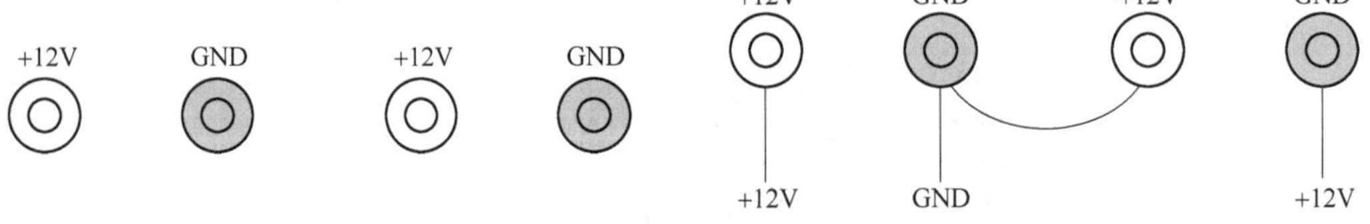

图1-39　实训台电源示意图　　图1-40　实训台提供±12V电源示意图

思考　简述D/A转换电路的技术指标及主要内容。

解　1）绝对精度（绝对误差）：指在输入端施加对应满刻度数字量时D/A转换电路理论值与实际值之差。一般低于1LSB/2的权值。

2）分辨率：具体内容见前文所述。

3）线性度：每相邻两个数码对应的模拟量之差都是2^{-n}。此为理想线性度，在满刻度范围内，偏离理想的转换特性的最大值称为线性误差。有时也将它与满刻度比值之比称为线性度。

4）建立时间（转换时间）：具体内容见前文所述。

注意事项如下：

① 注意电源和接地线的连接接法，否则容易出错。

② 注意输出电压的测量方法。

6. 考核及评分标准（见表1-15）

表1-15　D/A 转换电路的连接及测试考核及评分标准

考核项目	技术要求	评分标准	配分
D/A 转换电路的连接及测试	一、按图接线	正确得40分 错一处得20分 有两处及以上错误不得分	40分
	二、静态测试（输入数码由教师当场指定10个，可指定为二进制或十六进制；所测数据记入表格中）	由教师当场抽查测试的数据： 每对一个得5分 未经教师抽查验证不得分	50分
	三、回答问题	回答错误不得分	10分
	四、安全文明操作	违反安全文明操作由考评员视情况扣分	

实训4　A/D 转换电路的连接及测试

1. 实训目的

1）掌握 A/D 转换电路的工作原理及测试方法。

2）学会搭接 A/D 转换电路并进行测试。

2. 实训平台

电子综合实训台。

3. 实训准备

（1）知识准备　理解相关的基础知识。

（2）工具准备　万用表、镊子等电子电路搭接工具。

注意：按照安全操作规程进行实训，以免发生人身伤害或设备损坏事故。

4. 背景知识

ADC 模数转换电路芯片有很多种类型，如逐次逼近型：ADC0801/ADC0802/ADC0803/ADC0804/ADC0805/ADC0808/ADC0809、ADC0816/ADC0817、AD570/AD571、ADC1210/ADC1211、AD574A/AD674A/AD1674、AD578/AD678/AD1679 及 AD1143。积分型的有：5G14433、ICL7135、ICL7109、ICL7104。

ADC0801～ADC0805 这个系列的 ADC 是20引脚双列直插式封装芯片。其特点是内含时钟电路，只要外接一个电阻和一个电容就可以由自身提供时钟脉冲信号，也可自行提供 $V_{REF}/2$ 的参考电压，允许模拟输入信号是差动的或不共地的电压信号，并且很容易与微型计算机进行接口。ADC0804 芯片的引脚如图1-41所示。

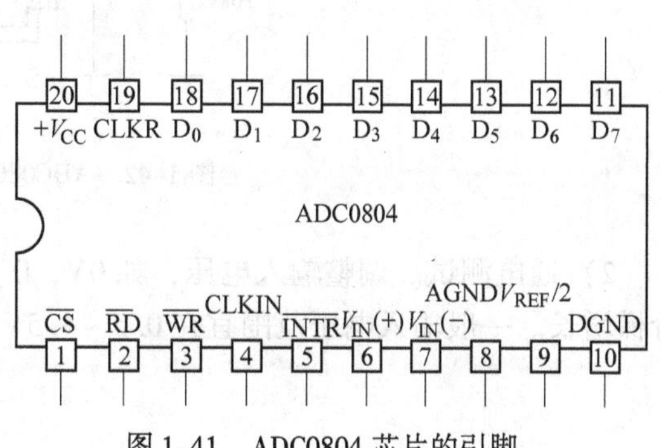

图1-41　ADC0804 芯片的引脚

其引脚功能说明如下：

1）第1、2、3脚，即$\overline{CS}$、$\overline{RD}$、$\overline{WR}$脚是数字控制输入端，满足标准的TTL逻辑电平。其中$\overline{CS}$、$\overline{WR}$用来控制A/D转换器的起动信号。$\overline{CS}$、$\overline{RD}$用来读取A/D转换的结构，当它们为低电平时，输出数据锁存器各端出现8位并行二进制数码。

2）CLKIN和CLKR（4脚、19脚）两端接一对电阻和电容就可以产生A/D转换所需要的时钟脉冲信号，其振荡频率为$f=1/1.1RC$。其典型应用参数为：$R=10\text{k}\Omega$，$C=150\text{pF}$，$f=640\text{kHz}$，转换速度为100μs。若采用外部时钟可以从CLKIN端送入。此时不接RC。允许时钟频率为100～1460kHz。

3）$\overline{INTR}$（5脚）是转换结束信号输出端，输出跳转为低电平时表示本次转换完成，可作为微处理器的中断或查询信号。

4）$V_{IN(+)}$、$V_{IN(-)}$（6脚、7脚），被转换的电压信号从此两脚输入。允许此信号是差动的或不共地的电压信号。

5）AGND和DGND（8脚、10脚）。模拟地和数字地引入端。

6）$V_{REF}/2$（9脚）参考电压的输入端，应是输入电压范围的1/2。

5. 实训步骤

1）按图1-42连接电路，注意各芯片电源端的接法。

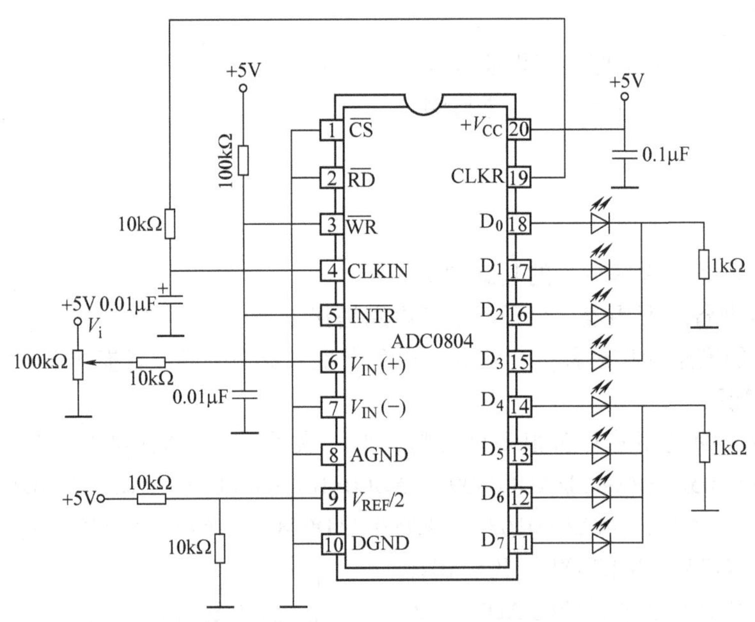

图1-42　ADC0804模/数转换电路

2）通电测试。调整输入电压，如0V，0.5V，1.0V，1.5～4.5V，5V，按每次0.5V的阶梯增长。一般输入电压范围宜在0.5～4.5V之间选定，并将测量数据记入表1-16中。

表 1-16　A/D 转换电路输入输出测试值

序　号	电压值 V_i	输出数码	序　号	电压值 V_i	输出数码
1			6		
2			7		
3			8		
4			9		
5			10		

思考　根据测量的数据绘制 ADC0804 的输入和输出之间的关系曲线。

思考　简述 A/D 转换电路的主要技术指标及主要内容。

解　1）分辨率（Resolution）：分辨率表示输出数字量变化一个相邻数码所需输入模拟电压的变化。

2）线性度（Linearity）：是指转换电路实际的转移函数与理想直线的最大偏移。

3）绝对精度（Absolute Accuracy）：在一个转换器中，任何一个数码所相对应的实际模拟电压与其理想电压之差并非一个常数，我们把这个差的最大值定义为绝对精度。

4）相对精度（Relative Accuracy）：与绝对精度类似，是用最大偏差表示为满刻度模拟电压的百分数。

5）转换速度（Conversion Rate）或建立时间：是衡量完成转换的快慢的技术指标。

6. 考核及评分标准（见表 1-17）

表 1-17　A/D 转换电路考核及评分标准

考核项目	技术要求	评分标准
A/D 转换电路的连接及测试	一、按图接线	正确得 40 分 错一处得 20 分 有两处及以上错误不得分
	二、静态测试（由教师当场指定电压值 10 个；范围宜在 0.5～4.5V 之间选定）	由教师当场抽查测试结果： 每对一个得 5 分 未经教师抽查验证不得分
	三、回答问题	回答有误不得分
	四、安全文明操作	违反安全文明操作由教师视情况扣分

实训 5　层楼动态显示电路的连接及测试

1. 实训目的

1）掌握层楼动态显示电路的工作原理及测试方法。

2）学会测试层楼动态显示电路。

2. 实训平台

电子综合实训台。

3. 实训准备

（1）知识准备　理解相关的基础知识。

（2）工具准备　万用表、镊子等电子电路搭接工具。

注意：应按照安全操作规程进行实训，以免发生人身伤害或设备损坏事故。

4. 背景知识

层楼动态显示板可以显示两位层楼位置并能指示上、下行状态。根据电梯当前运行的上下行状态，给出七段数码管的编码，从拨码开关输入，则可驱动显示电路，如图1-43所示。

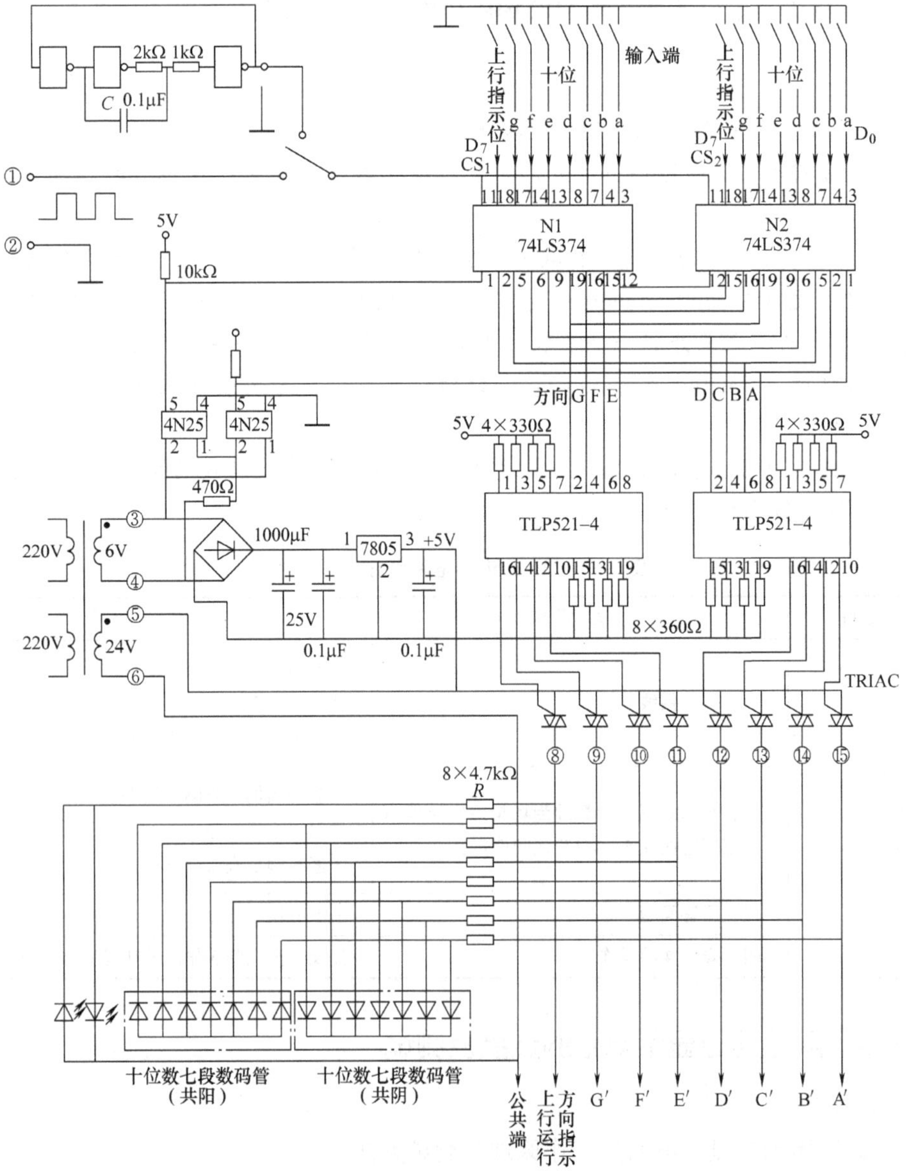

图1-43　层楼动态显示电路

图中脉冲产生电路可以由74LS04、74LS14组成振荡电路，也可以由外接脉冲输入端。这个振荡信号用来给两片74LS374提供时钟脉冲信号。74LS374是具有三态输出的八位D边沿触发器，74LS374的输出端1Q~8Q可直接与总线相连。当三态允许控制端OE为低电平时，1Q~8Q为正常逻辑状态，可用来驱动负载或总线。当OE为高电平时，1Q~8Q呈高阻态，既不驱动总线，也不为总线的负载，但锁存器内部的逻辑操作不受影响。在时钟端CP脉冲上升沿的作用下，Q随数据D而改变。由于时钟端CP施密特触发器的输入滞后作用，使交流和直流噪声及抗扰度得到一定改善。74LS374的引脚如图1-44所示，真值表见表1-18：1D~8D为数据输入端，OE为三态允许控制端（低电平有效），CP为时钟输入端，1Q~8Q为输出端。

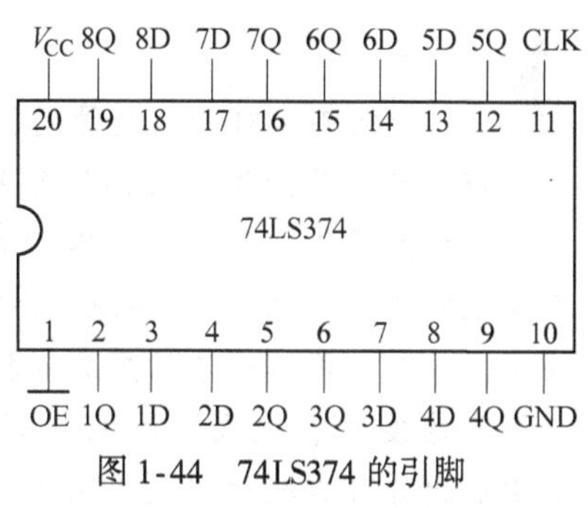

图1-44 74LS374的引脚

表1-18 74LS374真值表

OE	CLK	D	Q	OE	CLK	D	Q
L	↑	H	H	L	L	×	Q_0
L	↑	L	L	H	×	×	Z

6V交流电源经过两个光耦合器4N25分别在正负半周导通边沿触发器N1和N2，即导通两片74LS374，使得输入的两位段码信号组合成一位段码。再经过光耦合器TLP521-4驱动双向晶闸管的门极，控制双向晶闸管的导通，双向晶闸管由24V交流电源供电，当有层楼段码信号和上下行信号的时候，对应的晶闸管就导通了，从而驱动了上下行指示发光二极管和数码管显示。这样就实现了采用交流供电使得共阴极、共阳极两组七段数码管在电源的正负半周轮流工作，也就是实现了在一根导线上分别传送两组信号，可以节约大量的传输导线，这在电梯信号传递上是非常有用的。

5. 实训步骤

1）按图1-43所示连接电路，要注意芯片连接电源端的接法。

2）进行通电测试。由教师指定输出层数和方向，并设定输入数码。将测试值填入表1-19中。

表1-19 层楼动态显示电路测试值

序　号	输出层数与方向（由教师指定）	输入数码（考生填写）	
		二进制	十六进制
1			
2			
3			
4			
5			
6			
7			
8			

如何测试双向晶闸管的引脚?

解　双向晶闸管的引脚如图1-45所示。

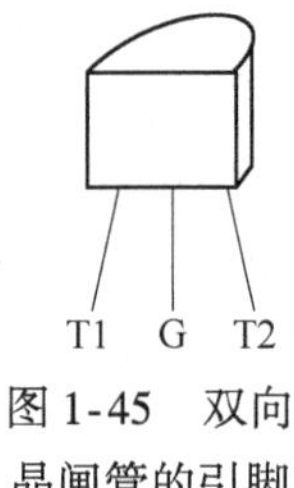

图1-45　双向晶闸管的引脚

双向晶闸管相当于两个单向晶闸管的串联，一般来讲，当两个电极间的正反电阻均为100Ω左右低阻态的为G和T1，余者为T2。假设两电极分别为T1和G1，用万用表的黑表笔接T1，红表笔接T2，门极加负脉冲应导通；令红表笔接T1，黑表笔接T2，门极加正脉冲仍导通，则假设正确。可以判断出引脚并可以测试双向晶闸管的好坏。

6. 考核及评分标准（见表1-20）

表1-20　层楼动态显示电路的连接及测试的考核及评分标准

考核项目	技术要求	评分标准
层楼动态显示电路的连接及测试	一、按图接线	正确得40分 错一处得20分 有两处及以上错误不得分
	二、静态测试（输出层数与运行方向由教师当场指定）	由考评员当场抽查测试结果： 每对一个得5分 未经考评员抽查验证不得分
	三、回答问题	每题10分，正确得20分 错一题得10分 错二题不得分
	四、安全文明操作	违反安全文明操作由教师视情况扣分

实训6　触点信号接收电路的连接及测试

1. 实训目的

1）掌握触点信号接收电路的工作原理及测试方法。

2）学会搭接和测试电路。

2. 实训平台

电子综合实训台。

3. 实训准备

（1）知识准备　理解相关的基础知识。

（2）工具准备　万用表、镊子等电子电路搭接工具。

注意：应按照安全操作规程进行实训，以免发生人身伤害或设备损坏事故。

4. 背景知识

（1）电路原理　触点信号接收电路如图1-46a所示。

图中K为提供断开或闭合的触点，通过阻容滤波网络后输入到光耦合器4N25的输入端。光耦合器4N25的输出端首先经过CD4093与非施密特触发器（用于反向驱动），再经过CD4041反向缓冲器的再次驱动后指示发光二极管的亮灭，指示触点的断开或闭合。

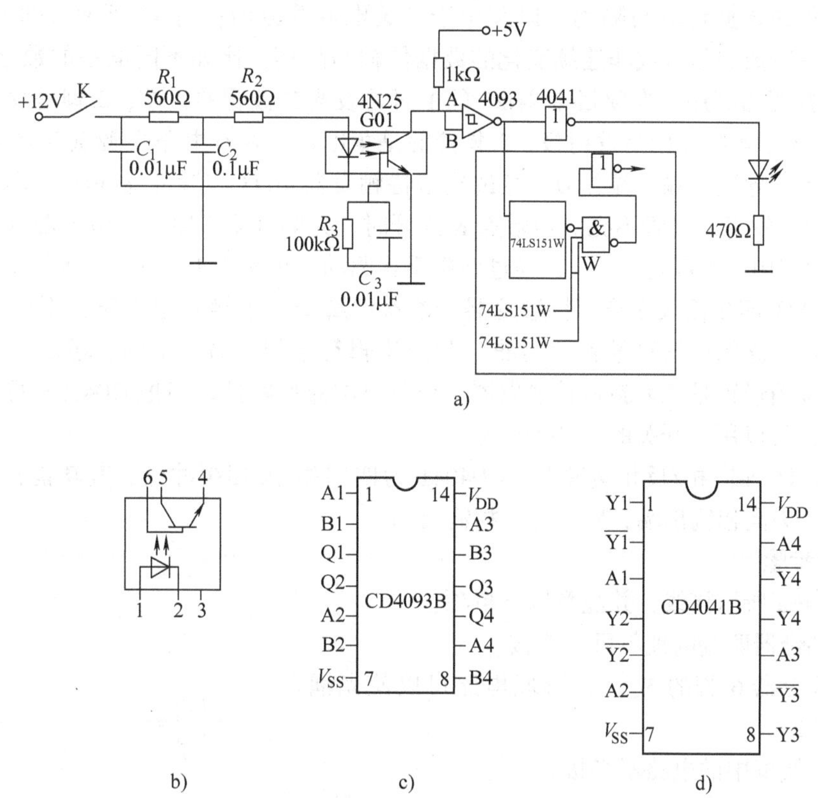

a)

b) c) d)

图 1-46 触头信号接收电路

a）接收电路 b）4N25 的引脚 c）CD4093B 的引脚 d）CD4041B 的引脚

（2）相关器件

1）光耦合器。光耦合器（optical coupler，英文缩写为 OC）又称为光隔离器，简称光耦。光耦合器以光为媒介传输电信号。它对输入、输出电信号具有良好的隔离作用，所以，它在各种电路中得到广泛的应用。目前它已成为种类最多、用途最广的光电器件之一。光耦合器一般由三部分组成，即光的发射、光的接收及信号放大。输入的电信号驱动发光二极管（LED），使之发出一定波长的光，被光探测器接收而产生光电流，再经过进一步放大后输出。这就完成了电—光—电的转换，从而起到输入、输出、隔离的作用。由于光耦合器输入输出间互相隔离，电信号传输具有单向性等特点，因而具有良好的电绝缘能力和抗干扰能力。又由于光耦合器的输入端属于电流型工作的低阻器件，因而具有很强的共模抑制能力。所以，它在长线传输信息的过程中作为终端隔离器件可以大大提高信噪比。在计算机数字通信及实时控制过程中作为信号隔离的接口器件，可以大大增加计算机工作的可靠性。

光耦合器的主要优点是：信号单向传输，输入端与输出端完全实现了电气隔离，输出信号对输入端无影响，抗干扰能力强，工作稳定，无触点，使用寿命长，传输效率高。光耦合器是 20 世纪 70 年代发展起来的新型器件，现已广泛用于电气绝缘、电平转换、级间耦合、驱动电路、开关电路、斩波器、多谐振荡器、信号隔离、级间隔离、脉冲放大电路、数字仪表、远距离信号传输、脉冲放大、固态继电器、仪器仪表、通信设备及微机接口电路中。光耦合器一般有线性光耦合器和非线性光耦合器两种。其中，TLP 是线性光耦合器，适合用于一些连续变化的数据传输与隔离，以及用于开关电源等方面；而4N系列是非线性光耦合器，适合在一些数字信号或非连续变化的数据传输与隔离，比如不同电平的数字信号转换，或接口电路方面的应用。本项目中4N25的1脚是发光二极管的正端，2脚是发光二极管的负端，3脚悬空，4脚接的是发射极，5脚接的是集电极。在本电路中触点K闭合时光耦合器的发光二极管导通，输出端为0，经过施密特触发器4093和缓冲器4041的两次反相后，输出仍然为0，发光二极管不亮。当触点K断开时，光耦合器不导通，输出端由于上拉电阻和5V电源的作用，为高电平1，再经过两次反相驱动，仍然为1，发光二极管被点亮。

2）CD4093四2输入端施密特触发器。该器件属于电平触发型电路，不依赖于边沿陡峭的脉冲。从电路的逻辑符号和“与非”门的逻辑符号相比略有不同，增加了一个类似方框的图形，该图形正是代表施密特触发器一个重要的滞后特性。当把CD4093两个输入端并接成非门时，可以用于开关的去抖动电路。

3）CD4041四同相/反相缓冲器。CD4041为四同相/反相缓冲器，其功能比较简单，A为输入端，Y为同相输出端，Y非为反相输出端。

5. 实训步骤

按图1-46a所示接线，并注意以下事项：

1）光耦合器两端的地不可以连接。

2）光耦合器6脚的R_3、C_3并联电路可以使光耦合器工作更可靠。

3）点划线框中的电路不必接。

4）触点K断开与闭合时，观察输出状态。

图1-47分别代表什么元件，有哪些作用？

解 1）反相器：$Y=\overline{A}$，可以用来进行信号高低的匹配，以及提高驱动能力及时间延迟等。

2）与非施密特触发器：$Q=\overline{AB}$，本电路中用作开关的去抖动功能。

3）三输入与非门：$Y=\overline{ABC}$。

4）74LS151W为8选1数据选择器。

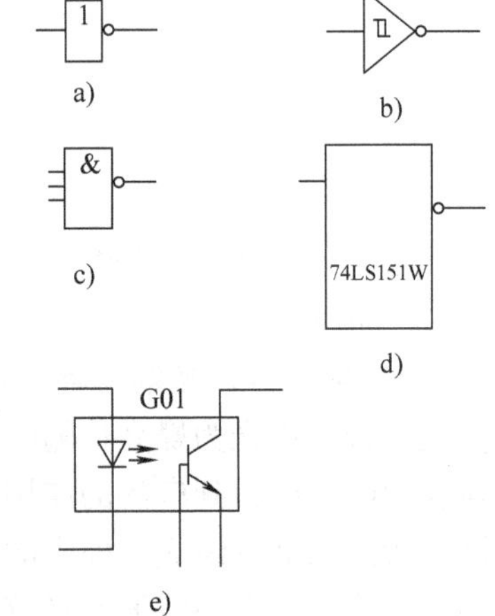

图1-47 说明符号的含义

a）反相器 b）与非施密特触发器 c）三输入与非门 d）8选1数据选择器 e）光耦合器

74LS151W的真值表见表1-21。A_0、A_1、A_2是地址输入端；$\overline{EN}$为使能控制端，低电平有效；当$\overline{EN}=1$时，不论A_0、A_1、A_2为何状态，均无输出（$Y=0$），多路开关处于禁止状态；当$\overline{EN}=0$时，多路开关正常工作，根据A_0、A_1、A_2的状态选择$D_0\sim D_7$中的某一路数据经Y输出。其输出逻辑表达式为

$$Y=\overline{A}_2\overline{A}_1\overline{A}_0D_0+\overline{A}_2\overline{A}_1A_0D_1+\overline{A}_2A_1\overline{A}_0D_2+\overline{A}_2A_1A_0D_3+A_2\overline{A}_1\overline{A}_0D_4+A_2\overline{A}_1A_0D_5+A_2A_1\overline{A}_0D_6+A_2A_1A_0D_7=\sum_{i=0}^{7}m_iD_i$$

本电路中可以利用74LS151W选通多路触点信号输入给CPU，在微机监测和控制系统中

很常用。

表 1-21　74LS151W 的真值表

输　入		输　出
$\overline{EN}$	$A_2A_1A_0$	Y
1	× × ×	0
0	0 0 0	D_0
0	0 0 1	D_1
0	0 1 0	D_2
0	0 1 1	D_3
0	1 0 0	D_4
0	1 0 1	D_5
0	1 1 0	D_6
0	1 1 1	D_7

5）光隔离器，用光的通路把其输入输出之间的电路隔离开来，可以抑制干扰，还可以用来转换输入输出的电平。

6. 考核及评分标准（见表 1-22）

表 1-22　触点信号接收电路的考核及评分标准

考核项目	技术要求	评分标准
触点信号接收电路的连接及测试	一、按图接线	正确得 40 分 错一处得 20 分 有两处及以上错误不得分
	二、输入输出的测试	得到教师许可后： 1）在规定时间内通电调试结果正确得 40 分 2）在规定时间内结果不正确、放弃、超时不得分
	三、回答问题	每对一题得 10 分
	四、安全文明操作	违反安全文明操作由教师视情况扣分

实训 7　驱动信号输出电路的连接及测试

1. 实训目的

1）掌握驱动信号输出电路的工作原理及测试方法。

2）学会搭接和测试电路。

2. 实训平台

电子综合实训台。

3. 实训准备

（1）知识准备　理解相关的基础知识。

（2）工具准备　万用表、镊子等电子电路搭接工具。

注意：应按照安全操作规程进行实训。以免发生人身伤害或设备损坏事故。

4. 背景知识

（1）74LS175 四上升沿 D 触发器　74LS175 是四上升沿 D 触发器，$\overline{Cr}$为清零端，低电平有效，CP 为脉冲输入端，D 为触发器的输入端，Q 和$\overline{Q}$为触发器的输出端。其真值表见表 1-23。

表 1-23　74LS175 真值表

CP	$\overline{Cr}$	D	Q	$\overline{Q}$
×	0	×	0	1
↑	1	1	1	0
↑	1	0	0	1
0	1	×	Q_0	$\overline{Q}_0$

（2）CD4041 四同相/反相缓冲器　CD4041 为四同相/反相缓冲器，其功能较简单，具体内容见前文所述。

（3）驱动信号输出电路的工作原理　如图 1-48 所示，该电路利用光耦合器、晶闸管和整流器完成驱动弱电信号输出到 220V 交流端，弱电端的控制信号分别接 5V 或 GND，220V 交流端的灯泡随控制信号亮灭。

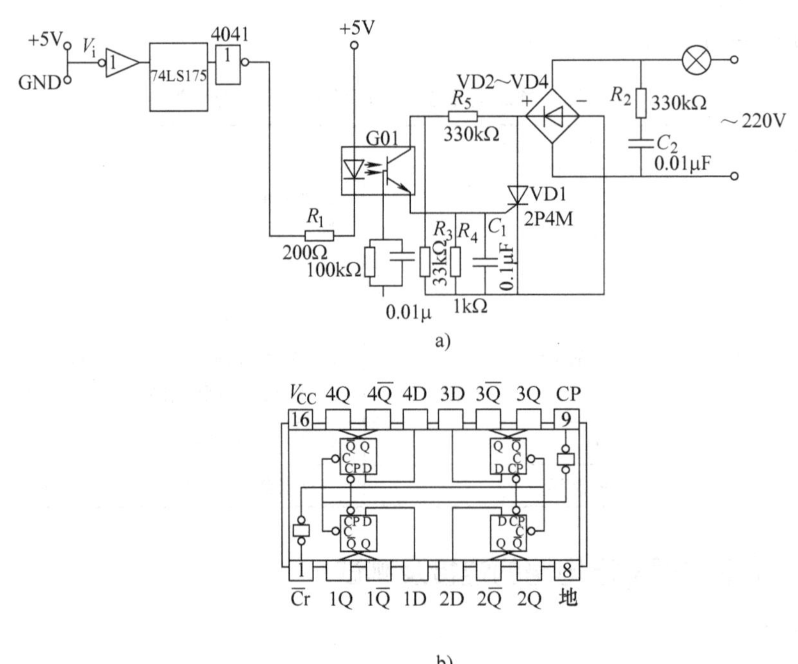

图 1-48　驱动信号输出电路

a）输出电路　b）74LS175 四升沿 D 触发器

控制信号通过反相器、D 触发器后接光耦合器的输入端，光耦合器的输出端就会导通或断开，而光耦合器的 4 脚接在晶闸管的门极，当其为高电平时，整流器导通，回路电阻小，电流大，白炽灯亮，而当其为低电平时，回路电阻大，电流小，白炽灯不能被点亮，从而实现了弱电控制信号驱动 220V 交流电输出的功能。

5. 实训步骤

按图1-48a所示接线，并进行输入输出测试。同时，还要注意以下事项：

① 为了增强光耦合器工作的可靠性，可以在光耦合器的6脚接阻容电路。

② 本电路的分立元件比较多，注意不要接错。

③ 电路测试时，输入信号为5V或0V，同时，还要给74LS175的CP端一个上升沿的触发信号，才能有效输出。

思考 晶闸管的引脚测试与好坏判断？

解 将万用表打在R×1或R×10挡，分别测量各个引脚之间的正反的电阻，门极与阴极之间的正向电阻小，反向电阻大。余者为阳极。再将万用表打在R×1挡，将黑表笔接阳极，红表笔接阴极，此时为截止状态，再用一导线短接门极与阳极，此时晶闸管导通，停留一下后，将导线与门极断开，晶闸管仍然导通，则晶闸管为好。

思考 在VVVF制系统中，微机与外围电路的信息均需通过I/O电路进行传递，为了防止噪声对I/O电路应采取哪些措施？

解 防噪措施包括以下几种：

1）在电源部分应增加稳压电路及滤波电路，以减少电源对微机板的影响。

2）I/O电路应采用隔离措施，如：光电、磁电、继电器等，以避免公共地线窜入干扰信号。

3）电路中的元器件参数应相互匹配，印制电路板的布线要合理。

4）输入输出脚不要悬空。

5）使用双绞线进行信号传递。

6）芯片并接电容，晶闸管并接RC电路，继电器线圈增加续流二极管。

注意事项如下：

① 光耦合器的接法。

② 桥堆、晶闸管的测试方法。

6. 考核及评分标准（见表1-24）

表1-24 驱动信号输出电路的考核及评分标准

考核项目	技术要求	评分标准
驱动信号输出电路的连接及测试	一、按图接线	正确得40分 错一处得20分 有两处及以上错误不得分
	二、输入输出的测试（观察输出（灯泡）工作状态）	得到教师许可后： 1）在规定时间内通电调试结果正确得40分 2）在规定时间内结果不正确、放弃、超时不得分
	三、回答问题	每题10分
	四、安全文明操作	违反安全文明操作由教师视情况扣分

实训8　六位移位寄存器电路的连接及测试

1. 实训目的

1）掌握移位寄存器电路的工作原理及测试方法。

2）学会搭接和测试电路。

2. 实训平台

电子综合实训台。

3. 实训准备

（1）知识准备　理解相关的基础知识。

（2）工具准备　万用表、镊子等电子电路搭接工具。

注意：应按照安全操作规程进行实训，以免发生人身伤害或设备损坏事故。

4. 背景知识

（1）555多谐振荡器电路　本电路中采用555多谐振荡器为6位移位寄存器提供脉冲信号，也是555多谐振荡器的典型应用，详细内容见前文所述。

（2）TC4013双D触发器　TC4013为双D触发器，其状态方程式为 $Q^{n+1}=D$（CP↑）。

（3）六位移位寄存器电路的工作原理　如图1-49所示，图中有555多谐振荡器提供同步提供6个D触发器的触发脉冲，1号触发器的R（复位）端与其他5个触发器的S端（置位）端经过电阻接地，则其功能无效。1号触发器的S（置位）端与其他5个触发器的R端（复位）接在一起用于电路的初始化。当初始化端接高电平时，则 $Q_1Q_2Q_3Q_4Q_5Q_6$ 端输出100000，当初始化完成后，将该端接地，此时电路的输出则随着同步脉冲的输入移位变化，即当第一个脉冲上升沿到来后，由于第6个D触发器的输出接1号触发器的输入，则此时 $Q_1Q_2Q_3Q_4Q_5Q_6$ 输出为010000。当再来一个脉冲上升沿后，继续移位为001000，以此类推。

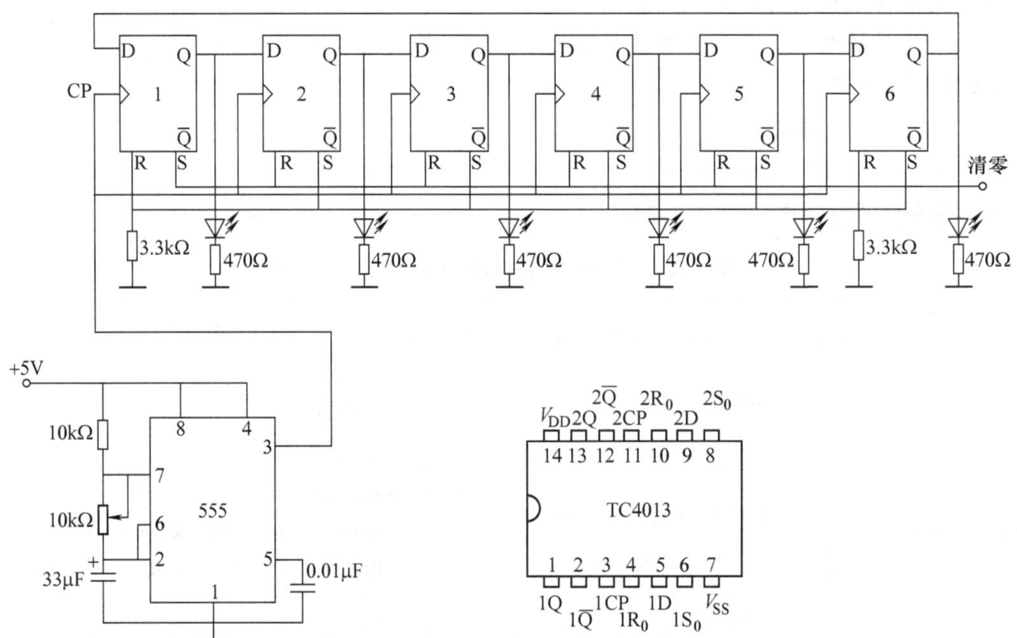

图1-49　六位移位寄存器电路的工作原理

5. 实训步骤

按图 1-49 所示进行接线，并进行输入输出测试。同时，还应注意以下事项：

① 注意各个芯片的电源不要漏接。

② 本电路接线较多，注意不要接错。

③ 电路测试时，应先初始化，否则，电路的初始状态将出现随机的输出状态。

列写 D 触发器的特征方程并列写状态表。

6. 考核及评分标准（见表 1-25）

表 1-25 六位移位寄存器电路的考核及评分标准

考核项目	技术要求	评分标准
六位移寄存器	一、按图接线	正确得 40 分 错一处得 20 分 有两处及以上错误不得分
	二、输出测试（观察移位寄存器工作）	得到教师许可后： 1）在规定时间内通电调试结果正确得 40 分 2）在规定时间内结果不正确、放弃、超时不得分
	三、回答问题	每题 10 分
	四、安全文明操作	违反安全文明操作由教师视情况扣分

模块2　PLC控制VVVF电梯

2.1　PLC控制电梯系统的设计

PLC用于电梯控制系统时，既具备微机板控制的一系列优点，又可以克服单纯应用微机板存在的不足之处。

2.1.1　PLC的原理及特点

此处介绍PLC的工作原理，讨论其特点时主要针对电梯控制系统的要求。

1. **稳定性好，可靠性高**　采用高集成度制造的PLC，允许输入信号阈值电压比一般微机大得多，它与外部电路均经过隔离，具有很强的抗干扰能力，并具有各种保护功能，一旦出现故障，能迅速停止电梯，不会产生误动作。

2. **结构简化**　PLC输入输出从32点到点512点可以分为很多档次，特别适用于不同层数的电梯控制要求，层数越高，所需输入输出点数就越多，可以在PLC的分档产品中选择最佳的性能价格比产品。

3. **程序编制简单，容易掌握**　PLC所采用的继电器梯形图符号的编程方法比任何微机的编程都简单，极易为电梯工厂技术人员和工人所掌握，可以在工厂甚至在现场编制或改变程序，也可以把程序写入只读存储器（EPROM）中使用。

4. **检修方便**　PLC具有自诊断程序，每次使用时都能自行检查，发现故障后可以立即停机。在调试检查时，不需要接入电梯，而采用模拟输入方法，即可检查联机运行的正确性，非常方便。另外，PLC与外部接线以插座相连，由于故障原因需拆除修理时，只要拧下安装的4个螺钉即可换上正常的PLC，其所用时间比更换一个继电器还要快几倍，这样可以使停梯时间减少到最低程度。

综上所述，PLC非常适用于交流电梯控制系统使用，一般经验认为，输入输出为256点的PLC产品，可以满足25层楼电梯控制需要，它还具有其他一系列功能，为交流调速的主拖动系统提供所需的控制信号。使用PLC的电梯控制系统，将带来不少优点：如减少控制屏的体积，降低机房内由于继电器动作带来的噪声。由于以逻辑运算代替继电器动作，从而增加了运行的可靠性。不同楼层，不同控制要求（按钮、集选、交流双速或交流调速器等）都是使用同样的PLC，只是需要更换上不同程序的只读存储器（EPROM）即可，这样就大大简化了设计工作、施工工作和节省了安装工时，带来更大的经济效益。

2.1.2　系统设计的内容与步骤

1）分析电梯的使用环境及客户要求，确定控制系统的硬件配置。

2）根据电梯的控制要求，对PLC控制电梯的核心控制部件和软件资源进行资源分配。

2.1.3 PLC 控制电梯硬件系统的设计

选定电梯的控制方式及载重量后，首先要根据电梯的载重量及速度确定电梯使用的变频器的功率大小。

对于电梯曳引机功率的选择，我们通常使用如下方法进行计算，首先根据电梯的额定速度和额定载重量初步计算出曳引机的功率，即

$$P = \frac{Wv(1-\varphi)}{102\eta}$$

式中 η——电梯机械传动效率；

φ——电梯平衡系数；

W——电梯的额定载重量（t）；

v——电梯的额定速度（m/s）。

初步计算出电梯曳引机的功率后再预留 20% ~30% 的功率即可，而变频器的功率我们在实际使用中可以选择与电梯曳引机功率相同或稍大一点。

最后，根据电梯的层站数及控制方式可以基本确定电梯的外部输入与输出的数量。接下来，根据以上两点对 PLC 控制电梯进行硬件系统的设计。

2.1.3.1 根据客户的要求计算 PLC 的 I/O 点数

PLC 控制电梯的输入输出部件中一部分为基本不变的，另一部分是根据电梯层站数的变化而变化的。

1. 基本不变的输入信号

（1）门区平层信号。上平层感应器、门区感应器及下平层感应器共 3 个。

（2）安全保护信号。安全继电器两个、门锁继电器两个、换速开关两个、限位开关两个、电磁制动器接触器 1 个、主电路控制接触器 1 个、超载 1 个、满载开关 1 个。

（3）检修开关信号。检修开关一个输入信号（轿顶检修、机房检修串联输入），检修上行与检修下行各一个。

（4）开关门信号。开门、关门信号各一个，开门到位与关门到位信号各一个。

（5）紧急停止。机房急停、轿顶急停开关各一个。

（6）脉冲输入信号 1 个。

（7）自学习开关一个。

（8）其他开关 2 个及预留开关 4 个。

2. 根据层站数变化的输入信号（层站数为 N）

（1）轿内指令按钮 N 个。

（2）厅外召唤按钮（2N -2）个。

3. 基本不变的输出信号

（1）变频拖动控制信号共 5 个，速度信号 3 个，方向信号 2 个。

（2）开关门 2 个。

（3）电磁制动器、主电路接触器各一个。

（4）警铃 1、轿厢风扇及轿厢照明各一个。

4. 根据层站数变化的输出信号（层站数为 N）

（1）内选显示 N 个。

（2）外选显示（2N－2）个。

（3）层站显示 7（七段码显示）。

（4）上下行显示 2 个。

在实际使用中我们可以根据需要使用的点数（输入输出信号的数量）并适当预留 10% 的余量来确定 PLC 的型号和点数。现在以 4 层 4 站的集选控制电梯为例，可以确定使用 80 点的 FX—2N—80MR 作为 PLC 控制电梯的核心控制单元。

5 层 5 站集选控制电梯的 I/O 点数及 PLC 的选型？

2.1.3.2　I/O 接口电路的设计

1. 设计中的注意事项

（1）电源部分应根据电压的种类、等级的不同进行严格的分类，不同种类、等级的电压应该严格隔离，并使用 PLC 的不同公共点。

（2）使用同一等级和种类电压的输出点的公共点可以直接短接。

（3）脉冲信号输入点需要使用高速计数器时，通常采用 X0 作为输入点。

（4）进行输出端子分配时，通常将高压部分设置在前面，低压部分设置在后面。

2. 主电路和输入、输出接口电路　在主电路中可选用日本安川变频器作为电梯主机的动力源。设计和开发的电梯主电路。如图 2-1 所示，PLC 输入、输出接口电路如图 2-2、图 2-3 所示。

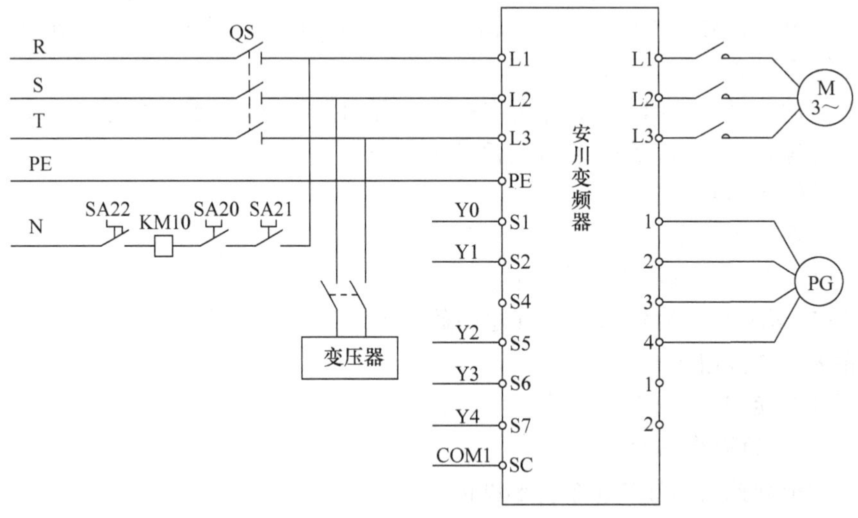

图 2-1　主电路

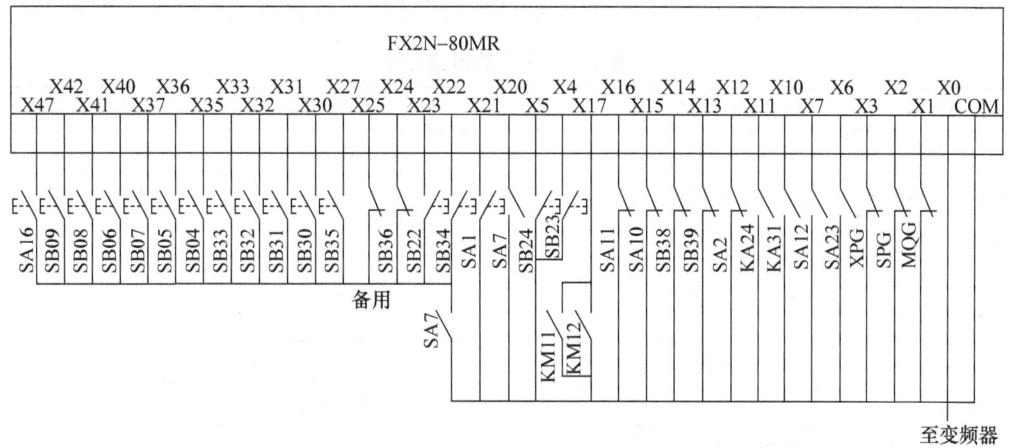

图2-2 PLC输入接口电路

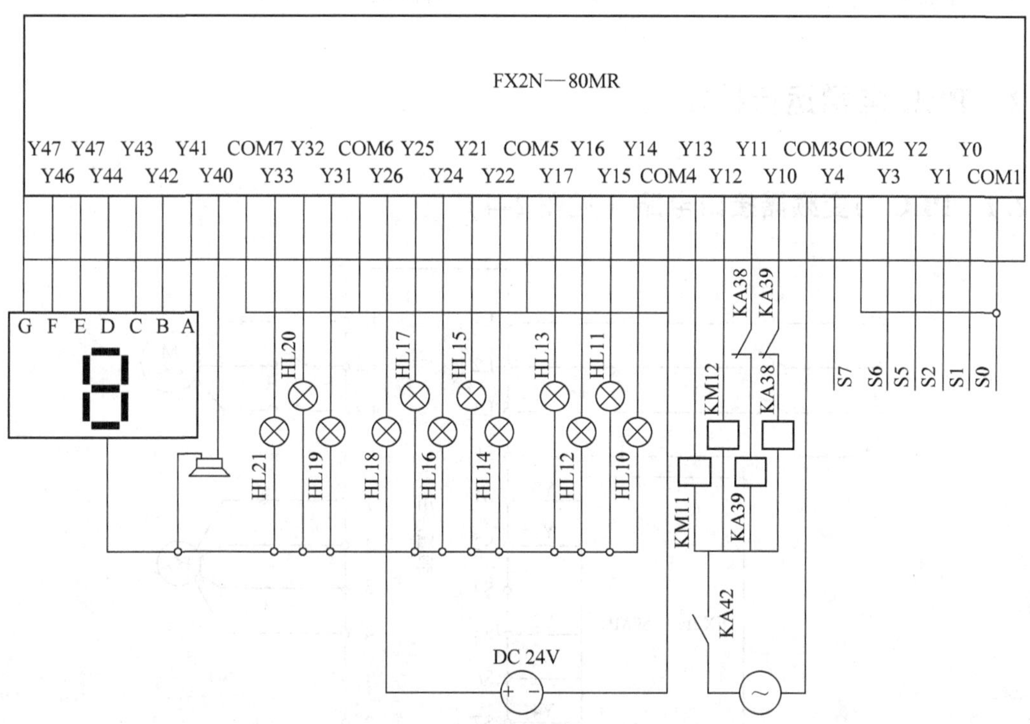

图2-3 PLC输出接口电路

2.1.4 PLC软件资源分配

在进行软件设计的过程中，尽量采用模块化的设计方法，这样可以提高程序的可读性和方便多人进行编写。通常将程序分为如下几个模块，即运行控制模块、轿厢位置确认模块（层楼位置的确定、换速位置信号的获取）、楼层显示模块、内选及外选信号的登记和消号模块、定向模块、换速模块、开关门运行模块、消防运行模块、安全保护模块等，并对PLC的资源（M、C、T、D）进行分配。

以4层4站电梯为例，对程序进行模块分解，并对PLC的资源进行分配，见表2-1。

表2-1 PLC的资源分配

模块名称	辅助继电器M	计数器C	计时器T	数据寄存器D
运行控制模块	M300～M349		T10～T14	
轿厢位置确认模块	M100～M199	C235	T0～T4	D200～D299
楼层显示模块	M200～M229			
内选及外选信号的登记和消号模块	M230～M299		T20～T29	
定向模块	M10～M49			
换速模块	M50～M99		T30～T34	
开关门运行模块	M350～M399		T40～T49	
消防运行模块	预留扩展			
安全保护模块	预留扩展			

2.2 PLC电梯运行控制

2.2.1 PLC与变频器接口电路（见图2-4）

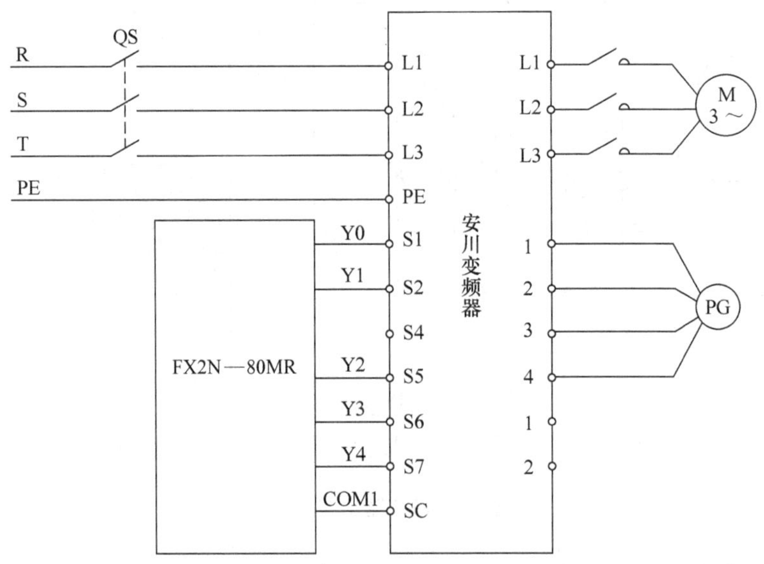

图2-4 PLC与变频器接口电路

2.2.2 PLC电梯输入点X与输出点Y的控制时序

当电梯下行方向确定后，主接触器Y12吸合，对轿厢提供一个预转矩。定时器T0时间到以后，Y13吸合，电梯打开电磁制动器。定时器T1时间到以后，Y1对变频器给出下行控制信号，Y2、Y4给出频率信号，电梯起动下行。此时应先给出运行信号，加载预转矩，可

以防止电梯出现溜车现象。

当电梯到达指定层站，接收到换速信号，定时器 T2 时间到以后 Y1、Y2、Y3 信号消失，电梯轿厢依靠惯性开始滑行，定时器 T3 时间到以后，主接触器、电磁制动器接触器同时断开，电梯电磁制动器停止运行。PLC 电梯下行控制时序如图 2-5 所示。通常在调试过程中定时器 T3 的定时时间大于 T2 的定时时间，在电梯轿厢滑行至接近零速时电磁制动器开始工作，电梯舒适度较好。

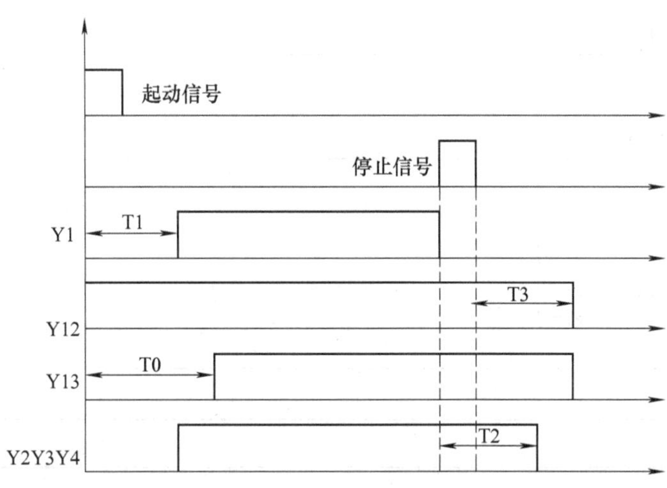

图 2-5　PLC 电梯下行控制时序

当电梯上行方向确定后，主接触器 Y12 吸合，对轿厢提供一个预转矩。定时器 T0 时间到以后，Y13 吸合，电梯打开电磁制动器。定时器 T1 时间到以后，Y1 对变频器给出上行控制信号，Y2、Y4 给出频率信号，电梯起动上行。

当电梯到达指定层站，接收到停止信号，定时器 T2 时间到以后，Y0、Y2、Y3 信号消失，电梯轿厢依靠惯性开始滑行，定时器 T3 时间到以后，主接触器、电磁制动器接触器断开，电梯电磁制动器停止。PLC 电梯上行控制时序如图 2-6 所示。

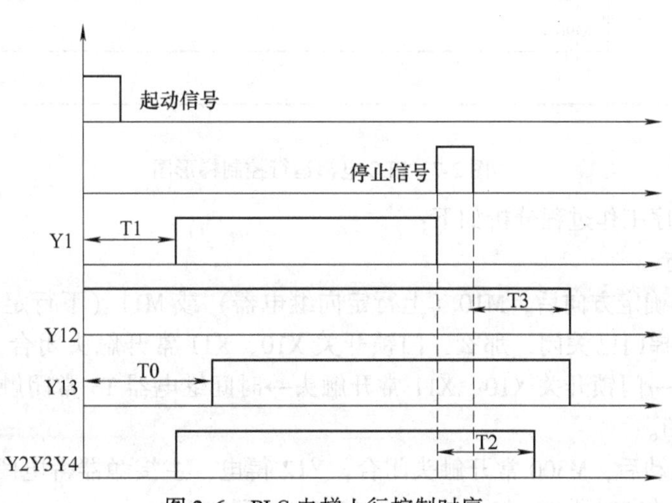

图 2-6　PLC 电梯上行控制时序

2.2.3 运行控制的软件编程

根据电梯上下行控制时序，编写程序的梯形图如图2-7所示。

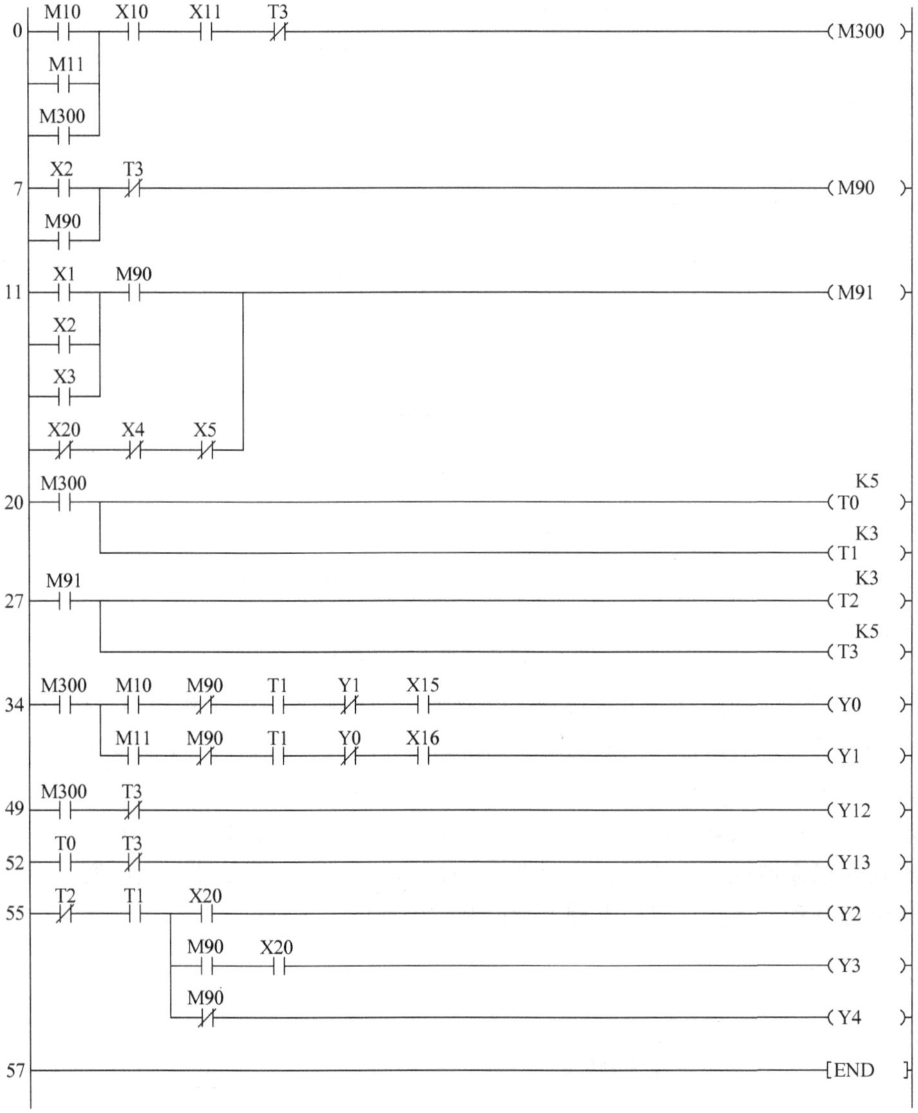

图2-7 PLC电梯运行控制梯形图

电梯控制程序工作过程分析如下：

1. 起动运行

（1）当电梯确定方向后，M10（上行定向继电器）或M11（下行定向继电器）常开触头闭合，如果电梯门已关闭，那么，门锁开关X10、X11常开触头闭合，程序经过M10或M11的常开触头→门锁开关X10、X11常开触头→时间继电器T3常闭触头→使起动继电器M300得电并自锁。

（2）电梯起动后，M300常开触头闭合，Y12得电，主接触器得电闭合。由于M300常开触头闭合，驱动定时器T0（0.5s）、T1（0.3s）开始工作。

(3) 电梯起动后 0.3s，定时器 T1 常开触头闭合。若此时为上行定向，程序经起动继电器 M300 常开触头→上行定向继电器 M10 常开触头→换速继电器 M90 常闭触头→时间继电器 T1 常开触头→Y1 常闭触头（互锁）→上限位开关 X15 常开触头→Y0 得电。

(4) 电梯起动后 0.5s，T0 常开触头闭合，Y13 得电，电磁制动器接触器得电闭合。

2. 换速停止

(1) 当电梯换速到达门区时，换速辅助继电器 M91 动作，这时 M91 的常开触头闭合，驱动定时器 T2（0.3s）、T3（0.5s），电梯开始换速。若电梯进入检修状态（没有按检修上行按钮 X4 或下行按钮 X5），此时，X20 常闭触头闭合→X4、X5 检修上、下行按钮常闭触头→M91 得电，M91 常开触头闭合，驱动定时器 T2（0.3s）、T3（0.5s），电梯换速。

(2) 换速后 0.3s，T2 常闭触头端开，切断了频率信号 Y2、Y3、Y4。

(3) 换速后 0.5s，T3 常闭触头断开，Y13 失电，电磁制动器接触器触头断开；Y12 失电，主接触器触头断开；M300 断开，上召唤信号消除。

(4) 当电梯撞上限位开关，X15 断开，上行继电器 Y0 失电，电梯换速停止。

下行输出控制 Y1 同理可得。

PLC 和变频器的参数设置见表 2-2。

表 2-2 PLC 和变频器的参数设置

状　态	状态控制信号	输出控制	变频器参数
检修	X20 常闭触头	Y4	D1-05
正常运行	X20 常开触头、M90 常闭触头	Y2、Y4	D1-06
爬行	X20 常开触头、M90 常开触头	Y2、Y3	D1-04

实训 1 PLC 电梯运行控制

1. 实训目的

本实训是为了使读者熟练进行三菱 GPP 软件的使用、程序的编写与调制，以及完成电梯的上、下行控制。

2. 实训设备

PLC 教学机。

3. 实训原理

PC 电梯输入点 X 与输出点 Y 的控制时序如图 2-5 和图 2-6 所示。图 2-7 中的梯形图程序也可以用作参考。其中，X15 为上限位，X16 为下限；M300 为运行辅助继电器；M90 为换速辅助继电器。Y12 为主接触器；Y13 为电磁制动器接触器；Y0 为上行继电器；Y1 为下行继电器；Y2、Y3 为频率设定。

4. 实训内容

实现 PLC 电梯的运行控制：按下上行按钮 X35，电梯起动上行；按下下行按钮 X44，电梯起动下行；按下停止按钮 X36，电梯停止运行。

若 T0、T1、T、T3 的时间给定如下：T0 的时间为 0.5s，T1 的时间为 0.2s，T2 的时间为 0.2s，T3 的时间为 0.5s。试完成上述控制要求。

5. 实训步骤

(1) 绘制 I/O 接口电路　本书中的 PLC 控制电梯硬件接口电路均以图 2-2 及图 2-3 的 PLC 控制电梯接口电路为准。

（2）绘制梯形图　根据控制要求，编写电梯运行梯形图如图 2-8 所示。

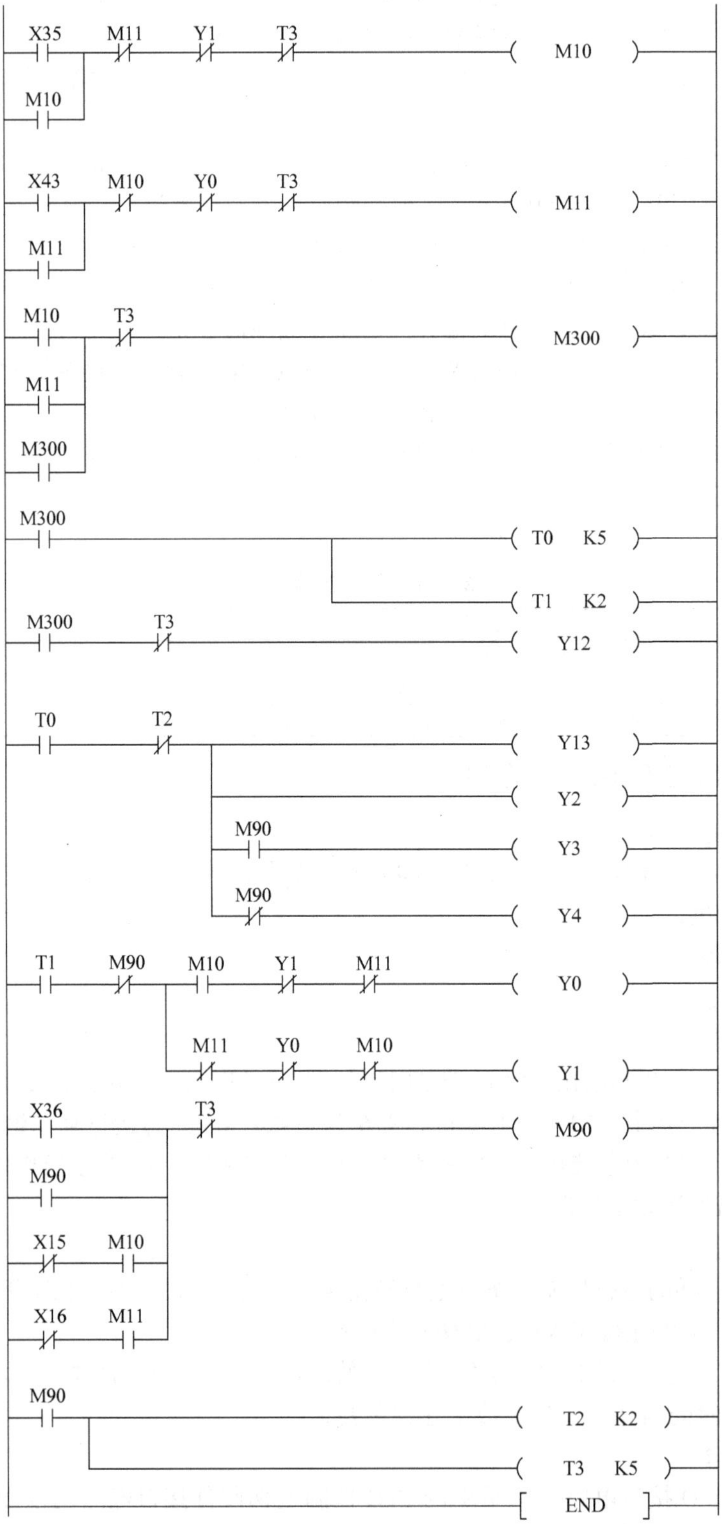

图 2-8　PLC 控制电梯运行梯形图

（3）列写指令表　根据编制的梯形图列写指令，见表2-3。

表2-3　PLC电梯控制运行指令

步序号	指　令	步序号	指　令	步序号	指　令
0	LD　X35	24	LD　M300	44	MPP
1	OR　M10	25	ANI　T3	45	AND　M11
2	ANI　M11	26	OUT　Y12	46	ANI　Y0
3	ANI　Y1	27	LD　T0	47	ANI　M10
4	ANI　T3	28	ANI　T2	48	OUT　Y1
5	OUT　M10	29	OUT　Y13	49	LD　X36
6	LD　X43	30	OUT　Y2	50	OR　M90
7	OR　M11	31	MPS	51	LDI　X15
8	ANI　M10	32	AND　M90	52	AND　M10
9	ANI　Y0	33	OUT　Y3	53	ORB
10	ANI　T3	34	MPP	54	LDI　X16
11	OUT　M11	35	ANI　M90	55	AND　M11
12	LD　M10	36	OUT　Y4	56	ORB
13	OR　M11	37	LD　T1	57	ANI　T3
14	OR　M300	38	ANI　M90	58	OUT　M90
15	ANI　T3	39	MPS	59	LD　M90
16	OUT　M300	40	AND　M10	60	OUT　T2　K2
17	LD　M300	41	ANI　Y1	63	OUT　T3　K5
18	OUT　T0　K5	42	ANI　M11	66	END
21	OUT　T1　K2	43	OUT　Y0		

6. 考核及评分标准（见表2-4）

表2-4　PLC电梯运行控制考核及评分标准

<table>
<tr><th>项　目</th><th>配分</th><th colspan="4">评 分 标 准</th><th>得　分</th></tr>
<tr><td>程序测试前的准备工作</td><td>20分</td><td colspan="4">1）无法打开应用程序，扣5分
2）无法正确传输程序，扣5分</td><td></td></tr>
<tr><td>程序调试</td><td>50分</td><td colspan="4">1）电梯上行时序不符合要求，扣20分
2）电梯下行时序不符合要求，扣20分
3）电梯停车时序不符合要求，扣10分</td><td></td></tr>
<tr><td>通电实验</td><td>30分</td><td colspan="4">1）电梯无法上行起动，得10分
2）电梯无法下行起动，得10分
3）电梯无法正常停止，得10分</td><td></td></tr>
<tr><td>安全文明</td><td colspan="5">违反安全文明生产规程 扣10~70分</td><td></td></tr>
<tr><td>定额时间</td><td colspan="5">30min</td><td></td></tr>
<tr><td>备注</td><td colspan="4">除定额时间外，各项目的最高扣分不应超过配分数</td><td>成绩</td><td></td></tr>
<tr><td>开始时间</td><td></td><td>结束时间</td><td></td><td colspan="2">实际时间</td><td></td></tr>
</table>

2.3 电梯轿厢位置的确定与显示

电梯轿厢位置数据是电梯运行的基准数据，电梯的定向、换速都是以轿厢位置为基础的，缺乏电梯轿厢位置数据或轿厢位置确定存在偏差，都会造成电梯运行的不正常。

2.3.1 电梯轿厢位置的确认

1. *采用机械选层器确认轿厢位置* 采用机械选层器的电梯可通过机械选层器的动、静触头的通断取得或消除轿厢位置信号。目前，采用机械选层器的电梯已经停产，现存的电梯基本不采用。

2. *采用干簧管确认电梯轿厢位置* 部分电梯利用固定在轿厢上的隔磁板与安装在井道上的干簧管配合来确认电梯轿厢位置。当电梯轿厢经过每层时，固定在轿厢上的隔磁板使每层的干簧管动作，进而使相应的层楼继电器吸合，以发出电梯轿厢位置信号。楼层召唤电路如图2-9所示。但是，这种方法不能产生连续的指层信号，必须附加继电器才能获得连续的指层信号。图中，1～4LG为1、2、3、4楼层感应器，KA26、KA27、KA28、KA29为1、2、3、4楼层继电器，KA13、KA14、KA15、KA16为1、2、3、4楼层指示继电器。另外，采用干簧管确认电梯轿厢位置的电梯通常应用在低层站电梯中。

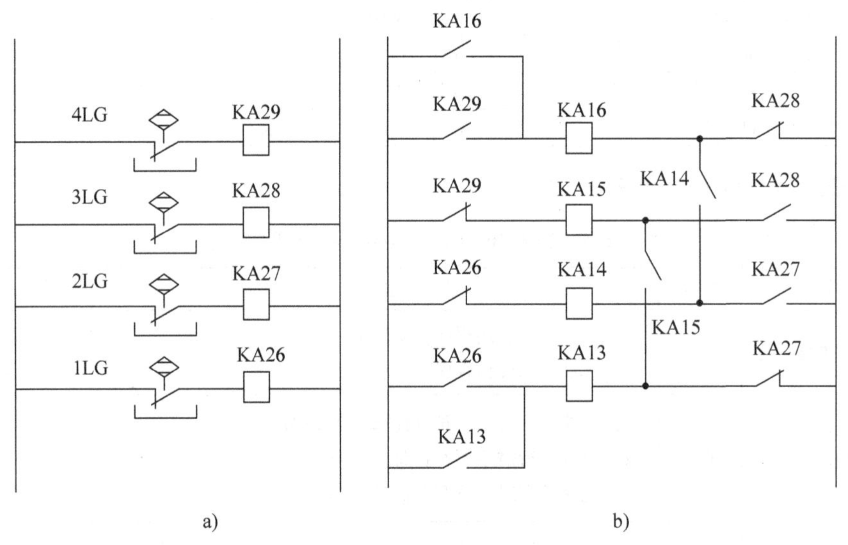

图2-9 楼层召唤电路
a）主电路 b）控制电路

3. *利用旋转编码器确认电梯轿厢位置* 现在生产的电梯大都采用旋转编码器来确定轿厢位置。在实际安装时，旋转编码器与电动机转子同轴安装，当电动机主轴旋转时，旋转编码器相应旋转，主轴转动一圈，旋转编码器将产生若干个脉冲信号，这样电动机的旋转速度就可以利用旋转编码器输出的脉冲信号个数的速度来计算了，也可以利用旋转编码器输出的脉冲信号个数相应地计算出电梯曳引机上钢丝绳移动的距离，进而计算出电梯轿厢的位移。

旋转编码器是用来测量转速的装置。它分为单路输出和双路输出两种。技术参数主要有

每转脉冲数（几十个到几千个都有）和供电电压等。旋转编码器的外形和内部结构如图2-10所示。

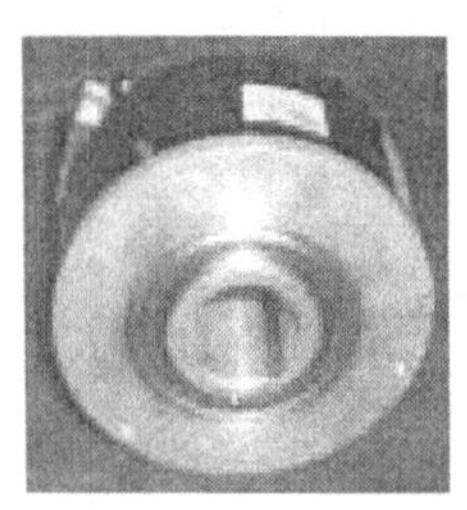

a)

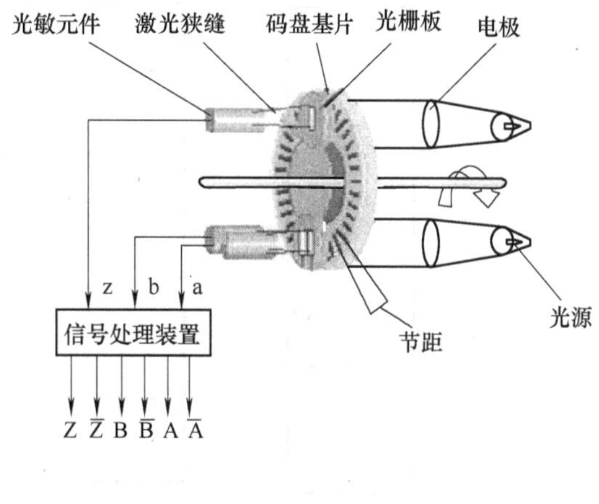

b)

图2-10　旋转编码器

a）外形　b）内部结构

光电码盘随被测轴一起转动，在光源的照射下，透过光电码盘和光栅板形成忽明忽暗的光信号，光敏元件把此光信号转换成两组电信号（A、B相），如图2-11所示。该信号通过信号处理装置的整形、放大等处理后再对外输出。

（1）工作原理：单路输出是指旋转编码器的输出是一组脉冲，而双路输出的旋转编码器输出两组相位差90°的脉冲信号，通过对某一组引脚的输出脉冲数量和速度，可以测量出电动机主轴转动的线速度，进而计算出曳引轮上钢丝绳的位移；通过比较A、B两相脉冲信号到达的先后顺序，还可以判断出电动机旋转的方向，从而确定出电梯轿厢的运行方向。

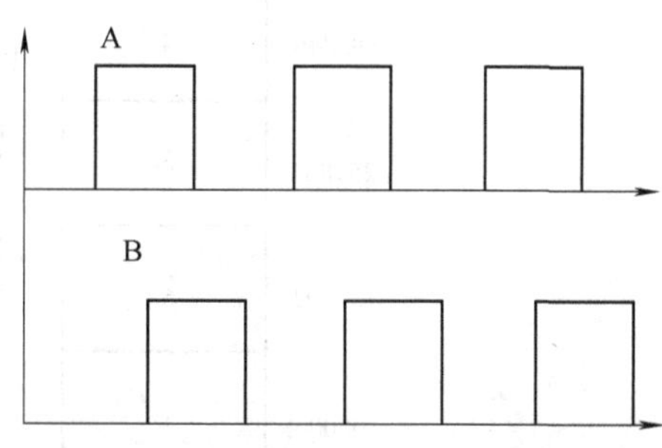

图2-11　旋转编码器A、B相信号

（2）采用旋转编码器确认电梯轿厢位置可通过如图2-12所示的控制电路来实现。旋转编码器的脉冲输出经过变频器分频后输入到PLC的X0端子，然后驱动高速计数器C235，利用高速计数器C235记录旋转编码器的输出脉冲数量。

使用高速计数器确定电梯轿厢位置通常可以分为以下几步：高速计数器的初始化、层楼位置的获取、层楼区间位置的计算、层楼位置确认的软件编程。

1）高速计数器的初始化。电梯开始运行，PLC处于运行状态，特殊辅助继电器M8000常开触头闭合，于是高速计数器C235的线圈得电，开始接收变频器输出的高频脉冲信号。

当电梯上行时，Y0常开触头闭合，将特殊辅助继电器M8235复位，此时C235工作于增计数状态。

当电梯下行时，Y1常开触头闭合，将特殊辅助继电器M8235置位，此时C235工作于减计数状态。

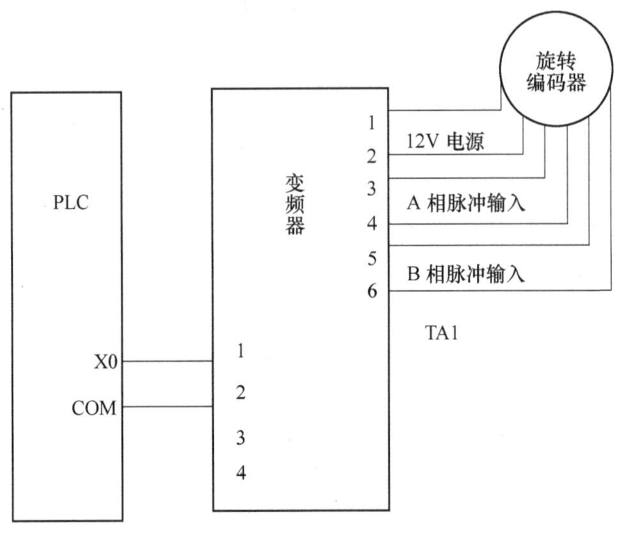

图 2-12　旋转编码器、变频器与 PLC 控制电路

当电梯运行至底层端站，下限位开关 X16 动作将 C235 清零。

2）楼层位置的获取。令电梯以检修速度运行至底层端站，程序会自动将 C235 清零；当将电梯慢速上行至各层平层位置时，能够使用微机或手持式编程器观察 C235 获得 1～4 层平层位置时的楼层数据分别为 00000、131593、251801、385246，如图 2-13 所示。

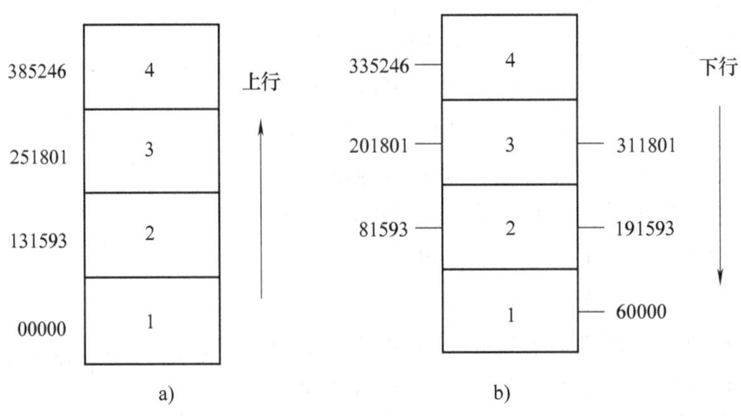

图 2-13　层楼数据的确定
a）上行时数据　b）下行时数据

3）楼层区间位置的计算。电梯平层位置减 5000 为电梯上行到达相应层楼区间的换速点。当电梯上行时，若计数器达到 81593、201801、335246 时，我们确认电梯到达相应的二层、三层和四层。

电梯平层位置加 6000 为电梯下行到达相应楼层区间的换速点。当电梯下行时，若计数器达到 311801、191593、6000 时，我们确认电梯到达相应的三层、二层和一层。

4）层楼位置确认的软件编程。当电梯到达某楼层时，我们可以将某辅助继电器置位来确认电梯的位置。例如：当电梯到达 1～4 层时，我们相应的将 M181、M182、M183、M184

置位。

4. 轿厢位置确定的编程 轿厢位置确定程序梯形图如图2-14所示。

(1) 电梯上行时获得轿厢层楼数据的程序原理如下:

当电梯从一层上行至二层时，DCMP K81593 C235 M102的功能是将换速点数据K81593与C235进行比较，当高速计数器C235的数据超过K81593时，M104置位。

当电梯从二层上行至三层时，DCMP K201801 C235 M105的功能是将换速点数据K201801与C235进行比较，当高速计数器C235的数据超过K201801时，M107置位。

当电梯从三层上行至四层时，DCMP K335246 C235 M108的功能是将换速点数据K335246与C235进行比较，当高速计数器C235的数据超过K335246时，M110置位。

(2) 当M104置位时，辅助继电器M152产生脉冲信号，置位M182确认电梯轿厢到达二层，同时复位M181。

当M107置位时，辅助继电器M153产生脉冲信号，置位M183确认电梯轿厢到达三层，同时复位M182。

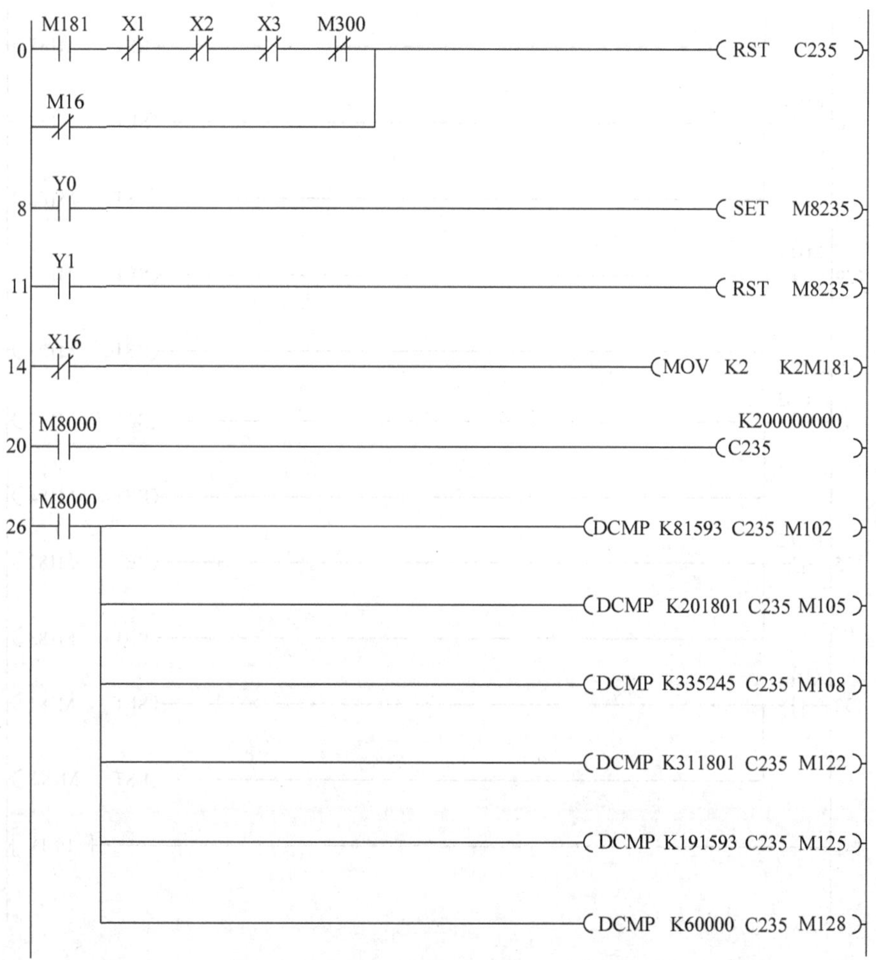

图2-14 轿厢位置确定程序梯形图

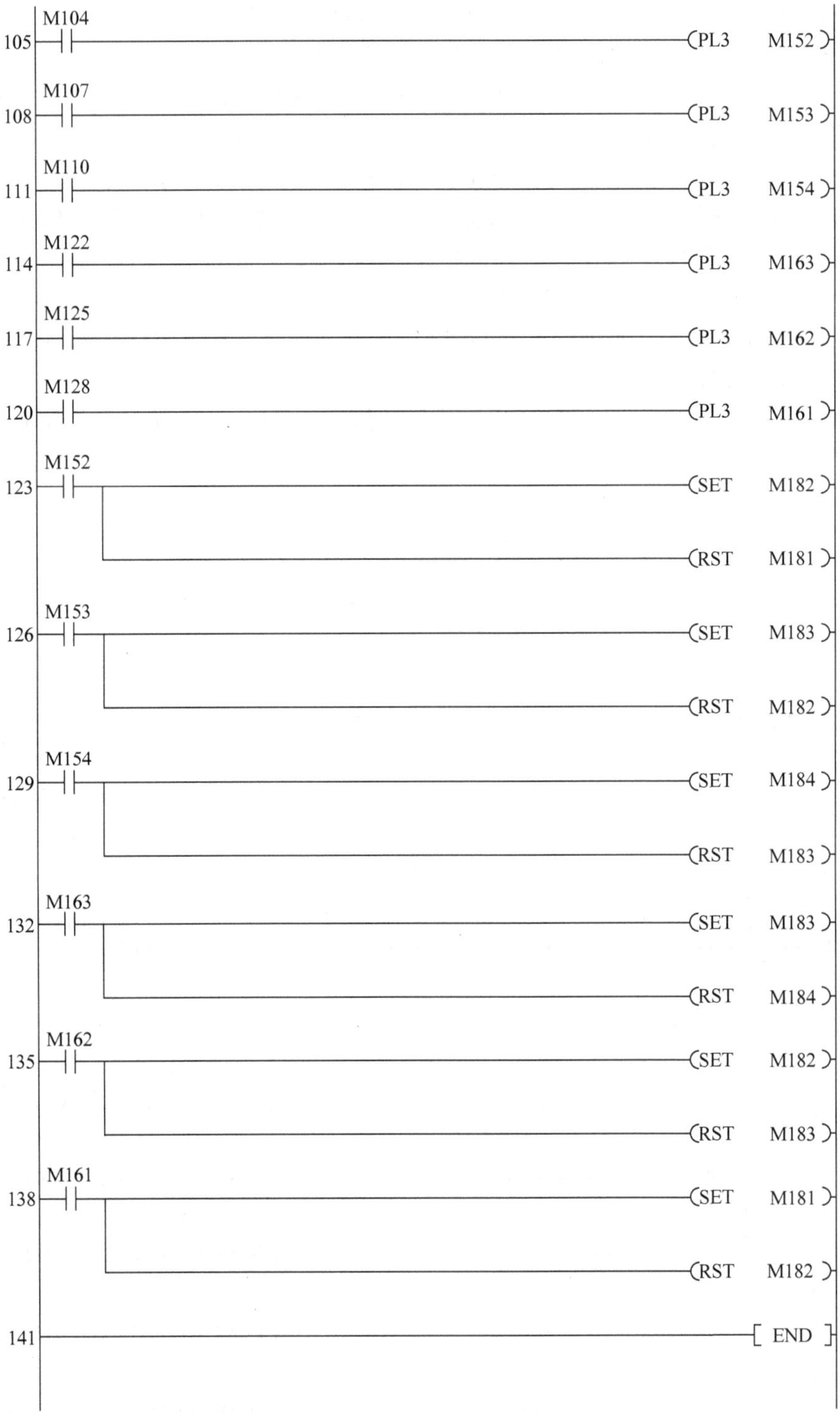

```
     M104
105 ─┤├──────────────────────────( PL3   M152 )
     M107
108 ─┤├──────────────────────────( PL3   M153 )
     M110
111 ─┤├──────────────────────────( PL3   M154 )
     M122
114 ─┤├──────────────────────────( PL3   M163 )
     M125
117 ─┤├──────────────────────────( PL3   M162 )
     M128
120 ─┤├──────────────────────────( PL3   M161 )
     M152
123 ─┤├──┬───────────────────────( SET   M182 )
         └───────────────────────( RST   M181 )
     M153
126 ─┤├──┬───────────────────────( SET   M183 )
         └───────────────────────( RST   M182 )
     M154
129 ─┤├──┬───────────────────────( SET   M184 )
         └───────────────────────( RST   M183 )
     M163
132 ─┤├──┬───────────────────────( SET   M183 )
         └───────────────────────( RST   M184 )
     M162
135 ─┤├──┬───────────────────────( SET   M182 )
         └───────────────────────( RST   M183 )
     M161
138 ─┤├──┬───────────────────────( SET   M181 )
         └───────────────────────( RST   M182 )
141 ─────────────────────────────[ END ]
```

图 2-14　轿厢位置确定程序梯形图（续）

当M110置位时，辅助继电器M154产生脉冲信号，置位M184确认电梯轿厢到达四层，同时复位M183。

注意：DCMP K81593 C235 M102比较指令的使用方法是，当K81593大于C235时，M102为ON；当K81593等于C235时，M103为ON；当K81593小于C235时，M103为ON。

电梯下行时获得轿厢位置信号的程序原理是怎样的呢？

2.3.2　电梯轿厢位置的显示

电梯都配有轿厢位置指示器，用于指示轿厢现行位置。载人电梯轿内必定有指示器，而厅门上指示器则视不同情况而定。通常层站数目不多的电梯每层都有指示器，然而随着电梯速度的提高，现代的电梯很多取消了厅外指示器指层器，或者只保留基站指示器，而在电梯到达召唤层时采用声光预报：如在电梯将要到达时，报站钟发出“叮叮当当”的声音，同时方向灯闪动，指示电梯的运行方向。

1. 轿厢位置指示器　电梯轿厢内和厅门口的轿厢位置指示器包括数码管显示、点矩阵式和发光二极管式等几种。

（1）点矩阵式：就是由发光点按一定规律排列成点阵而组成各种不同的数码。

（2）发光二极管式：由发光二极管排列组成不同的显示段，由各种不同的显示段构成各种数码显示。

（3）数码管显示：常见的数码管为七段数码管，它是将数码分布在同一个平面上，由若干段发光二极管或液晶体来组成各种数字码。轿厢显示电路如图2-15所示。

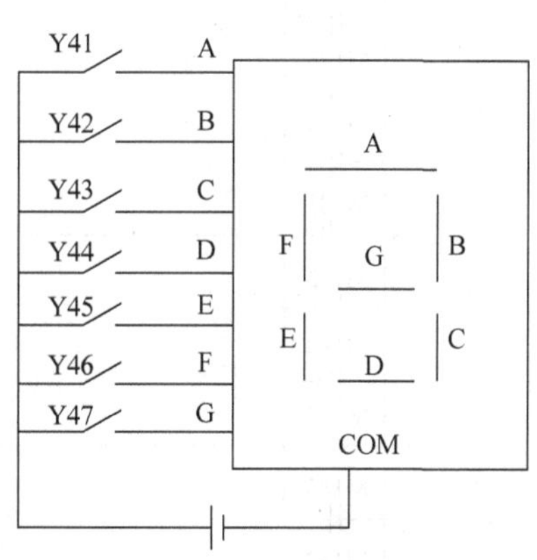

图2-15　轿厢显示电路

在七段码显示电路中，我们对数码管的输入引脚A、B、C、D、E、F、G送入24V直流电源，则相应的区段就会被点亮，控制PLC的端子Y41、Y42、Y43、Y44、Y45、Y46、Y47闭合或断开就可以控制数码管相应区段的亮或灭，以组成相应的数值。数码管显示的数值与控制引脚的对照见表2-5。

表2-5　数码管的显示数值与控制引脚的对照

楼　层	七段码输出						
	A（Y41）	B（Y42）	C（Y43）	D（Y44）	E（Y45）	F（Y46）	G（Y47）
1（M181）	0	1	1	0	0	0	0
2（M182）	1	1	0	1	1	0	1
3（M183）	1	1	1	1	0	0	1
4（M184）	0	1	1	0	0	1	1

由表2-5可知，控制工作过程如下：

1）当电梯到达2、3层时，M182、M183常开触头闭合，令Y41得电。

2）当电梯到达1、2、3、4层时，M181、M182、M183、M184常开触头闭合，令Y42得电。

3）当电梯到达1、3、4层时，M181、M183、M184常开触头闭合，令Y43得电。

4）当电梯到达2、3层时，M182、M183常开触头闭合，令Y44得电。

5）当电梯到达2层时，M182常开触头闭合，令Y45得电。

6）当电梯到达4层时，M184常开触头闭合，令Y46得电。

7）当电梯到达2、3、4层时，M182、M183、M184常开触头闭合，令Y47得电。

当电梯运行的楼层共有六层时，层楼指示程序应是怎样的？

2. 电梯轿厢位置编程　电梯轿厢位置显示程序梯形图如图2-16所示。

步	触点（并联常开）	输出
0	M182、M183	Y41
3	M181、M182、M183、M184	Y42
8	M181、M183、M184	Y43
12	M182、M183	Y44
15	M182	Y45
17	M184	Y46
19	M182、M183、M184	Y47
23		END

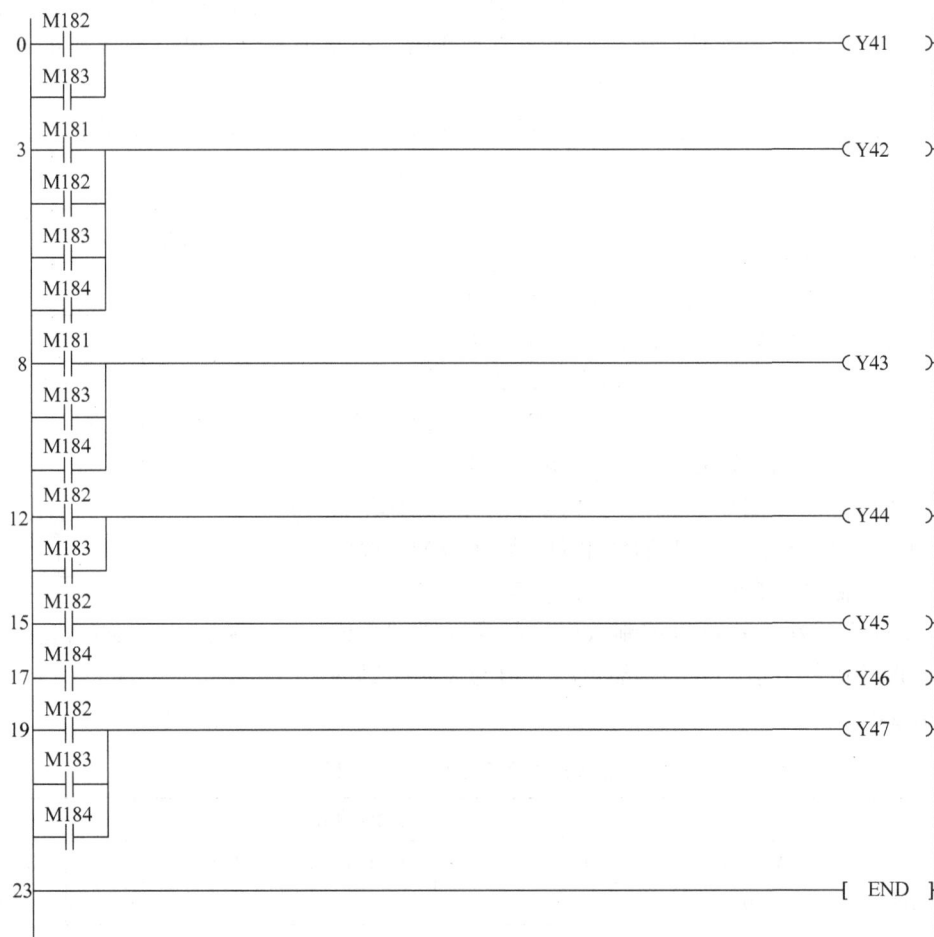

图2-16　电梯轿厢位置显示程序梯形图

2.3.3　采用程序自学获得电梯轿厢位置的方法

在电梯安装完毕，进入调试过程中，工程人员希望电梯程序能够具备自学习能力，自主

获得电梯层楼数据，以减少人为因素对电梯运行的影响。

在电梯实际运行过程中，我们将电梯自学习获得的层楼平层位置数据存放在PLC的数据寄存器内并保留下来，再根据它计算电梯的换速位置数据。

电梯1~4层的位置数据分别存放在3组32位数据寄存器中，每个32位数据寄存器由两个16位数据寄存器组成。

电梯一层平层位置数据存放在数据寄存器D200、D201中；二层平层位置数据存放在数据寄存器D202、D203中；三层平层位置数据存放在数据寄存器D204、D205中；四层平层位置数据存放在数据寄存器D206、D207中。

1. *电梯平层位置数据的取得* 当电梯轿厢运行至下限位开关时，首先将数据寄存器清零；当电梯上行到达2~4层时，电梯控制系统的平层感应器会发生动作，我们将平层感应器MQG（控制PLC的输入点X1）发生动作时C235的数据记录下来，即为电梯平层位置数据。电梯平层原理示意图如图2-17所示。我们以一层平层位置作为基准值，数据为零，因此我们将D200清零。

当X1发生第一次动作时，电梯轿厢到达二层平层位置。

当X1发生第二次动作时，电梯轿厢到达三层平层位置。利用数据传送指令将C235记录下来的数据传送给数据寄存器D204。

PLC电梯楼层的数据如何记录呢？

2. *层楼区间位置的计算* 电梯2~4层上行换速点数据存放在以D222开头的3组32位数据寄存器中。而电梯1~3层下行换速点数据存放在以D240开头的3组32位数据寄存器中。

换速数据获取示意图如图2-18所示。

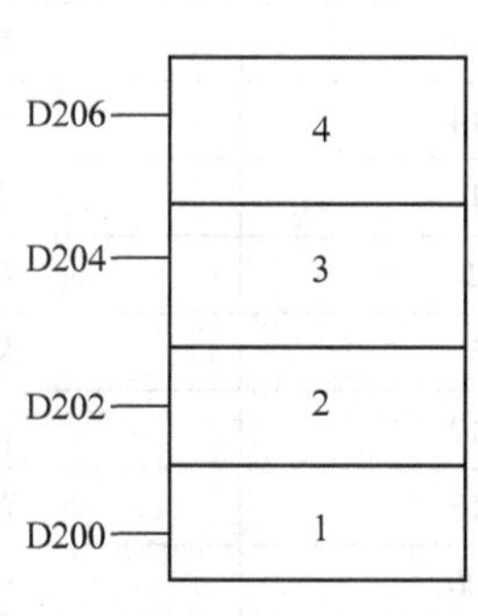

图2-17 电梯平层原理示意图

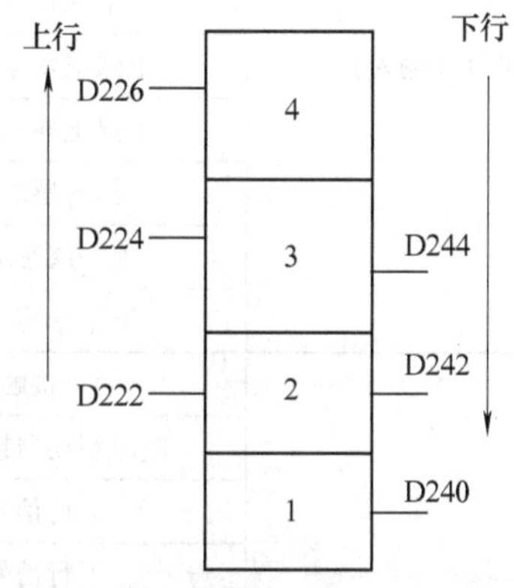

图2-18 换速数据获取示意图

上行换速点数据的获取方法如下：

二层平层位置数据减5000为二层上行换速点数据并存放在数据寄存器D222中；三层平层位置数据减5000为三层上行换速点数据并存放在数据寄存器D224中；四层平层位置数据减5000为四层上行换速点数据并存放在数据寄存器D226中。

通过将数据寄存器 D222、D224、D226 与 C235 中的数据进行比较，就可以获取上行时二、三、四楼层换速点。

下行换速点数据如何获取呢？程序应如何编写呢？

2.4 PLC 控制电梯的指令登记与定向

电梯的运行依靠三相交流感应电动机驱动曳引轮，曳引轮带动钢丝绳牵引轿厢向上或向下运行。因此，改变电梯曳引电动机的旋转方向能够使电梯进行换向，即改变电梯的运行方向。对于采用变频控制的电梯，可以通过控制变频器来控制三相交流感应电动机的正反转运行。

集选控制电梯一般是顺向截车，电梯的运行方式是先上行响应厅外上召唤信号，然后再下行响应厅外下召唤信号，如此反复。而在电梯运行时应该保留反方向召唤信号，即在上行时应保留厅下召唤信号，下行时应保留上召唤信号。

2.4.1 PLC 电梯输入点 X 与输出点 Y 的设置

PLC 电梯输入点 X 与输出点 Y 的设置见表 2-6。

表 2-6 PLC 电梯输入点 X 与输出点 Y 的设置

I/O	设备名称	地址	备注
INPUT（输入）	一、二、三层上行按钮	X035 ~ X037	常开
	四、三、二层下行按钮	X041 ~ X043	常开
	上限位开关	X015	常闭
	下限位开关	X016	常闭
	上强迫换速开关	X013	常闭
	下强迫换速开关	X014	常闭
	门区感应器	X1	常闭
	上平层感应器	X2	常闭
	下平层感应器	X3	常闭
OUTPUT（输出）	运行接触器	Y012	正常
	电磁制动器接触器	Y013	正常
	上行信号	Y000	正常
	下行信号	Y001	正常
	频率信号	Y002、Y003	正常
	一、二、三楼上行按钮灯	Y024 ~ Y026	正常
	二、三、四楼下行按钮灯	Y031 ~ Y033	正常
	上行指令灯	Y014	正常
	下行指令灯	Y015	正常

2.4.2　电梯定向部分程序

图 2-19 所示是一种常用的电梯定向编程梯形图。它用于有司机操纵信号的控制电梯，具有司机选向功能。

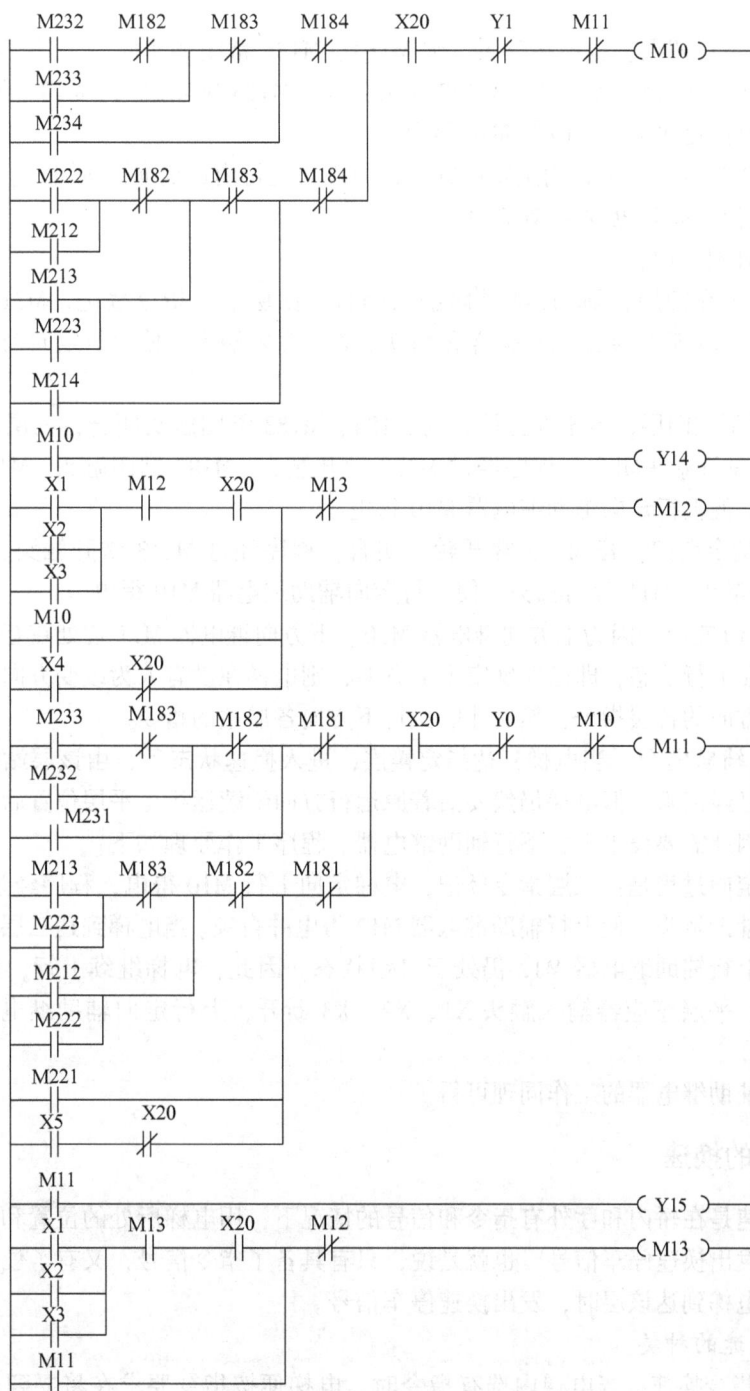

图 2-19　电梯定向编程梯形图

1. 内选指令登记电梯自动定向

(1) 上行内选定向:

1) 若电梯不在四层, 则 M184 常闭触头闭合, 且四层内选指令登记, M234 常开触头闭合, 程序经过 M234 常开触头、M184 常闭触头、M11 常闭触头, 使上行定向辅助继电器 M10 得电。

2) 若电梯不在四层, 也不在三层, 则 M184、M183 常闭触头闭合, 且三层内选指令登记, M233 常开触头闭合, 程序经过 M233 常开触头、M183 常闭触头、M184 常闭触头、M11 常闭触头, 使上行定向辅助继电器 M10 得电。

(2) 下行内选定向: 下行内选定向的工作原理与上行内选定向同理可得。

2. 外召唤指令登记电梯自动定向

(1) 上行外召定向:

1) 若电梯不在四层, 则 M184 常闭触头闭合, 四层下召指令登记, M214 常开触头闭合, 程序经过 M214 常开触头、M184 常闭触头、M11 常闭触头, 使上行定向辅助继电器 M10 得电。

2) 若电梯不在四层, 也不在三层, 则 M184、M183 常闭触头闭合, 三层上召或下召指令登记, M223 常开触头闭合, 程序经过 M223 常开触头、M183 常闭触头、M184 常闭触头、M11 常闭触头, 使上行定向辅助继电器 M10 得电。

(2) 下召指令登记: 若 M213 常开触头闭合, 程序经过 M213 常开触头、M183 常闭触头、M184 常闭触头、M11 常闭触头, 使上行定向辅助继电器 M10 得电。

3. 最远反向定向　因为上方向继电器 M10、下方向继电器 M11 均处在互锁状态, 所以如果电梯已处在上行状态, 即已经确定了上方向, 则电梯在没有人为改变方向的情况下, 只能先执行完上方向的各层指令, 然后才能执行下方向各层站的指令。

4. 上、下辅助定向　当电梯到达指定楼层, 进入换速状态后, 由该层站的指令登记形成的电梯定向已经消除, 但电梯仍然要沿着原运行方向继续运行至平层位置后, 然后才能消除定向信号, 因此需要设置上、下行辅助继电器。程序工作原理如下:

上行辅助定向过程是: 三层指令登记, 电梯定向上行 M10 得电, 程序经过 M10 常开触头、M13 互锁辅助触头, 使上行辅助继电器 M12 得电并自锁。当电梯到达三层时, M10 定向信号消除, 但上行辅助继电器 M12 仍处于自锁状态。因此, 电梯继续上行, 当电梯轿厢到达平层位置时, 平层感应器输入触头 X1、X2、X3 断开, 上行定向辅助继电器 M12 失电, 自锁解除。

下行定向辅助继电器的工作同理可得。

2.4.3 电梯的换速

电梯的换速是在轿内和厅外有指令和信号的情况下, 用电梯所处的位置和运行的方向选择停靠站, 并发出换速停车信号。也就是说, 只有具备了指令信号, 又有了位置信号时才能实现选层。当电梯到达该层时, 发出换速停车信号。

1. 电梯换速的种类

(1) 内选指令换速。当电梯内选有指令时, 电梯便按指令要求在将要到达的层站换速停梯。

（2）电梯无方向换速。所谓无方向换速是指当电梯在既没有轿内指令也没有厅外召唤信号时，电梯应立即换速并在就近层站停靠。

（3）外召换速。电梯正常运行时，它的减速（换速）停靠层站有两种形式：层站信号呼叫时的顺向呼梯换速和最远反向呼梯信号换速。

1）顺向换速截梯。当层站有呼叫时，若层站呼叫方向与电梯运行方向相同时，电梯到达呼叫层站时换速停止。

2）最远反向截梯。当层站有呼叫信号时，若层站呼叫方向与电梯运行方向相反时，电梯到达与电梯运行方向相同的最远呼叫层站时换速停止，然后再响应反向层站的呼叫信号。

（4）端站强迫换速。电梯运行至端站前，轿厢上的撞弓碰撞井道内的换速开关，令电梯减速停止，防止电梯出现冲顶或蹲底事故。

电梯的部分换速程序梯形图如图 2-20 所示，其中，M90 为换速继电器，M91 为换速辅助继电器。

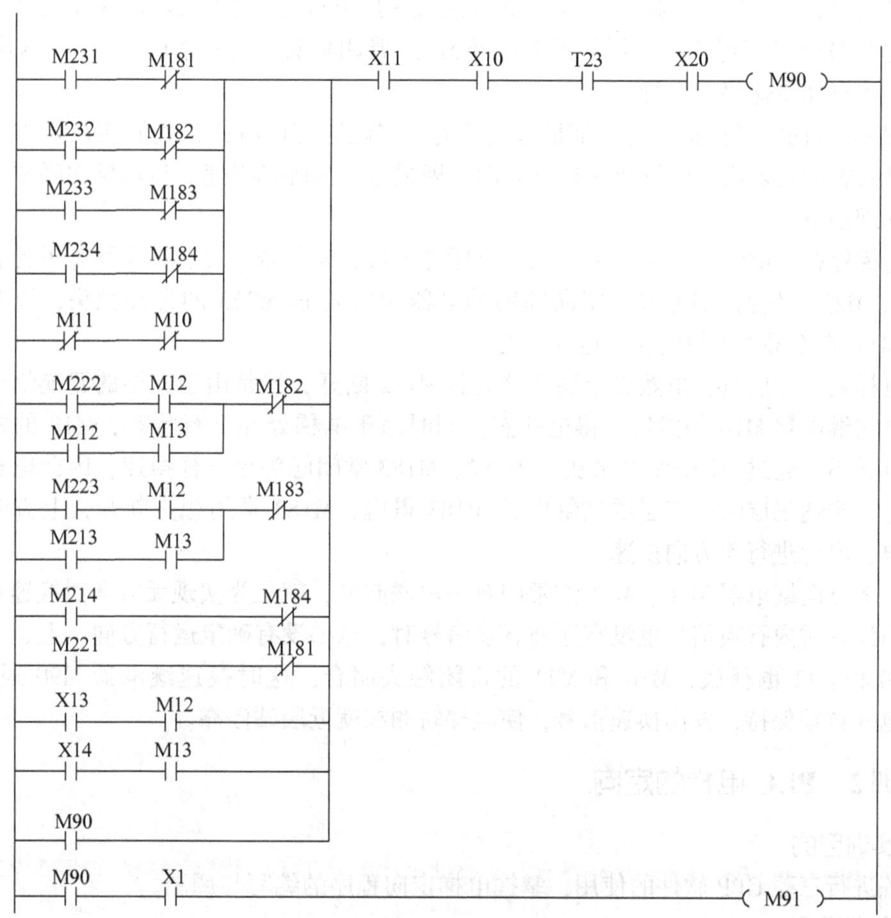

图 2-20　电梯的部分换速程序梯形图

2. 电梯换速程序工作原理

（1）轿内指令换速。当电梯到达内选指令登记楼层时，电梯换速停车。

例如：三层内选指令登记，当电梯到达三层时，程序经过 M233 常开触头、M12 常开触头、M183 常闭触头、X11 和 X10 的常开触头、T23 和 X20 的常开触头，使换速辅助继电器 M90 得电，电梯开始换速。当电梯到达指定层站，门打开，门锁继电器断开，X10、X11 常开触头断开，换速状态结束。

一、二层内选换速依此类推。

（2）电梯无方向换速。当电梯无确定方向，上、下方向定向辅助继电器 M10、M11 均失电，程序经过 M11 常闭触头、M10 常闭触头、X10 和 X11 的常开触头、T23 和 X20 的常开触头，使换速辅助继电器 M90 得电，电梯开始换速。当电梯到达指定层站，门打开，门锁继电器断开，X10 常开触头断开，换速状态结束。

（3）外召换速。

1）顺向呼梯换速。例如：四层有轿内指令，电梯正在上行过程中，此时运行继电器 M300 的常开触头吸合，如果三层楼有厅外上行呼梯信号，则 M183 吸合，电梯顺向截梯的工作原理如下：

电梯将要到达三层时，换速继电器 M90 经过三层上行召唤继电器 M213 常开触头、下行方向继电器 M13 常开触头、三层辅助继电器 M183 常闭触头、门锁继电器 X11、X10 常开触头得电，使电梯换速停止运行。

2）最远反向呼梯换速。为保证最远层站的乘客能够使用电梯，我们往往要求电梯完成最远层站乘客的要求后，能够改变运行方向，即最远反向呼梯换速。最远反向呼梯换速电路的工作原理如下：

当电梯停在一层时，如果二层、三层有厅外下行召唤信号，二、三层厅外下行召唤继电器 M222、M223 吸合，则上方向定向辅助继电器 M10 经过 M223 的常开触头，以及 M183、M184、M11 的常闭触头得电，使电梯上行。

当电梯到达二层时，虽然二层层站继电器 M182 断开，但是由于三层的召唤信号仍然存在，上方向继电器 M10 仍然处在得电状态，同时由于电梯处在上行状态，M10 的常闭触头断开，电梯不会经过 M222 常开触头与 M182、M183 常闭触头令电梯换速，因此电梯继续上行；当电梯到达三层时，三层层站继电器 M183 得电，M183 常闭触头断开，上方向继电器 M10 断电，电梯进行无方向换速。

上、下方向继电器 M10、M11 的常闭触头串联起来，就是为实现无方向时换速而设计的信号。当没有轿内召唤信号也没有厅外召唤信号时，电梯没有确定运行方向，上、下方向继电器 M10 和 M11 也释放，M10 和 M11 的常闭触头闭合，这时换速继电器 M90 通过 M10、M11 得电并自锁保持，发出换速信号，使电梯轿厢在就近层站停靠。

实训 2　PLC 电梯的定向

1. 实训目的

熟练进行三菱 GPP 软件的使用，掌握电梯定向程序的编写与调制。

2. 实训设备

PLC 教学机。

3. 实训内容

（1）控制要求

1）PLC 控制电梯已经具备以下功能：

```
541 ─┬─| |X30──┬─|/|M181─────────────( M231 )─
     └─| |M231─┘
546 ───| |M231───────────────────────( Y16 )─
548 ─┬─| |X31──┬─|/|M182─────────────( M232 )─
     └─| |M232─┘
552 ───| |M232───────────────────────( Y17 )─
554 ─┬─| |X32──┬─|/|M183─────────────( M233 )─
     └─| |M233─┘
558 ───| |M233───────────────────────( Y20 )─
560 ─┬─| |X33──┬─|/|M184─────────────( M234 )─
     └─| |M234─┘
564 ───| |M234───────────────────────( Y21 )─
566 ─┬─| |X35──┬─|/|M181─────────────( M221 )─
     └─| |M221─┘
570 ───| |M221───────────────────────( Y24 )─
572 ─┬─| |X35──┬─┬─|/|M182─┬────────( M222 )─
     └─| |M222─┘ └─| |M11──┘
578 ───| |M222───────────────────────( Y25 )─
580 ─┬─| |X37──┬─┬─|/|M183─┬────────( M223 )─
     └─| |M223─┘ └─| |M11──┘
586 ───| |M223───────────────────────( Y26 )─
588 ─┬─| |X41──┬─┬─|/|M182─┬────────( M212 )─
     └─| |M212─┘ └─| |M11──┘
594 ───| |M212───────────────────────( Y31 )─
596 ─┬─| |X42──┬─┬─|/|M183─┬────────( M213 )─
     └─| |M213─┘ └─| |M10──┘
602 ───| |M213───────────────────────( Y32 )─
604 ─┬─| |X43──┬─┬─|/|M184─┬────────( M214 )─
     └─| |M214─┘ └─| |M10──┘
```

图 2-21　内选及外召指令登记程序梯形图

① 电梯能够有效地根据起动信号（M10 上行，M11 下行）正常运行。

② 电梯在上下运行过程中，能正确显示楼层位置。

电梯已有上述功能程序，可以将控制运行程序（见图 2-7）、轿厢位置确定程序（见图 2-14）、电梯轿厢位置显示程序（见图 2-16）合并即可。

2）编程实现 PLC 控制电梯的下列功能：

① 按下轿内选层按钮，电梯根据轿厢位置起动运行，到达指定楼层后电梯立即停止。

② 按下厅外选层按钮，电梯根据轿厢位置起动运行，到达指定楼层后电梯立即停止。

（2）资源配置与使用

1）已经使用的资源：上行辅助继电器 M10；下行辅助继电器 M11；运行辅助继电器 M300；换速辅助继电器 M90。

2）层楼位置的确认：M102 ~ M128，M152 ~ M182。

3）层楼位置的显示：Y41 ~ Y47。

4）运行控制：Y0 ~ Y3。

（3）PLC 电梯定向程序的编制及调试　内选及外召指令登记程序梯形图如图 2-21 所示，定向程序梯形图如图 2-19 所示。

4. 考核及评分标准（见表 2-7）

表 2-7　PLC 电梯的定向考核及评分标准

项　目	配　分	评分标准			得　分
程序测试前的准备工作	20 分	1）无法打开应用程序，扣 5 分 2）无法正确传输程序，扣 5 分			
程序调试	50 分	1）电梯上行定向不符合要求，扣 20 分 2）电梯下行定向不符合要求，扣 20 分			
通电实验	30 分	1）电梯无法上行起动，得 10 分 2）电梯无法下行起动，得 10 分 3）电梯无法正常停止，得 10 分			
安全文明	违反安全文明生产规程，扣 10 ~ 70 分				
定额时间	30min				
备注	除定额时间外，各项目的最高扣分不应超过配分数			成绩	
开始时间		结束时间		实际时间	

2.5 自动开关门电路

电梯门系统是电梯的重要运动部件，电梯对自动开、关门机构（或称为自动门机系统）的功能有确定的要求。

2.5.1 电梯自动门机系统的功能

自动门机构安装在轿厢顶部，且随着电梯轿厢不断移动。该机构必须具备如下功能：

1）能顺利带动轿门开启或闭合。

2）当电梯轿厢在各个层楼平面处（或层楼平面的上、下200m的安全开门区域内）时，通过门刀方便地使各个层站的层门随着电梯轿厢门同步开启或闭合。

2.5.2 门机系统主电路

电梯门系统的动力源通常使用直流电动机门系统或交流电动机门系统。直流电动机起动转矩较大，系统结构简单，维修成本低，交流电动机门系统通常采用VVVF变频调速，控制简单，运行平稳，但成本较高，通常使用在中、高档客梯中。

为了使电梯的轿厢门和某层层门在启闭过程中达到快速平稳的要求，必须对自动门机系统进行速度调节。一般采用的调节方法有：

(1) 用小型直流电动机作为自动门机驱动力时，常用电阻的“串并联”调速方法，又称为电枢分流法。

(2) 用小型三相交流转矩电动机作自动门机的驱动力时，常用现在常用VVVF调速电机控制门的运行。

直流门机控制系统是采用小型直流伺服电动机作为驱动装置。这种控制系统，使开门机系统具有传动结构简单、调速简便等优点。在这里重点介绍采用直流电动机作为门机的控制原理。门机控制系统主电路如图2-22所示。其中，MD为开关门直流电动机，MDL为开关门直流电动机的励磁绕组，FU02为熔断器，R_{10}为可调电阻，R_{11}为低速开门分流电阻，R_{12}为低速关门分流电阻，KA38为开门继电器，KA39为关门继电器，SA1为开门限制开关，SA2为关门限制开关，SA3为关门第一减速开关，SA4为关门第二减速开关，SA5为开门第一减速开关。

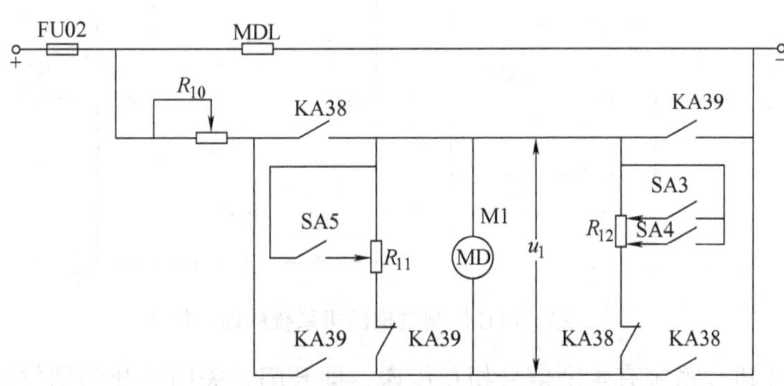

图2-22 门机控制系统主电路

门机的工作状态有三种：快速、慢速、停止。

对开关门电路的要求是：

1）关门时，快速—慢速—停止。

2）开门时，快速—慢速—停止。

图2-22中MD为开关门电动机，MDL为MD的励磁绕组，流过励磁绕组电流的大小和方向是不变的。只要改变开关门电动机MD的电枢极性，便可实现开关门电动机旋转方向的改变，从而完成开门和关门的功能。其工作过程如下：

1. 关门

1）关门继电器 KA39 吸合，门电动机 MD 向关门的方向旋转。

2）关门第一减速开关 SA3 闭合，电阻 R_{12}上的分流增大，流过电动机 MD 的电流减少，门电动机 MD 的速度降低。

3）关门第二减速开关 SA4 闭合，电阻 R_{12}上的分流再增大，流过电动机 MD 的电流再减少，门电动机 MD 的速度再降低。

4）当门碰撞关门限制开关后，关门继电器 KA39 释放，电动机停止转动，门停止运行。

2. 开门

1）开门继电器 KA38 吸合，门电动机 MD 向开门的方向旋转。

2）开门第一减速开关 SA5 闭合，电阻 R_{11}上的分流增大，流过电动机 MD 的电流减少，门电动机的速度降低。

3）当门碰撞关门限制开关后，开门继电器 KA38 释放，电动机停止转动，门停止运行。

2.5.3 门机系统控制电路

图 2-23 所示为 PLC 电梯门机控制系统的硬件接线。

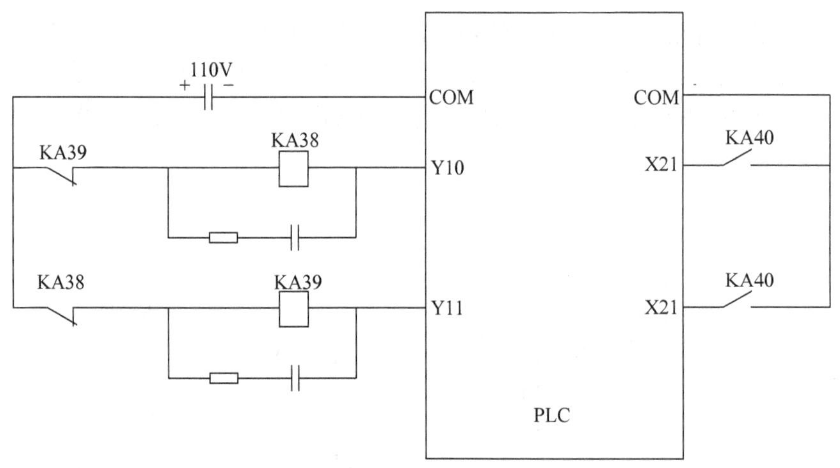

图 2-23 PLC 控制电梯门机系统的硬件接线

门机系统与 PLC 系统有 4 个信号相互传递，即开门、关门、开门到位、关门到位信号。按下开门按钮，PLC 发出开门信号，KA38 动作，电梯开始开门，当门全部打开后，开门到位信号传送给 PLC，PLC 发出指令停止开门。

按下关门按钮，PLC 发出关门信号，KA39 动作，电梯开始关门，当门全部关闭后，关门到位信号传送给 PLC，PLC 发出指令停止关门。

1. 开门运行　开门运行 PLC 程序梯形图如图 2-24 所示。

（1）自动开门过程。自动开门过程的操纵可分为以下几种情况：

1）电梯平层停车时的按钮自动开门。当电梯处于正常运行状态，位于平层位置，处于停车状态时，按下开门按钮，PLC 的 X22 得电，程序运行过程如下：

程序经过 X22 常开触头、检修开关 X20 常开触头、关门输出 Y11 常闭触头、X21 常闭

```
0 ─┤├X35──┤├M181──┤/├M11──┤/├X1──────────( M350 )
   ─┤├X36──┤├M182─┘
   ─┤├X37──┤├M183─┘
   ─┤├X41──┤├M182──┤/├M10─┘
   ─┤├X42──┤├M183─┘
   ─┤├X43──┤├M184─┘
21 ─┤├X22──┤├X20──┤/├Y11──┤/├X21──┤/├X1──┤/├M300──┤/├T11──( Y10 )
   ─┤├M350─┘
   ─┤├M90──┘
   ─┤├Y10──┘
   ─┤/├X20──┤├X22──────────────────────┘
35 ─┤├X21──────────────────────────────(T1 K30)
```

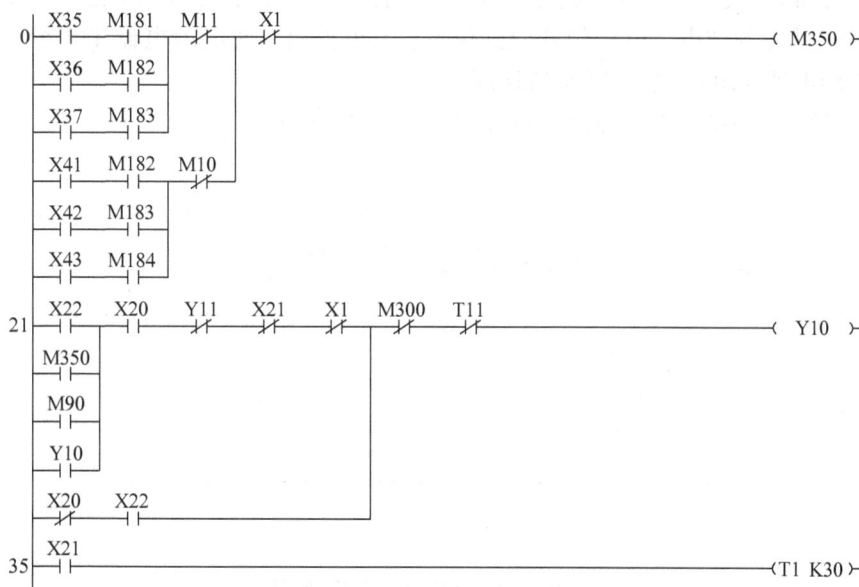

图2-24　开门运行PLC程序梯形图

触头、门区常闭触头X1、运行辅助继电器常闭触头M300、开门到位延时常闭触头T11，使PLC输出继电器Y10（控制开门）得电自锁，电梯开门。

2）电梯平层停车后的换速开门。当电梯处于正常运行状态，运行到达目标层站时，进入换速状态，换速辅助继电器M90得电，平层停止后换速自动开门，程序运行过程如下：

程序经过换速辅助继电器常开触头M90、检修开关常开触头X20、关门输出常闭触头Y11、常闭触头X21、门区常闭触头X1、运行辅助继电器常闭触头M300、开门到位延时常闭触头T11，使PLC输出继电器Y10得电且自锁，电梯开门。

3）电梯平层停车后的本层厅外开门。当电梯处于正常运行状态，位于平层位置，处于停车状态时，如果电梯门关闭或正在关闭状态中，当乘客选中厅外召唤按钮，若厅外召唤按钮的运行方向与电梯运行方向不冲突，则电梯应重新开门。例如：当电梯处在三层，不在上行状态，乘客选中三层下行按钮X42，程序运行过程如下：

程序经过三层下行召唤按钮X42常开触头、三层层楼位置辅助继电器M183常开触头、上行定向辅助继电器M10常闭触头、门区常闭触头X1，使本层厅外辅助继电器M350得电。接下来，由于M350常开触头闭合，程序经过M350常开触头、检修开关常开触头X20、关门输出常闭触头Y11、X21常闭触头、门区常闭触头X1、运行辅助继电器常闭触头M300、开门到位延时常闭触头T11，使PLC输出继电器Y10得电且自锁，电梯开门。

（2）检修开门。当电梯处在检修状态下，电梯控制系统应取消正常运行控制，包括任何自动门操作。PLC程序断开本层厅外开门、换速开门及自动门的操作（门运行中的自锁），只能进行非自动开门。程序运行过程如下：

程序经过检修开关常闭触头X20、开门按钮常开触头X22、运行辅助继电器常闭触头M300、开门到位延时常闭触头T11，使PLC输出继电器Y10得电，电梯点动开门。

开门运行需要通过检修人员依靠持续按压开门按钮，方能保证开门的连续运行。

（3）开门状态的结束。电梯门开门到位后，X21 得电，时间继电器 T12 经 3s 后动作，将开门输出继电器 Y10 断电，开门状态结束。

2. 关门运行　关门运行 PLC 程序梯形图如图 2-25 所示。

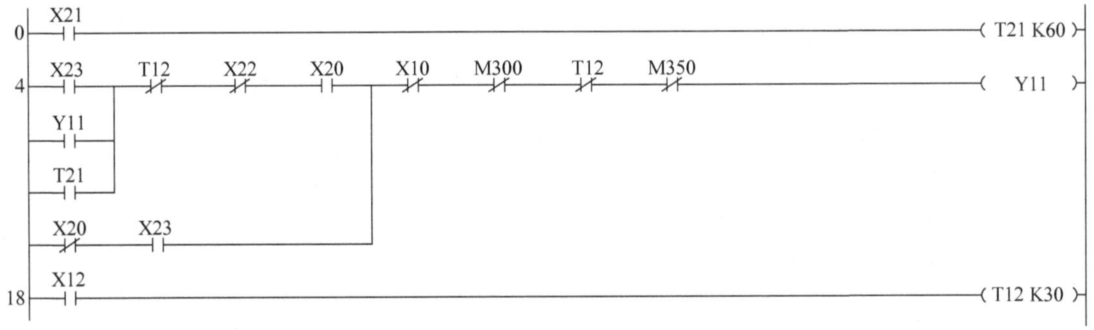

图 2-25　关门运行 PLC 程序梯形图

（1）自动关门过程。自动关门过程的操纵可分以下几种情况：

1）电梯平层停车时的按钮自动关门。当电梯处于正常运行状态，位于平层位置，处于停车状态时，按下关门按钮，PLC 的 X23 得电，程序运行过程如下：

程序经过常开触头 X23、定时辅助继电器常闭触头 T12、开门按钮常闭触头 X22、检修开关常开触头 X20、开门输出常闭触头 Y10、运行辅助继电器常闭触头 M300、关门到位延时常闭触头 T12、厅外辅助继电器常闭触头 M350，使 PLC 输出继电器 Y11 得电并自锁，电梯关门。

2）电梯平层停车开门后的自动延时关门。当电梯处于正常运行状态，位于平层位置，处于停车状态，开门到位一定时间后，电梯应自动关门。程序运行过程如下：

当电梯开门到位后，程序经过开门到位开关 X21，使时间继电器 T21 得电，延时 6s 后，定时辅助继电器 T21 动作，程序经过定时辅助继电器常开触头 T21、时间继电器常闭触头 T12、开门常闭触头 X22、检修开关常开触头 X20、开门输出常闭触头 Y10、运行辅助继电器常闭触头 M300、关门到位延时常闭触头 T12、厅外辅助继电器常闭触头 M350，使 PLC 输出继电器 Y11 得电并自锁，电梯关门。

（2）检修关门。检修关门与检修开门对于电梯控制系统的要求是相同的，均应取消任何自动门操作，只能进行非自动开门。程序运行过程如下：

程序经过检修开关常闭触头 X20、关门按钮常开触头 X23、开门输出常闭触头 Y10、运行辅助继电器常闭触头 M300、关门到位延时常闭触头 T12、厅外辅助继电器常闭触头 M350，使 PLC 输出继电器 Y11 得电，电梯点动关门。

（3）关门状态的结束。但电梯门关门到位后，X12 得电，时间继电器 T13 经 3s 后动作，将关门输出继电器 Y11 断电，关门状态结束。

3. 门机系统的编程原则　综上所述，在电梯开关门控制系统的设置和编程中，我们可以初步确立如下原则：

（1）检修运行优先于正常运行。

（2）开门运行优先于关门运行。

（3）正常运行时的开关门，轿厢必须处在门区。

实训3 PLC电梯的自动开关门

1. 实训目的

本实训是为了使读者熟练进行三菱GPP软件的使用，并掌握程序的编写与调制，以及完成电梯的自动开关门操作。

2. 实训设备

PLC教学机。

3. 实训内容

（1）控制要求

1）PLC控制电梯已经具备以下功能：

① 电梯能够有效地根据起动信号（M10上行，M11下行）正常运行。

② 电梯在上下运行过程中，能正确显示楼层位置。

③ 电梯在上下运行过程中，能正确换速。

电梯已有上述功能的程序，可以将控制运行程序（见图2-7）、轿厢位置确定程序（见图2-14）、电梯轿厢位置显示程序（见图2-16）、电梯指令登记程序（见图2-21）以及电梯定向程序（见图2-19）合并即可。

2）编程实现PLC控制电梯的下列功能：

① 电梯平层停车时的按钮自动开门。

② 电梯平层停车后的换速开门。

③ 电梯平层停车后的本层厅外开门。

④ 检修开门。

⑤ 电梯平层停车开门后的自动延时关门。

⑥ 检修关门。

3）在电梯开关门控制系统的设置和编程中，应保证如下原则：

① 检修运行优先于正常运行。

② 开门运行优先于关门运行。

③ 正常运行时的开关门，轿厢必须处在门区。

（2）资源配置与使用

1）已经使用的资源：上行辅助继电器M10；下行辅助继电器M11；运行辅助继电器M300；换速辅助继电器M90。

2）层楼位置的确认：M102～M128，M152～M182。

3）层楼位置的显示：Y41～Y47。

4）运行控制：Y0～Y3。

5）换速继电器：M90。

（3）电梯开关门程序的编制　电梯开关门程序梯形如图2-24及图2-25所示。

4. 考核及评分标准（见表2-8）

表2-8 PLC电梯的自动开关门考核及评分标准

<table>
<tr><th>项 目</th><th>配 分</th><th colspan="3">评 分 标 准</th><th>得 分</th></tr>
<tr><td>程序测试前的准备工作</td><td>20分</td><td colspan="3">1）无法打开应用程序，扣5分
2）无法正确传输程序，扣5分</td><td></td></tr>
<tr><td>程序调试</td><td>50分</td><td colspan="3">1）电梯关门不符合要求，扣20分
2）电梯开门不符合要求，扣20分</td><td></td></tr>
<tr><td>通电实验</td><td>30分</td><td colspan="3">1）电梯无法上行起动，得10分
2）电梯无法下行起动，得10分
3）电梯无法正常停止，得10分</td><td></td></tr>
<tr><td>安全文明</td><td colspan="4">违反安全文明生产规程，扣10～70分</td><td></td></tr>
<tr><td>定额时间</td><td colspan="4">30min</td><td></td></tr>
<tr><td>备注</td><td colspan="3">除定额时间外，各项目的最高扣分不应超过配分数</td><td>成绩</td><td></td></tr>
<tr><td>开始时间</td><td></td><td>结束时间</td><td></td><td>实际时间</td><td></td></tr>
</table>

想一想 若开门或关门时遇到卡阻需要反方向关门或开门时，控制程序应如何编制？

提示：在原来的开关门程序后加入图2-26所示的程序。其中，X12为关门到位开关，X21为开门到位开关，T30为关门卡阻定时器，T31为开门卡阻定时器。

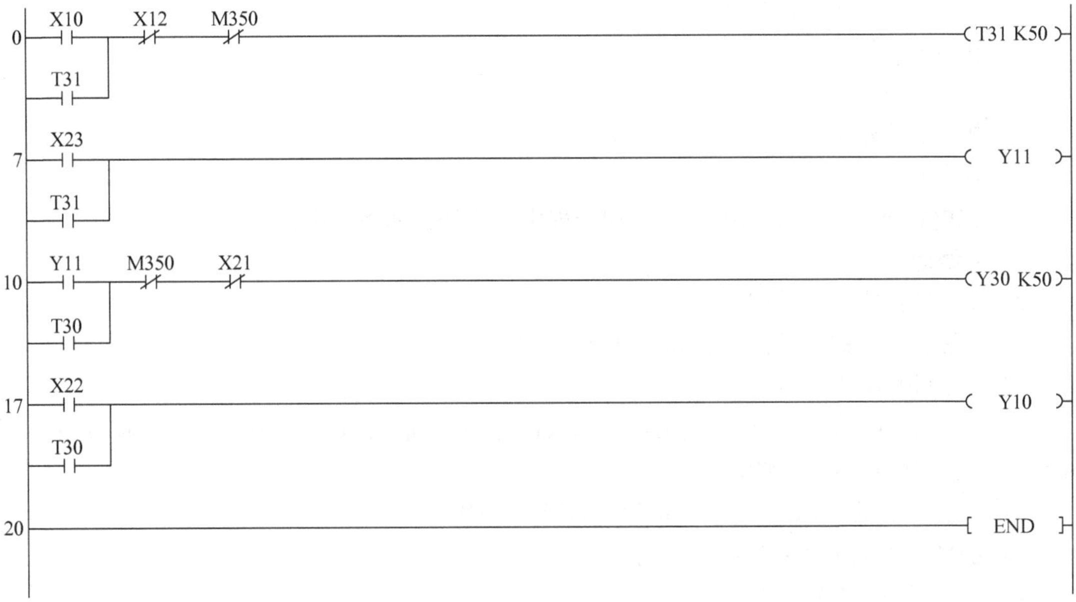

```
0   X10 ─┬─ X12(常闭) ─ M350(常闭) ──────( T31 K50 )
    T31 ─┘
7   X23 ─┬──────────────────────────────( Y11 )
    T31 ─┘
10  Y11 ─┬─ M350(常闭) ─ X21(常闭) ──────( Y30 K50 )
    T30 ─┘
17  X22 ─┬──────────────────────────────( Y10 )
    T30 ─┘
20  ────────────────────────────────────[ END ]
```

图2-26 开关门卡阻程序梯形图

如何编写实现开门延长时间程序（见图 2-27）？具体要求如下：

1）当按下开门延长按钮，开门时间延长为 1min。

2）延长过程中，开门按钮灯每秒闪动两次。

3）1min 后蜂鸣器响，催促关门，门关好后停响。

4）在延长关门过程中，关门按钮有效。

提示：

1）X40 为空点，作为长延时按钮。

2）M7 为特定层辅助继电器；M6 为长延时时间到后，确认辅助继电器。

3）Y22 作为长延时显示每秒闪烁 2 次。

4）Y23 为长延时时间到后，催促关门的蜂鸣器，门关好后停响。

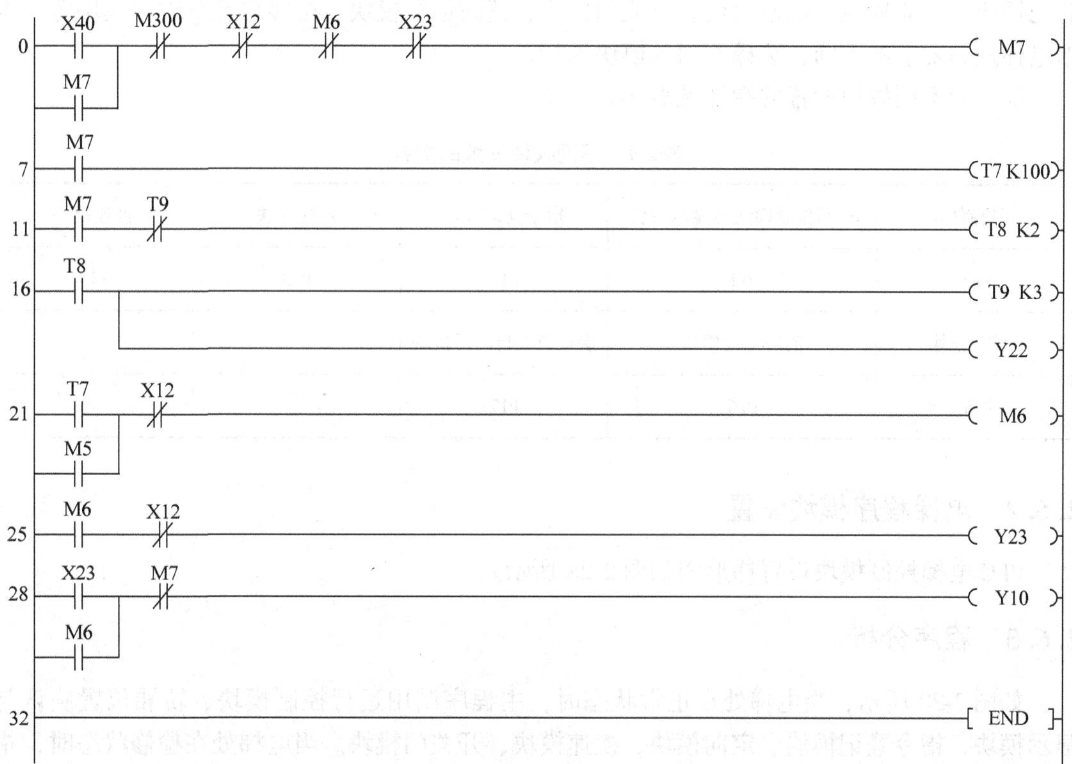

图 2-27　开门延长时间梯形图

2.6　PLC 控制电梯的程序流设计

2.6.1　编程原理

在当前工业控制应用中，可编程序控制器已经越来越多地成为了自动化领域中的主要控制设备，PLC 编程也是自动化工程技术人员必不可少的一项技能，在自动化项目实施的过程中往往需要进行大量的编程工作，而目前传统的编程方法和先进的控制应用要求之间形成了一个矛盾，目前 PLC 程序质量的检验没有明确统一的标准，实际工程中，往往依据最后执行的结果来判定控制质量，结果 PLC 编程成为了一件很富有个性化的工作，各自的 PLC 程序有很大的随意性，给 PLC 程序的互相交流造成了较大的障碍，当一个较大的项目划分为几个不同的功能部分，由不同的人员分别进行编程时，这种情况就显得更为严重。这种情况极大地妨碍了 PLC 编程水平的提高，同时，自动化工程的质量也很难在编程层次得到良好的保障。

PLC 控制电梯的编程程序往往达到 1000 步甚至几千步，如果完全由一个人来编写，不仅工作量较大，耽误调试时间，而且，设备的后期维护成本高，依赖性过大。因此，我们在 PLC 控制电梯的程序编制中应尽量采用模块化的编写方法。在电梯的编程中，采用程序流控制，将电梯的控制功能分为以下几个模块：运行控制模块、轿厢位置确认与显示模块、指令登记模块、定向模块、换速模块、开关门模块、消防运行模块、层楼位置自学习模块等，根据电梯控制要求的不同，选择不同的模块执行。

我们为不同模块设置的指针见表 2-9。

表 2-9　不同模块设置的指针

运行控制模块	轿厢位置确认与显示模块	指令登记模块	定向模块	换速模块
P10	P11	P12	P13	P14
开关门模块	消防运行模块	层楼位置自学习模块		
P15	P16	P17		

2.6.2　电梯程序模块设置

PLC 电梯控制模块设置梯形图如图 2-28 所示。

2.6.3　程序分析

如图 2-28 所示，当电梯处在正常状态时，主程序调用运行控制模块、轿厢位置确认与显示模块、指令登记模块、定向模块、换速模块、开关门模块。当电梯处在检修状态时，指令登记模块无效，主程序调用运行控制模块、轿厢位置确认与显示模块、定向模块、换速模块、开关门模块。当主程序在正常状态与检修状态之间切换的第一个扫描周期时，X20 驱动 M0 或 M1 动作，主程序调用 P10 子程序，同时软元件的状态被刷新。

提示：

P（N）为子程序开始位置的指针，当主程序调用该子程序时，程序从该指针位置开始执行，同时 PLC 记录下主程序转移到该子程序之前的程序断头位置。

SRET 为子程序返回指令，当程序执行完该指令时，程序返回到主程序的断头位置。

FEND 为主程序结束指令。

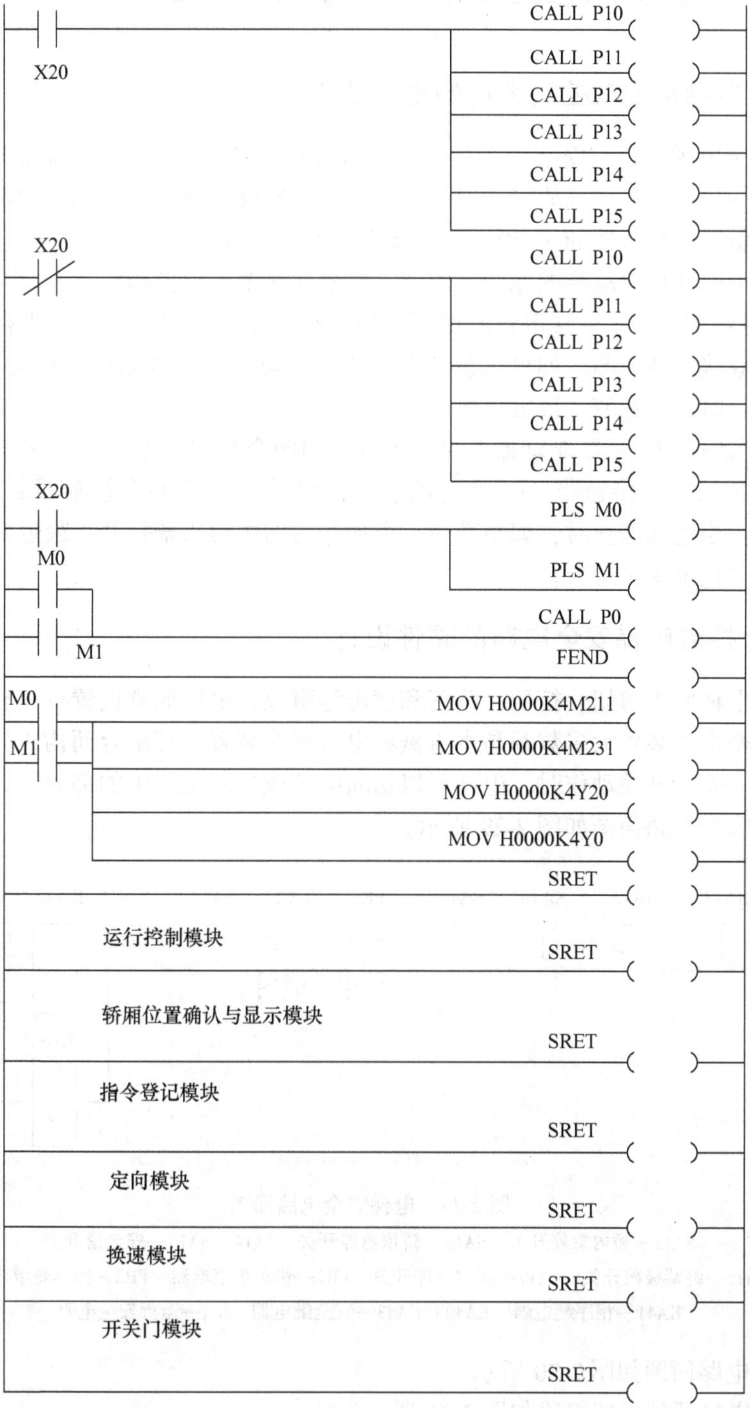

X20
CALL P10
CALL P11
CALL P12
CALL P13
CALL P14
CALL P15

X20
CALL P10
CALL P11
CALL P12
CALL P13
CALL P14
CALL P15

X20
PLS M0
PLS M1

M0
M1
CALL P0

FEND

M0
M1
MOV H0000K4M211
MOV H0000K4M231
MOV H0000K4Y20
MOV H0000K4Y0

SRET

运行控制模块
SRET

轿厢位置确认与显示模块
SRET

指令登记模块
SRET

定向模块
SRET

换速模块
SRET

开关门模块
SRET

图 2-28 PLC电梯控制模块设置梯形图

2.7 PLC 控制电梯的安全保护、检修运行编程

2.7.1 现行电梯标准对控制系统的主要要求

国家标准《电梯制造与安装安全规范》（GB 7588—2003）中对电梯电气故障防护的规定是：电梯可能出现各种电气故障，但是，对于出现接触器或继电器的可动衔铁不吸合或不完全吸合、接触器或继电器的可动衔铁不释放（断开）、触头不断开、触头不闭合等现象，其本身不应成为电梯危险故障的原因。因此，要采取必要的保护措施。

1）主接触器的保护：主接触器能切断各相（极）电流的接触器，至少在每次改变运行方向之前应释放接触器线圈。如果接触器未释放，应防止电梯再运行。在实际电路设计中，在每次电梯停止时都设定使主接触器释放。

2）制动器的保护：切断制动器电流，至少应用两个独立的电气装置来实现。在电路设计中，我们往往采用主接触器 KV1 和电磁制动器接触器 BZC 两个接触器断开制动器电流。国家标准规定：当电梯停止时，如果其中一个接触器的主触头未打开，最迟到下一次运行方向改变时，应防止电梯再运行。

2.7.2 PLC 控制电梯安全电路的硬件设计

为了防止电梯发生剪切、挤压、坠落和撞击等事故，电梯通常设置有一整套的安全保护措施。这些安全保护装置大多数都是由机械和电气安全装置相互配合而构成的。它们的主要作用就是当某一安全开关动作时，电梯可以切断电源或控制电路中的部分线路，使电梯停止运行。电梯的安全电路简图如图 2-29 所示。

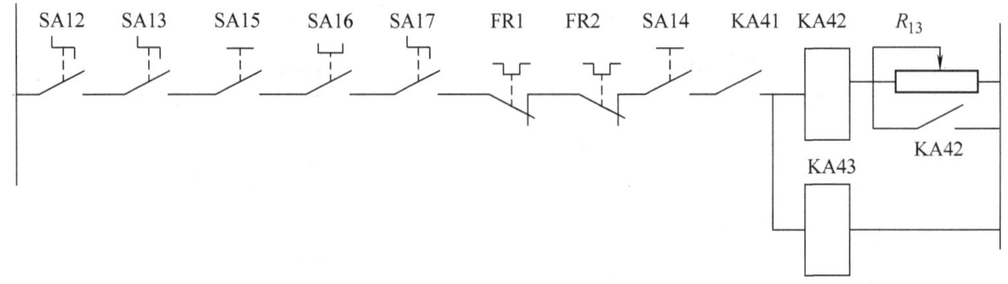

图 2-29 电梯安全电路简图

SA12—轿内急停开关 SA13—轿顶急停开关 SA14、SA15—安全窗开关

SA16—终端极限开关 SA17—底坑急停开关 FR1—快车热继电器 FR2—慢车热继电器

KA41—相序继电器 KA42、KA43—安全继电器 R_{13}—运行安全电阻

电梯门锁电路简图如图 2-30 所示。

PLC 控制电梯开门模拟接线如图 2-31 所示。

其中，安全继电器 KA42、KA43 及厅门门锁开关 SA8、轿门门锁开关 SA9 担负着保证电梯安全运行的重要功能，而继电器在实际使用中可动衔铁不吸合或不完全吸合、接触器或继电器的可动衔铁不释放（断开）、触头不断开、触头不闭合是不可避免的。因此，当继电器

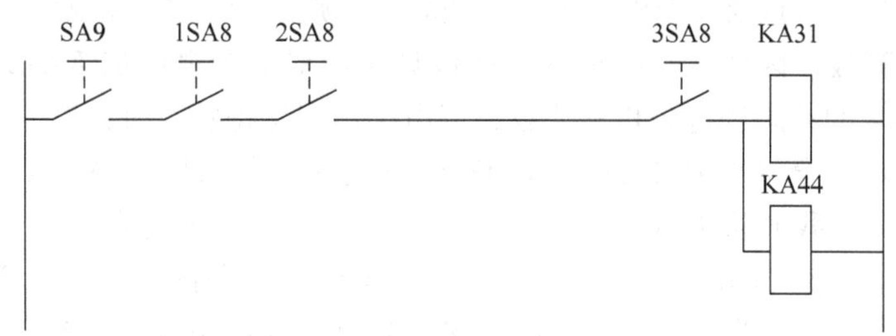

图 2-30　电梯门锁电路简图

SA9—轿门门锁开关　SA8—厅门门锁开关　KA31—门锁继电器　KA44—门锁辅助继电器

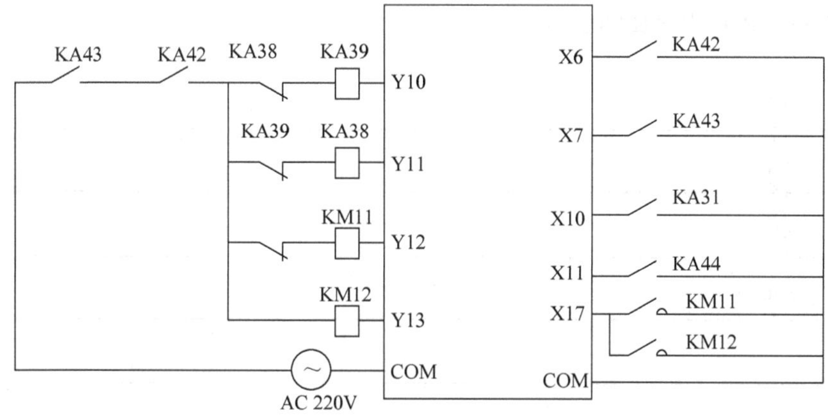

图 2-31　PLC 控制电梯开门模拟接线

KA39—关门继电器　KA38—开门继电器　KM11—主电路接触器　KM12—电磁制动器接触器

出现这些故障时，电梯应停止运行。

如何保证当继电器出现故障时，电梯停止运行呢？

1）图 2-29 所示电路可以保证继电器在实际使用中可动衔铁不吸合或不完全吸合、触头不闭合时，电梯停止运行。

当以上这些开关动作时会使安全继电器 KA42、KA43 失电释放，当 KA42、KA43 中的某一个触头断开，即图 2-31 所示 PLC 控制主电路中的 KA42 或 KA43 常开触头断开时，电梯的主电路接触器 KM11 与电磁制动器接触器 KM12 不会得电，则电梯在硬件结构上保证 KA42、KA43 其中一个继电器的可动衔铁不吸合或不完全吸合，或触头不闭合时电梯停止运行。

2）根据硬件电路同时配合软件进行设计可以为保证当继电器在实际使用中可动衔铁不释放（断开）、触头不断开、触头不闭合时，电梯停止运行。

当安全继电器 KA42、KA43 的其中一个发生故障造成可动衔铁不释放（断开）、触头不断开时，会出现 KA42、KA43 其中一个继电器的常开触头始终保持在闭合状态。这时，电梯在另外一个继电器常开触头闭合的情况下就可以实现正常运行了，而电梯在这种状态下工作属于带故障运行，一旦第二个继电器也出现故障，则运行中的电梯就非常危险了，很容易造成坠落与剪切事故。因此，在电梯的结构设计中应对安全继电器 KA42、KA43 和门锁继电器 KA31、KA44 的状态进行分析和比较，当电梯出现这种状态时，应令电梯停止运行。

那么如何判定安全继电器 KA42、KA43 和门锁继电器 KA31、KA44 是否出现故障呢？在电梯实际运行中，我们认为 KA42、KA43 与 KA31、KA44 继电器为两个故障，在《电梯制造与安装安全规范》（GB 7588—2003）中已经排除了这种同时出现故障的可能性，因此这里不予考虑。同时，因为 KA42、KA43 与 KA31、KA44 继电器的驱动部分是完全相同的，因此可以认为当 KA42、KA43 与 KA31、KA44 的状态应是两两相同的，假如它们两两状态相异，则说明安全继电器与门锁继电器的状态存在故障，则电梯应该停止运行。

如图 2-31 所示，将 KA42、KA43 与 KA31、KA44 的常开触头引入到 PLC 的输入端 X6、X7、X10、X11，PLC 程序如图 2-32。

```
0   X6 ─┤├── X7 ─┤/├──┬──────────( M100 )
    X7 ─┤├── X6 ─┤/├──┘──────────( T10 K50 )
9   X10 ─┤├── X11 ─┤/├──┬────────( M101 )
    X11 ─┤├── X10 ─┤/├──┘────────( T11 K50 )
18  T10 ─┤├──┬───────────────────( C10 K50 )
    T11 ─┤├──┤───────────────────[ SET Y46 ]
    T9  ─┤├──┘───────────────────( M103 )
26  Y0 ─┤├──┬── X17 ─┤/├──┬──────( M102 )
    Y1 ─┤├──┘             └──────( T9 K10 )
```

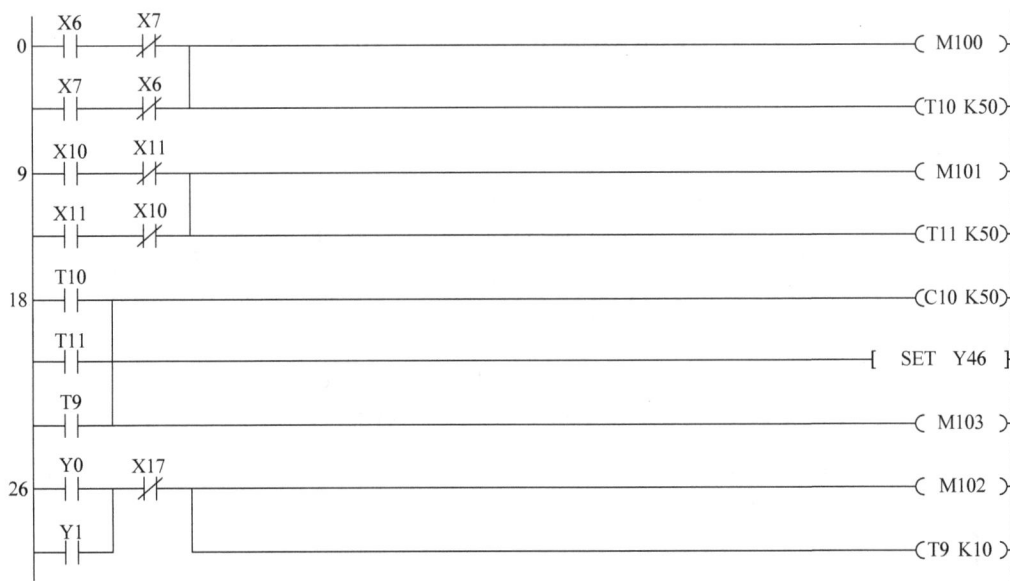

图 2-32　开关门模块的程序梯形图

当 X6 与 X7 或 X10 与 X11 状态不一致时，说明 KA42 与 KA43 或 KA31 与 KA44 的其中一个出现了故障，则程序中的时间继电器 T10、T11 得电动作，使辅助继电器 M103 得电动作，控制程序停止运行，电梯也就停止运行。考虑到在实际运行中，KA42 与 KA43 或 KA31 与 KA44 触头的闭合存在一定的时间差，当 KA42 与 KA43 或 KA31 与 KA44 触头闭合的时间差达到 5s，则可以确定其中的一个继电器存在故障，程序将 Y46 置位，给维修人员一个提示，令电梯停止运行，这样维修人员到达现场后可以查询 C10 的状态，观察出现这种状态的次数有多少次，确定故障原因，排除故障。

在电路设计中，当驱动变频器上下行的控制信号失电后，即 Y0、Y1 失电后，主接触器与电磁制动器接触器在 1s 后未断开，则时间继电器 T9 得电，使辅助继电器 M103 置位，电梯停止运行。

想一想 当需要某些情况下特定层（如二层）不响应召唤信号时，不停梯应如何实现？控制要求如下：当合上不停层开关时，二楼的轿内指令按钮及厅外上、下按钮均无效，电梯不能在二楼停车及上下乘客。可参考如图2-33所示程序梯形图。

提示：

1）X34为空点，作为特定层即二楼不停层按钮。

2）X31、X36、X41分别为二楼内、上、下外呼按钮。

3）M200为特定层不停辅助继电器、M201为特定层按钮动作后，电梯在异常情况下，停在二层的辅助继电器。

4）在试验时，X34要强制为ON状态。

5）在异常情况下，电梯停在二楼不会开门。

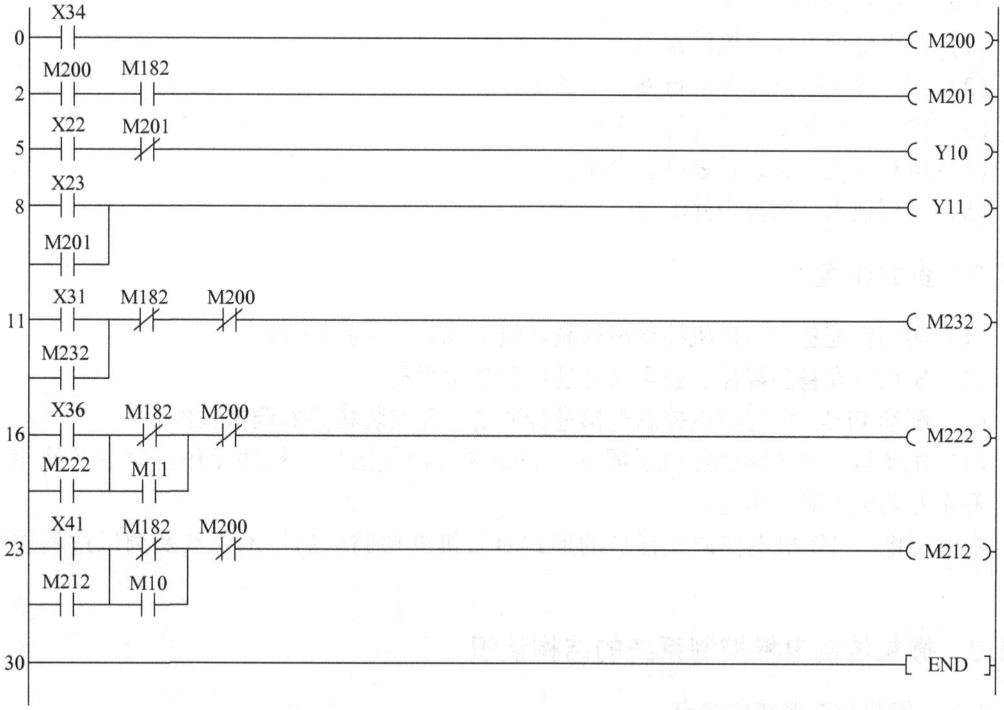

```
 0  X34                                  ( M200 )
 2  M200   M182                          ( M201 )
 5  X22    M201(常闭)                    ( Y10 )
 8  X23                                  ( Y11 )
    M201 (并联)
11  X31    M182(常闭)  M200(常闭)        ( M232 )
    M232 (并联)
16  X36    M182(常闭)  M200(常闭)        ( M222 )
    M222 (并联) M11 (并联)
23  X41    M182(常闭)  M200(常闭)        ( M212 )
    M212 (并联) M10 (并联)
30                                       [ END ]
```

图2-33 特定层不停梯程序梯形图

模块 3　微机控制电梯的调试与故障排除

3.1　微机控制电梯基本调试

3.1.1　微机控制电梯调试概况

电梯基本调试是指电梯在现场进行机械安装与电气安装完毕后，专业人员在现场进行电梯整机软硬件的检查及相关参数的设定，从而使电梯达到正常使用的要求。

调试内容一般包括以下几个方面：

（1）微机电梯电气及机械检查。

（2）按照慢车调试规程进行慢车调试工作。

（3）按照快车调试规程进行快车调试工作。

（4）填写相关调试记录表格及台账。

（5）撰写技术总结报告并汇报。

3.1.2　资源配置

（1）实训室配备实习微机控制电梯教学机 10 部，实物梯 1 部。

（2）实训室配备多媒体、投影仪等现代化教学手段。

（3）配套 PLC，可与微机控制电梯进行通信，并安装相关的调试软件。

（4）配备教学机的整套随机说明书（包括硬件电气图样、软件操作说明书及使用手册等）和企业调试手册（可选）。

本模块将通过微机电梯调试任务的形式对微机电梯调试的技术要点及调试过程进行阐述。

3.1.3　微机控制电梯控制系统的结构认识

3.1.3.1　微机控制系统的特点

这里采用上海新时达电气有限公司开发、生产的具有先进水平的 32 位网络化智能型串行通信电梯专用控制系统。

该系统主要包括：32 位标准串行主控制板 SM-01-F5021、轿厢控制板 SM-02-D、指令控制板 SM-03-D、楼层显示控制板 SM-04、群控控制板 SM-GC 等几部分。它们具有以下特点：

1）主微控制单元 MCU 采用 ATMEL 公司生产的 32 位 ARM7 芯片，其超强的运算能力能够保证控制系统可以不断扩展各种新功能。

2）双微控制单元 MCU 结构，在主控制板上除主微控制单元 MCU 外，还配有一个协助微控制单元 MCU，两个微控制单元 MCU 相互监督，从而更能保证电梯控制系统的安全性和可靠性。

3）采用可编程序逻辑器件 CPLD，大大增加了硬件的逻辑保护功能，使系统更具安全性，同时也增加了器件的集成度，提高了系统的可靠性。

4）系统内部全 CAN 总线串行通信。由于主控制板最多有 3 路 CAN 通信接口，所以它不仅能够和召唤、轿厢控制板 CAN 通信，也能够和并联群控控制板 CAN 通信，还可以和驱动装置（变频器）CAN 通信，从而实现了系统内部的全 CAN 总线串行通信。

5）较强的抗干扰能力。由于采用了多级 DC/DC 电源转接口，以及外加输入/输出的隔离等一系列手段，使其具有很强的抗干扰能力，抗传导干扰和耦合干扰 4000V。

6）系统采用 RTOS（实时操作系统），使其更具灵活性。

7）主控制板具有两个 RS-232/RS-485 串行口，使其具有完整的监控功能，包括小区监控（RS-485 总线）、有线远程监控（电话线拨号）和无线远程监控（GPRS 网络支持）。

8）配有齐全、先进的电梯操作功能，其中还包括最近流行的密码层功能、NS-CB 功能、残疾人操作功能等。

9）系统有实时时钟，可记录年、月、日、时、分、秒，从而能够实时记录发生的各种事件，同时还能开发出一些精确定时操作功能。

10）模块化程序设计更使系统具有功能的易扩充性。

11）提供用户二次程序设计平台，以适应不同用户的特殊要求。

12）与安全相关的部件根据 EN-81—1998 以及《电梯制造与安装安全规范》（GB 7588—2003）标准的要求设计。

3.1.3.2 微机电梯控制系统主要部件

微机电梯控制系统主要部件见表 3-1。

表 3-1 微机电梯控制系统主要部件

控制板名称	控制板代号	安装位置
主控制板	F5021	机房控制柜
轿厢控制板	SM-02-D	轿厢操纵箱
指令控制板	SM-03-D	轿厢操纵箱
召唤与显示控制板	SM-04-VRE	轿厢操纵箱和层站召唤盒
	SM-04-HRC	轿厢操纵箱和层站召唤盒
	SM-04-VSC	轿厢操纵箱和层站召唤盒
	SM-04-HSC	轿厢操纵箱和层站召唤盒
	SM-04-VHL	轿厢操纵箱和层站召唤盒
群控控制板	SM-GC	机房群控柜

主控制板 F5021 的外形如图 3-1 所示，轿厢控制板 SM-02-D 的外形如图 3-2 所示，指令控制板 SM-03-D 的外形如图 3-3 所示，召唤控制板的外形如图 3-4 所示，显示控制板的外形如图 3-5 所示。

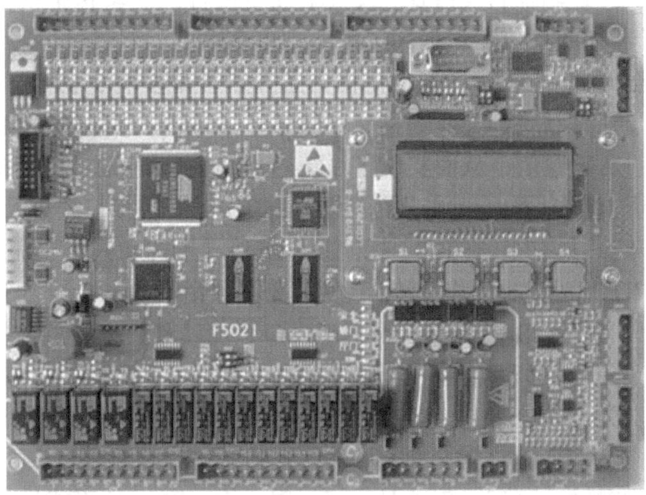

图 3-1　主控制板 F5021 的外形

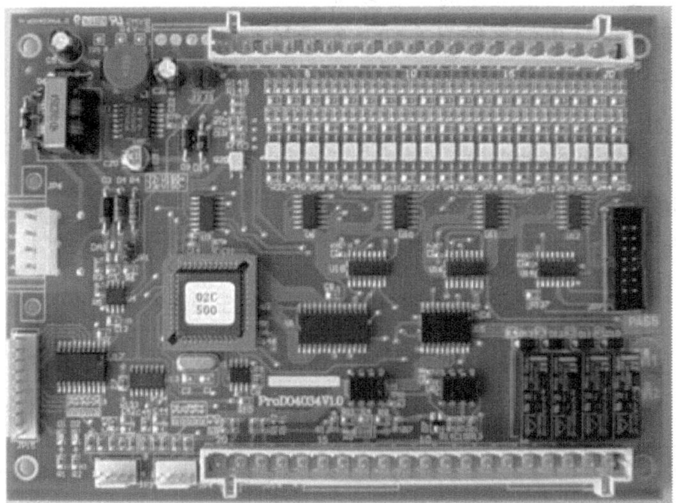

图 3-2　轿厢控制板 SM-02-D 的外形

图 3-3　指令控制板 SM-03-D 的外形

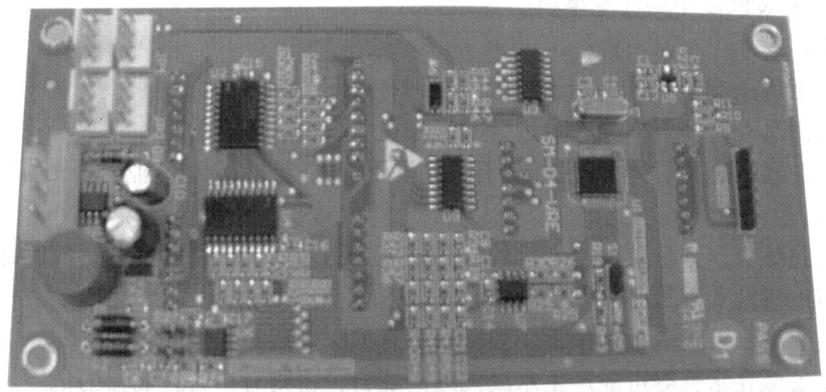

图 3-4　召唤控制板的外形

图 3-5　显示控制板的外形

3.1.4　微机控制电梯基本调试实训

实训1　机械装配检查及确认

1. 实训目的

1）了解系统调试注意事项。

2）检查机房主要机械部件。

3）检查井道主要机械部件。

4）检查门系统主要部件。

5）检查地坑主要部件。

2. 实训内容及步骤

（1）系统调试主要安全注意事项

1）“危险”与“注意”的定义。

安全注意事项分为危险和注意两个层面。

① 危险：由于没有按照要求进行操作，可能造成严重设备损坏或人员伤亡的场合。

② 注意：由于没有按照要求进行操作，可能造成中等程度伤害或轻伤，或造成物质损害的场合。

2）系统安装调试中的注意事项。

① 危险：

★ 不要把输入端子和输出端子混淆，否则有损坏控制器的危险。

★ 必须由具有专业资格的人员进行配线作业，否则有触电的危险。

★ 只有在确认输入电源处于完全断开的情况下，才能进行配线作业，否则有触电的危险。

② 注意：

★ 不要将螺钉、垫片及金属之类的异物掉进控制器内部，否则有损害控制器的危险。

★ 所有电感性负载都必须增加吸收电路。

★ 安装时，不要让盖板和面板受力，否则有损害控制器的危险。

★ 严禁安装在水管等可能产生水滴飞溅的场合，否则有损害控制器的危险。

★ 旋转编码器屏蔽线接地非常重要！一定要使用屏蔽线，并且要求屏蔽线接地，如图3-6所示。

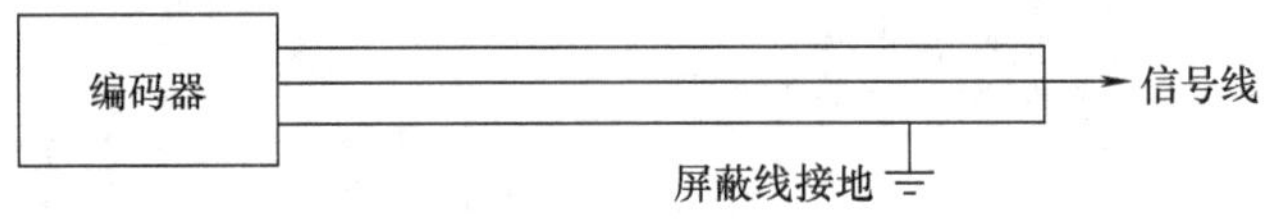

图3-6　旋转编码器屏蔽线接地

★ 井道电缆和随行电缆接地时要注意强电线（包括门机电源、安全电路、门锁电路、照明电路等）要与弱电线（包括通信线、直流0V、直流24V、平层干簧管感应器、端站强迫减速开关、端站限位开关等）彼此分开。通信线必须采用双绞线，且绞距在20～30mm之间。有条件的要使用屏蔽双绞线，并且确保屏蔽层接地。

★ 控制柜外壳、变频器接地端、电动机外壳以及轿厢厢体必须接地。

★ 厅外呼梯盒外壳也应该接地，否则可能影响信号的传输。

（2）检查机房主要机械部件　机房主要机械部件的检查项目及检查方法见表3-2。

表3-2　机房主要机械部件的检查项目及检查方法

序　号	检查项目	检查方法
1	控制柜（屏）的前面和需要检查、修理等人员操作的部件前面应提供不小于0.6m×0.5m的空间	目测，必要时用卷尺测量
2	对额定速度不大于2.5m/s的电梯，机房内钢丝绳与楼板孔洞每边间隙均应为20～40mm。对额定速度大于2.5m/s的电梯，运行中的钢丝绳与楼板不应有摩擦的可能。通向井道的孔洞四周应筑有高50mm以上的台阶	目测，必要时用直尺测量
3	曳引机工作无异常。油量适当，除蜗杆伸出端外无渗漏。曳引轮应有符合标准要求的颜色标识，同一机房内有多台电梯时，各台曳引机应有编号区别	检查油标油位确定油量。感观判断曳引机工作状况及标识
4	曳引轮、导向轮在空载或满载情况下对垂直线的偏差均不大于2mm。采用悬臂式曳引轮或链轮时，防护措施应符合标准规定。轮槽不应有严重不均匀的磨损，且磨损不应改变槽形	用磁力线锤沿曳引轮或导向轮边缘垂下，用塞尺测量锤线与轮之间的间隙。从外观上检查槽形的磨损情况，必要时用卡尺或深度尺测量磨损深度

（续）

序　号	检查项目	检查方法
5	应有停电或电气系统发生故障时进行紧急操作的慢速移动轿厢措施，且操作可靠。如所需的操作力不大于400N，可采用手动紧急操作装置，否则机房内应设置紧急电动运行的电气操作装置	断电检查轿厢移动装置的功能。如采用手动移动装置，先安装好盘车手轮，并由一人握紧。另一人用松闸扳手将制动器打开后，盘动手轮检查轿厢的移动状况，验证移动装置功能。如采用电动紧急操作装置，应试验其功能
6	松闸扳手应漆成红色，盘车轮应涂成黄色，可拆卸的盘车手轮应放置在机房内容易接近的明显部位。在电动机或盘车轮上应有与轿厢升降方向相对应的标识	外观检查

（3）检查井道主要机械部件　井道主要机械部件的检查项目及检查方法见表3-3。

表3-3　井道主要机械部件的检查项目及检查方法

序　号	检查项目	检查方法
1	检修门、井道安全门及检修活板门均不得朝井道内开启，且应有用钥匙开启的锁。当上述门开启后，不用钥匙也能将其关闭和锁住；而在井道内当上述门锁闭时，不用钥匙也能开启	手动试验
2	装有多台电梯的轿厢和对重的井道，应在井道下部不同电梯的运动部件（轿厢或对重）之间设置隔障。隔障高度不小于2.5m。当电梯运动部件之间的水平距离小于0.3m时，隔障应贯穿整个井道高度，且宽度符合要求	外观检查，必要时用卷尺测量
3	每列导轨工作面每5m铅垂线测量值间的相对最大偏差均应不大于下列数值：轿厢导轨和设有安全钳的T形对重导轨为1.2mm；不设安全钳的T形对重导轨为2mm	使用激光垂准仪或5m长磁力线锤沿导轨侧面和顶面测量，对每5m铅垂线分段连续检测。每面不少于3段
4	两列导轨顶面间的距离偏差：轿厢导轨为0～2mm，对重导轨为0～3mm	至少取井道中的上、中、下三点，用卷尺测量
5	轿厢导轨和设有安全钳的对重导轨工作面接头处不应有连续缝隙，且局部缝隙不大于0.5mm；接头处台阶应不大于0.05mm；不设安全钳的对重导轨接头缝隙不大于1mm；接头处台阶应不大于0.15mm	局部缝隙用塞尺测量；接头处台阶用直线度为0.01/300的平直尺和塞尺测量
6	每根导轨至少有2个导轨支架，其间的距离应不大于2.5m；如间距大于2.5m，应有计算依据。支架或地脚螺栓埋入墙体应牢固。焊接支架的焊缝应是连续的，并应双面焊牢 膨胀螺栓只能用于井道具有足够强度的混凝土墙面，膨胀螺栓应垂直于墙面，固定应牢固可靠	目测，外观检查

(4) 检查门系统主要部件　门系统主要部件的检查项目及检查方法见表3-4。

表3-4　门系统主要部件的检查项目及检查方法

序　号	检查项目	检查方法
1	层门地坎与轿门地坎的水平距离应不大于35mm。水平距离偏差为0~3mm。层门地坎应牢固	轿厢至平层位置后，用卷尺或直尺测量层门地坎与轿厢地坎的间隙，并计算出偏差
2	层门、轿门的门扇之间，门扇与门套之间，门扇与地坎之间的间隙应不大于6mm，货梯的上述间隙不大于8mm。在水平滑动门开启方向，以150N的力施加在最不利点上时，间隙不大于30mm	用尺测量。在门扇底部水平拉动门扇，检查间隙
3	井道内表面与轿厢地坎、轿门或门框的间距不大于0.15m	用尺测量
4	门刀与层门地坎，门锁滚轮与轿门地坎的间隙为5~10mm	将轿厢开到门刀与层门地坎平行位置，在层门处用塞尺或直尺测量间隙；将轿厢开到轿门地坎与门锁滚轮平行位置，在轿厢内用塞尺或直尺测量间隙
5	层门、轿门运行不应卡阻、脱轨或在行程终端时错位	运行试验
6	轿门自动驱动层门的情况下，当轿门在开锁区域以外时，每个层门都应有自动关闭层门装置，且工作有效。采用重锤式自动关闭装置时应有防止重锤坠落的措施	轿门在开锁区域以外，打开层门，检查层门是否能自动关闭
7	每个层门都应有紧急开锁装置，并能用钥匙打开层门，开锁后能自动复位	外观检查，并用钥匙开锁试验

(5) 检查底坑主要部件　底坑主要部件的检查项目及检查方法见表3-5。

表3-5　底坑主要部件的检查项目及检查方法

序　号	检查项目	检查方法
1	如果轿厢或对重之下确有人员能到达的空间存在，应将对重缓冲器安装在一直延伸到坚固地面上的实心桩墩上或在对重上装设安全钳装置	检查土建图样并结合现场实际情况确认
2	底坑不得有污水和杂物，底坑深度为1.6m以上时，应设梯子	外观检查
3	轿厢在两端站平层位置时，轿厢、对重的撞板与缓冲器顶面间的距离规定为：耗能型缓冲器应为150~400mm；蓄能缓冲器应为200~350mm。轿厢、对重装置的撞板中心与缓冲器中心的偏差不大于20mm，同一基础上缓冲器顶部与轿底对应距离差不大于2mm	分别将轿厢停在低层和顶层平层位置，用直尺测量
4	轿厢完全压在缓冲器上时应满足以下条件： ① 轿底应有一个能放入不小于0.5m×0.6m×1.0m矩形体的空间 ② 底坑底与轿厢最低部分之间的净空距离不小于0.5m ③ 底坑底与导靴、安全钳、护脚板等部件之间的距离不小于0.1m	外观检查，必要时用卷尺测量
5	对重侧应设置防护栅栏，其高度不低于2.5m	外观检查，必要时用卷尺测量

（续）

序　　号	检 查 项 目	检 查 方 法
6	液压缓冲器的安装应垂直，且油位正确，柱塞无锈蚀	外观检查，检查油位
7	蓄能型缓冲器仅适用于额定速度不大于1m/s的电梯；耗能型缓冲器适用于任何速度的电梯。缓冲器固定应可靠	外观检查，对照铭牌，看选型是否合适

注：最后必须再次确认所有安全电路组件安装到位，且动作有效，并处于正常工作状态。如机房、轿厢、轿顶、底坑4处的急停按钮，以及相序、限速器开关、上/下极限开关、液压缓冲器开关、断绳开关、安全钳开关、安全窗开关等。

实训2　电气装配检查及确认

1. 实训目的

1）检查电气控制电路是否按图正确接线。

2）检查串行通信系统是否工作正常。

3）接地检查与绝缘检查。

2. 实训内容及步骤

（1）实训知识准备　使用万用表进行检查的具体方法如下：

1）使用前，要检查指针是否在标度盘左端的零位上，若不是则应调整机械调零电位器使指针指在零位。

2）进行电阻测量。将两旋钮调整到合适的电阻挡位后，要先进行欧姆调零才可以测电阻值。欧姆调零的方法是：将两表笔短接，看一看指针是否指在标度盘右端的电阻零位刻度，否则调节欧姆调零电位器使指针指在电阻零位刻度。注意：每更换一次电阻挡位后都要先进行欧姆调零；选电阻挡位的原则是尽可能使指针指在刻度的20%～80%范围内；测量电路电阻时，要求被测电路不带电；测量时不要将人体电阻并联到被测电阻两端。当欧姆调零时指针不能调整到零位时，表示万用表内部电池电压不足，应更换电池。

3）万用表使用后，应将两旋钮置于“·”位置上，以防操作失误损坏仪表。

（2）检查电气控制电路是否按图正确接线　检查项目及检查内容见表3-6。

表3-6　检查项目及检查内容

检 查 项 目	检 查 内 容
检查下列接线是否按图接线正确	电梯总电源箱至控制柜R1、S1、T1的三相进线
	主机电磁制动器线圈至控制柜中BK A1、A2的接线
	控制柜U1、V1、W1至主机电动机三相进线的接线
	主机编码器与控制柜中12V、0V、A、B间的接线
	安全电路是否通路
	门锁电路是否通路
	检修电路通断逻辑正确
	门机电源及信号接线正确
	轿厢CAN-BUS通信电路接线正确
	井道CAN-BUS通信电路接线正确

(3) 检查串行通信系统是否正常

1) 串行通信系统的工作原理与接线方法：早期电梯的层站召唤信号、轿厢指令信号以及相应的指示灯信号，都是采用 RS-485 串行通信方式进行处理的。RS-485 的有效传输距离可达 1500m，最高传输速度可达 200Kbit/s。由于 RS-485 采用差分平衡数据传输方式，因此具有很强的抗干扰能力，能够降低传输的误码率并延长有效传输距离。

CAN 总线和 RS-485 属于串行通信网络，只需要一对传输线即可实现数据的发送或接收。相比于 RS-485 通信方式，CAN 总线在实时响应能力、抗干扰能力、可靠性等方面，存在以下技术优势：

① RS-485 只能构成主从式结构的通信网络，缺少总线冲突仲裁，且实时响应能力差。而 CAN 总线丰富的优先级别和总线冲突仲裁方式，能够实现电梯通信系统主控制器、厅外呼梯控制器和轿厢控制器间多主式通信网络，提高电梯的实时响应能力。

② RS-485 上的主节点出现故障时，整个系统将处于瘫痪状态。而 CAN 总线上某一节点出现严重故障时，具有自动关闭功能，以切断该节点与总线之间的联系，但是并不影响其他节点的正常工作，使电梯系统具有很高的抗干扰能力。

③ CAN 总线有强大的错误检测和处理机制，每帧信息都有硬件 CRC 校验措施，保证了极低的数据出错率；与 RS-485 相比较，CAN 总线能提高电梯系统通信可靠性。

④ CAN 总线通信传输距离远，通信速率很高，直接通信距离最远可达 10km（速率 5Kbit 以下），通信速率最高可达 1Mbit/s（此时通信距离最长 40m）。

此外，CAN 总线只需一对双绞线通过网络拓扑结构连接即可，安装极为方便；对于不同楼层数的控制系统，只需在 CAN 总线中加入相应数目的呼梯控制器，并在主控器的软件上做微小改动即可，使得电梯控制系统安装更加灵活，扩展方便。CAN 总线硬件结构组成如图 3-7 所示。

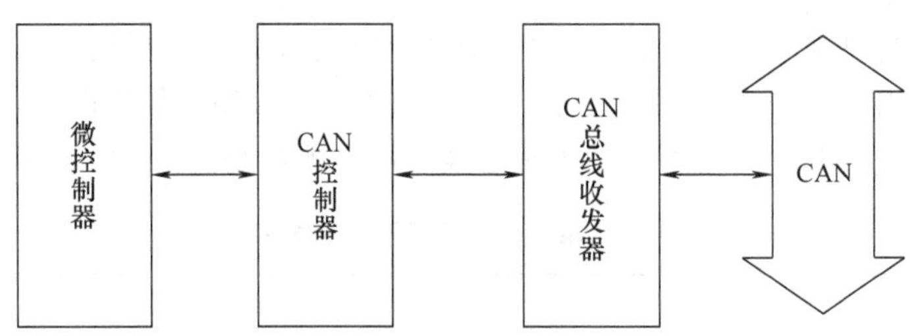

图 3-7 CAN 总线硬件结构组成

在微机电梯控制系统中，主控制器与轿厢控制器和召唤控制器采用 CAN 总线进行数据的传输，既节省了控制系统导线的费用，又能保证数据传输的稳定性。控制系统共采用四根线，其中两根（TXV +、TXV -）为电源线，另外两根（TXA +、TXA -）为数据线。

2) 轿厢控制器（SM-02 板）与电源和通信总线的连接：表 3-7 给出了轿厢控制器与电源和通信总线的连接事项。轿厢控制器的电源和通信由 JP6.01 ~ JP6.04 引入。其中 JP6.01 和 JP6.02 为 TXV + 和 TXV -，JP6.03 和 JP6.04 为 TXA + 和 TXA -。TXV +、TXV - 为输入电源 DC-24V，TXA +、TXA - 为通信线。通信线使用用四芯双绞线。具体接线方法如图 3-8 所示。

表3-7 轿厢控制器与电源和通信总线的连接

检查项目	要求或备注
用途	JP6为连接机房和层站显示控制器的串行通信接口
接口定义	1脚为TXV+，2脚为TXV-，3脚为TXA+，4脚为TXA-
连接线要求	一定要四芯双绞线连接。其中TXA+、TXA-为一组双绞线，TXV+、TXV-为一组双绞线

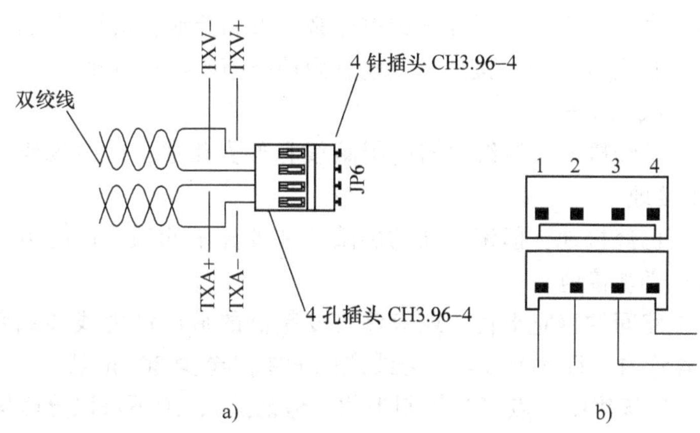

图3-8 轿厢控制器与电源和通信总线的连接

a）双绞线接线 b）JP6端子引脚

3）召唤显示器（SM-04-VRF板）与电源和通信总线的连接：显示板的电源和通信由JP1串行通信接口（4孔插头）引入。其中1脚为TXV+、2脚为TXV-。TXV+、TXV-输入电源DC-24V，3脚为TXA+、4脚为TXA-，TXA+、TXA-为通信线。其端子图与图3-7相同。

当SM-04作为厅外显示板时，应正确设置楼层，将跳线短接S1.1和S1.2，该板安装的楼层即为该板的地址码，即最底层从“1”开始，逐层设置，设置完将跳线短接S1.2和S1.3。

4）检查项目方法及步骤：通信检查的项目及步骤见表3-8。

表3-8 通信检查的项目及步骤

检查项目	检查步骤
终端电阻跨接线	确认轿厢内的SM-04板上的终端电阻跨接线是否接上
	确认最底层的井道模块SM-04板上的终端电阻跨接线是否接上
总线数据线电阻值	只接井道通信模块等，总线数据线的电阻值应为120Ω左右
	只接轿厢通信模块等，总线数据线的电阻值应为120Ω左右
	全部井道和轿厢通信模块均接上后，总线数据线的电阻值应为60Ω左右

（4）接地检查及绝缘检查

1）相关知识和技能：

① 接地的要求。为防止串行通信信号受到干扰，控制系统应具有比较严格的接地要求。

机房必须具有符合电梯技术条件中所列的接地条件，进入机房的接地线必须接至控制柜的接地铜排。

② 对于机房中的设备，如五线制电源输入的地线、电动机外壳、控制柜外壳，编码器的外壳必须可靠接地，接地点应为控制柜的接地铜排。

③ 对于控制柜中的设备，如变频器、开关电源、变压器必须可靠接地，接地点为控制柜的接地铜排。

④ 对于轿顶设备，如门机、轿厢顶部整体必须可靠接地，接地点为控制柜的接地铜排。

⑤ 对于厅外呼梯盒也应统一接地，接地点为控制柜的接地铜排。

⑥ 编码器屏蔽线的接地：

a. 编码器外壳已经接地，但编码器的屏蔽线和外壳相通，此时编码器的屏蔽线另一端（接变频器端）不接地。

b. 编码器外壳已经接地，但编码器的屏蔽线和外壳不相通，此时编码器的屏蔽线另一端（接变频器端）必须接地。

c. 为了抑制电路间的感应干扰，还应该将变频器的输出动力线和编码器的走线分别导入已经接地的金属管内。且动力线与信号线之间的距离至少 30cm 以上。

注意：接地点应该集中一点（如控制柜的接地铜排），绝不可以分散接地。

2）相关技能和方法：PLC 控制电梯应进行绝缘测试，即在进行绝缘测试前应进行如下处理：

① 切断动力和照明电源。

② 把接地线从接地端子上取下。

③ 取下各印制板上的各插件。

④ 进行低压绝缘测试：用 15V 绝缘电阻表（或万用表 10kV）测量控制柜内各端子与接地端子之间的绝缘电阻。

⑤ 进行高压绝缘测试：用 500V 绝缘电阻表测量除 PCB 端子外的接线端与接地端之间的绝缘电阻。

注意：绝对不能用 500V 绝缘电阻表测量低压电路，只能使用电池式高压绝缘电阻表。

⑥ 测试后的恢复：首先将地线相互接触，将地线接到端子上，然后才能将前面拆除的插件插上。

3）检查步骤：接地及绝缘检查的项目和步骤见表 3-9。

表 3-9　接地及绝缘检查

检查项目	检查步骤
把井道和轿厢通信电缆连接到控制柜对应接线桩上，进行电源检查	检查 TXV +、TXV -、TXA + 和 TXA - 四根线与其他电源线：R1、S1、T1、U1、V1、W1、101、102 之间的电阻应接近无穷大
	测量 TXV +、TXV -、TXA +、TXA - 与 PE（接地）之间的电阻，应确认该电阻值为无穷大
检查电动机	检查电动机三相间的电阻是否平衡

（续）

检查项目	检查步骤
各种接地检查： 1）要求各测量端子及部位与 PE（总进线接地端，以下简称 PE）的电阻接近无穷大 2）以上检查中若发现电阻值偏小，请立即检查，找出故障，修复后才能继续调试	R1、S1、T1 与 PE 之间
	01、02、BKA1、BKA2 与 PE 之间
	101、102 与 PE 之间
	TXV +、TXV -、+24V、COM、TXA +、TXA - 与 PE 之间
	安全回路及门锁回路中的中间接线的端子与 PE 之间
	电动机三相 U、V、W 与 PE 之间
	旋转编码器 12V、A、B、0V 与 PE 之间
	变频器及制动单元上各信号端子及动力电端子与 PE 之间
	检修回路中的端子与 PE 之间
以下检查要求各测量端子及部位与 PE（接地的电阻值尽可能小（0～3Ω）	220V 交流电源接地点与 PE 之间
	电动机接地点与 PE 之间
	旋转编码器线缆屏蔽层与 PE 之间
	旋转编码器线缆外用金属软管进柜端与 PE 之间
	变频器接地点与 PE 之间
	开关电源接地点与 PE 之间
	电磁制动器接地点与 PE 之间
	控制柜壁及门与 PE 之间
	线槽最末端与 PE 之间
	限速器与 PE 之间
	轿厢与 PE 之间
	厅门电气门锁与 PE 之间
	井道底坑由各安全开关接地点与 PE 之间
编码器装配的检查	检查编码器的固定应牢固，编码器轴与主机延伸轴之间的联轴器应连接固定良好
	编码器连线最好直接从编码器引入控制柜
	若编码器连线不够长，需要增加接线，则延长部分也应为屏蔽线，并且与编码器原线的连接最好采用电烙铁焊接，线与线之间应绝缘隔离，外套金属纸屏蔽
	按接线图及编码器上线色定义正确接线
	编码器屏蔽线接在控制柜中的接地端子上
	编码器线缆必须穿在金属软管中排布，金属软管必须从编码器一直排布至控制柜中，如果长度不够需增加，则两段接头需可靠相连，且金属软管进柜端必须接地。若发现编码器屏蔽线原本接地，则该屏蔽线可悬空不接，但应保证不能与任何有电端子或接地外壳接触

注：在调试之前，请务必确认工地提供的电源的地线接地良好，并符合国家标准。

实训3　慢车调试前的准备工作

1. 实训目的

1）检查主要开关和电磁制动器电路。

2）检查电源电路。

3）通电后的检查。

4）电动机参数自学习。

2. 实训内容及步骤

（1）检查主要开关和电磁制动器电路是否正常　在进行了前述的检查和确认后，尚需进行下列步骤的确认及检查：

① 取掉电磁制动器连接线 BKA1、BKA2。

② 确认所有的开关和熔丝处于断开状态。

③ 确认控制柜上的自动运行/检修开关拨在检修位置，急停开关被按下。

④ 确认轿顶、轿厢上的检修开关处在正常位置。

⑤ 确认井道、轿厢、轿顶、底坑无人，并具备适合电梯安全运行的条件。

⑥ 确认井道外的施工不致影响电梯安全运行。

（2）检查电源电路

1）检查现场提供三相五线制的总进线电压，三相电压应为交流（380 ± 26.6）V，相间偏差不应大于 15V，每一相与 N 线之间的单相电压为交流（220 ± 15.4）V，N 线与 PE 线之间若相通，则 N 线与 PE 线之间的电压不能大于 30V。

2）检查总进线线规及总开关容量应达到 CAD 图样的要求。

以上检查都得以确认正常后，则可上电调试。

3）通电后的检查。

① 合上总电源开关，检查相序继电器 KAP，若相序继电器上有绿灯显示，则表示相位正常，否则，应关闭总电源开关后更换任意两相进线相位。

② 检查控制柜中电压是否符合要求，见表 3-10。

表 3-10　控制柜电压的检查

电　源	102A5-101A	101B-102B	402A-401A 0-2	402A-401A 0-2	R1-S1	S1-T1	R1-T1
测量电压/V	110 ± 7.7	110 ± 7.7	24 ± 1.68	24 ± 1.68	380 ± 26.6	380 ± 26.6	380 ± 26.6

③ 若有问题，请立即检查故障。

④ 若检测正常，则合上熔断器 FU1，端子 01-02 的电压应为直流（110 ± 7.7）V。

⑤ 检查控制柜中继电器吸合的情况，见表 3-11。

表 3-11　控制柜中继电器吸合的情况

继电器名称	吸 合 情 况
KAP（相序继电器）	动作
C1（电源接触器）	动作

⑥ 在液晶操作器上输入密码后，进入参数菜单，检查参数设置，并根据合同及调试要求进行设置。

（3）电动机参数自学习

1）相关知识和技能：对于安川、富士等大多数变频器在闭环运行前都必须进行电动机参数自学习，否则由于参数不正确有可能损坏变频器和电动机。具体操作步骤如下：

① 关掉电梯电源，按下控制柜上的急停开关，将控制柜中的自动运行/检修开关拨至检修位置。

② 确认主机电磁制动器连接线已正确接在控制柜 BKA1、BKA2 端子上。

③ 吊起轿厢，移去主机曳引轮上的钢丝绳，并加以保护，以防磨损。

④ 确认主机曳引轮及其他运转部件在运行时无阻碍。

⑤ 跨接导线。

a. 将主板上的输出接触器 Y0、Y1、Y2、Y3 和其公共端上对应的线拆下，并做好标记，合并在一起，用绝缘胶带缠好，以防短路。

b. 保证安全电路 102-SFJ14 和门锁电路 120-MSJ14 为通路。

⑥ 合上电梯电源总开关，并复位急停开关。

⑦ 确认控制柜中 KMC、KMY、KMB、KMZ 接触器应吸合，变频器带电并显示正常。

⑧ 打开主机电磁制动器，用手盘动盘车轮，盘动时应感觉盘动时无受阻感觉。

⑨ 按照变频器说明书上的步骤进行电动机参数自学习，并记录学习后的参数。

⑩ 自学习完成后把所有短接线恢复为原状。

2）相关技能和方法：安川 G7 变频器在进行自学习操作时，一定要接好编码器的信号线（若电路接错有烧坏编码器和 PG 卡的危险）。同时，需要多次按操作面板的“MENU”键，使变频器进入 AUTO-TUNING 状态，然后对 T 参数进行设定。

自学习时所必须设置的参数有以下几种：

① T1-00：没有选择电动机 2 时，此参数不显示，不用考虑。

② T1-01：选择自学习模式。0 为旋转型自学习模式，1 为停止型自学习，3 为只对线间电阻的停止型自学习。注意：V/F 控制和带 PG 的 V/F 控制只能实施线间电阻的停止型自学习。在安川 G7 变频器的使用中，在带 PG 卡的矢量控制中一般要使用旋转型自学习（T1-01 =0）。

③ T1-02：电动机的输出功率（根据电动机铭牌的数据设定）。

④ T1-03：电动机的额定电压。要确认铭牌数据，且知道无负载数据时，为确保精度，请在 T1-03 设置无负载电压。

⑤ T1-04：电动机的额定电流（根据电动机铭牌的数据设定）。

⑥ T1-05：电动机的基频。V/F 控制和带 PG 卡的 V/F 控制只能实施线间电阻的停止型自学习（根据电动机铭牌的数据设定）。

⑦ T1-06：电动机的级数。

⑧ T1-07：电动机的额定转速。

⑨ T1-08：编码器的脉冲数，设定使用 PG 脉冲数（脉冲发生器、编码器）用电动机旋转一周的脉冲数。恒定功率输出电动机，要设置基本转速值。矢量控制模式可稳定控制的设定值是变频器额定的 50% ~100%。

此时继续按向上键将提示是否进行自学习，按 RUN 便开始进行自学习，注意此时电动机静态励磁过后就会旋转，要注意安全。

自学习完后要按“MENU”键后，再按“DATA ENTER”键进入起动状态，变频器才可受手柄控制来运行。

实训 4　慢车运行

1. 实训目的

1）检查总电源及安全电路与门锁电路。

2）检查端站开关电气电路。

3）检查检修电气控制电路。

4）慢车运行。

2. 实训内容

慢车运行检查的步骤见表 3-12。

表 3-12　慢车运行检查的步骤

序号	操作动作	电梯正常运行现象
1	合上总电源，将控制柜急停开关复位	电源电压正常
2	安全电路畅通	102～114 通，相序正常
3	控制柜急停按钮复位	主板输入 LED 灯 X26 亮，输出 LED 灯 Y2 亮，电源接触器 KMC 吸合，变频器得电
4	门锁电路畅通	120～116 通，厅门串联电路通，主板输入 LED 灯 X28 亮；116～118 通，轿门电路通。主板输入 LED 灯 X27 亮
5	上、下限位电路畅通	COM～111 通，上行限位通，主板输入 LED 灯 X5 亮。COM～113 通，下行限位通。主板输入 LED 灯 X6 亮
6	上、下强迫减速电路保持畅通	COM～84 通，上行强迫减速通，主板输入 LED 灯 X7 亮。COM～86 通，下行强迫减速通。主板输入 LED 灯 X8 亮
7	检修电路接线无误	COM～JP1.1 闭合为正常，主板输入 LED 灯 X0 亮，主板液晶显示为“自动” COM～JP1.1 断开为检修，主板输入 LED 灯 X0 不亮，主板液晶左上角显示为“检修”
8	检修时：按上行按钮	主板输入 LED 灯 X1 亮，慢车上行
9	检修时：按下行按钮	主板输入 LED 灯 X2 亮，慢车下行
10	当电梯运行时	变频器显示当前电梯的运行转速或频率 检查液晶操作器上显示的速度，上行应为正值，下行应为负值。若异常，则在关闭电源开关后调换变频器 PG 板输出到主板的 A、B 相即可

（1）检查总电源及安全电路与门锁电路

1）合上总电源，将控制柜急停开关复位，如图 3-9 所示。

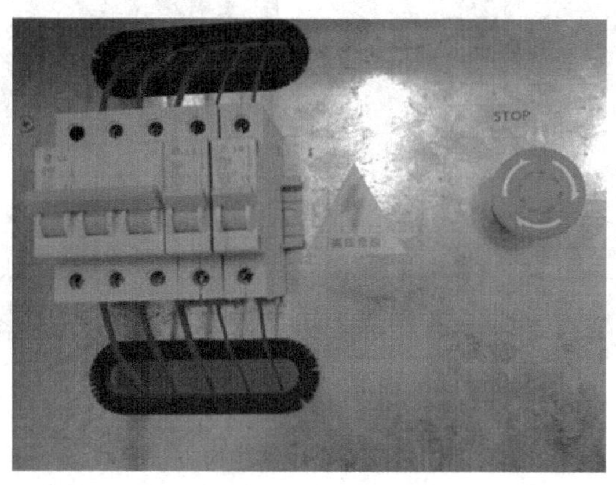

图3-9 总电源及急停开关

2）测量电源电压是否正常，如图3-10所示。说明：L1、L2、L3每两相间的电压为390V属于正常现象。

a)

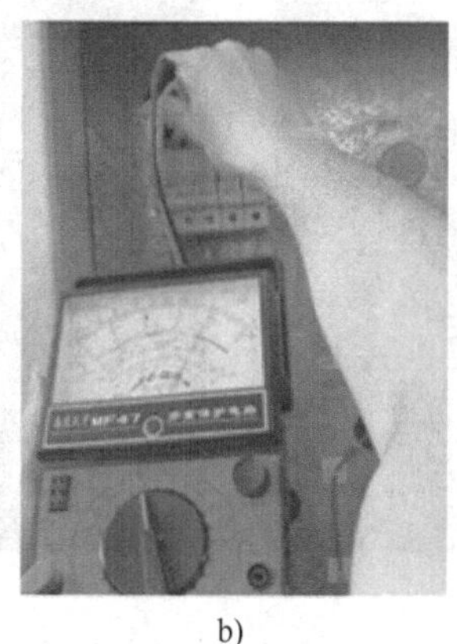

b)

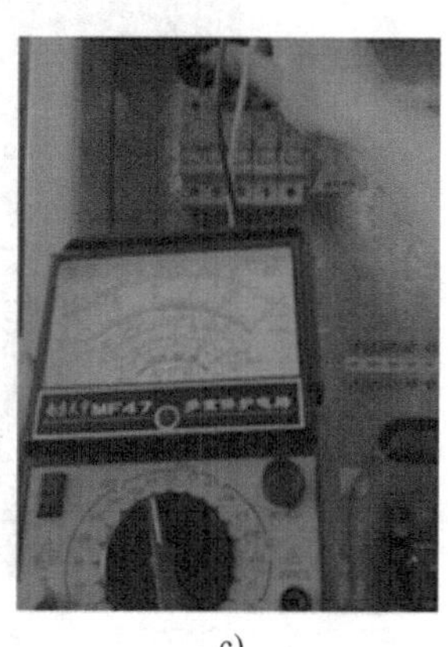

c)

图3-10 测量电源电压是否正常

a）L1相和L2相 b）L1相和L3相 c）L2相和L3相

3）检查安全电路是否工作正常，如图3-11～图3-13所示。

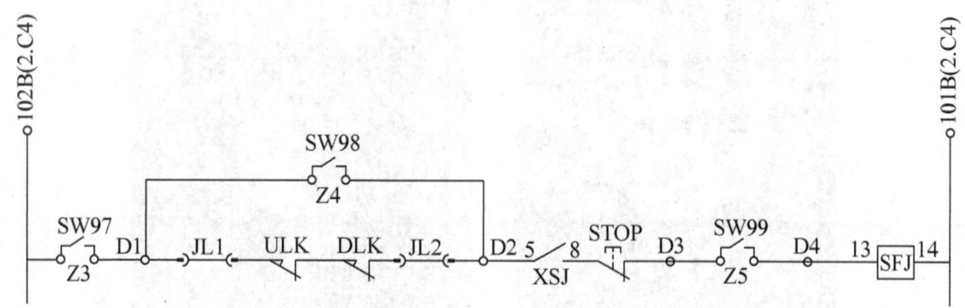

图3-11 安全电路

当电源正常，复位急停按钮后，如果主板的安全电路输入点X26亮，说明安全电路正常，这时Y2亮，主电路接触器C1吸合，变频器得电。

a)

b)

图 3-12 安全电路的检查步骤

a）黑表笔接 101B，红表笔接 D1，电压为 115V b）黑表笔接 101B，红表笔接 D4，电压为 115V

注：红表笔依次从 D1 到 D4 进行测量

a)

b)

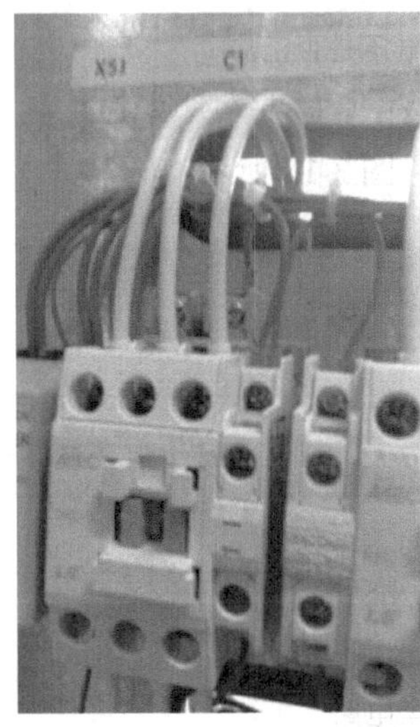

c)

d)

图 3-13 安全电路的正常状态

a）主板输入灯 X26 亮 b）主板输出灯 Y2 亮 c）接触器 KMC 吸合 d）变频器得电

4）检查门锁电路是否正常，根据图3-14、图3-15检查门锁电路是否通路。

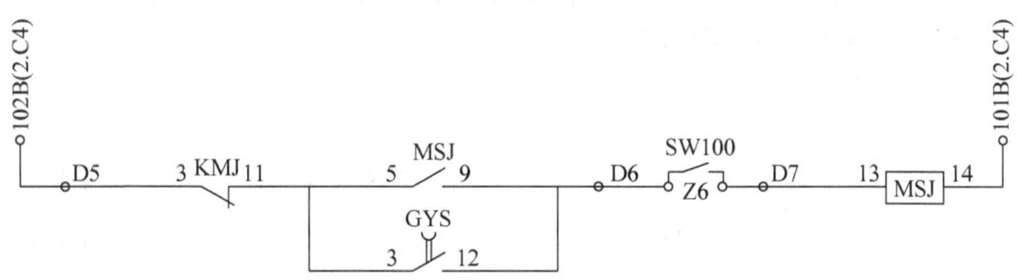

图3-14　门锁电路

a)

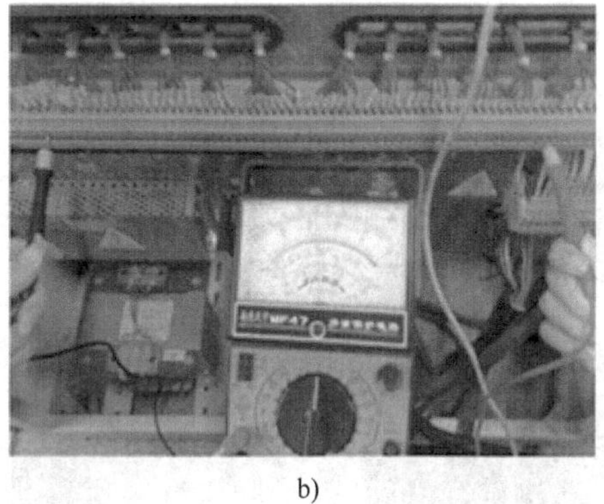

b)

图3-15　门锁电路的检查步骤

a）黑表笔接101B，红表笔接D5，电压为115V　b）黑表笔接101B，红表笔接D7，电压为115V

注：红表笔依次从D5到D7进行测量。

主板5021的输入点X27亮，说明门锁电路正常，如图3-16所示。

图3-16　门锁电路的正常状态

（2）检查端站开关是否正常

1）检查上、下限位开关是否正常。根据图 3-17 检查上、下限位电路是否通路，图中 UXK 为上限位开关，DXK 为下限位开关。

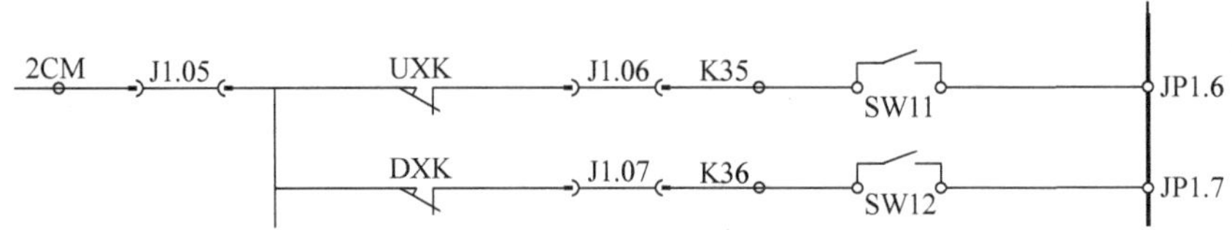

图 3-17　上、下限位开关电路

上限位电路的检查（使用万用表电阻挡），如图 3-18 所示。

a)

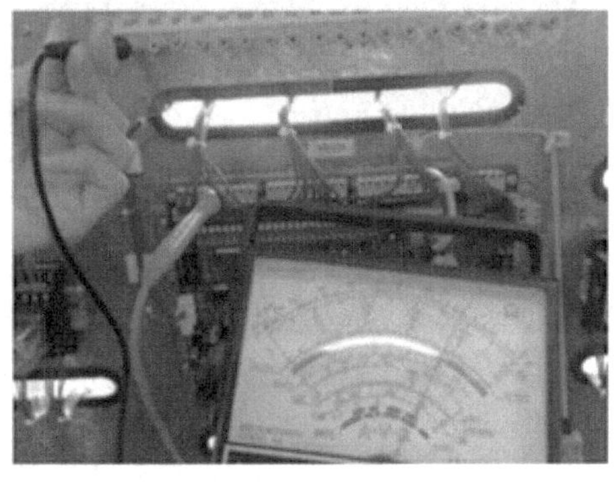

b)

图 3-18　上限位电路的检查

a）通路状态　b）断开状态

下限位电路的检查（使用万用表电阻挡），如图 3-19 所示。

a)

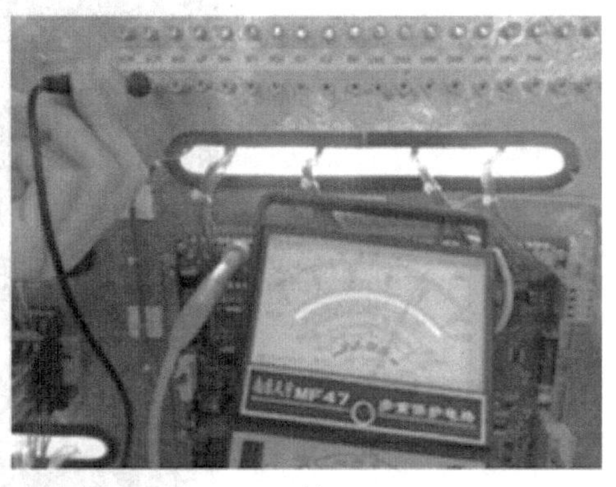

b)

图 3-19　下限位电路的检查

a）通路状态　b）断开状态

如果上、下限位开关电路畅通，主板 LED X5（上）、X6（下）均亮，表示该电路工作正常，如图 3-20 所示。

图 3-20　上、下限位电路的正常状态

2）根据图 3-21 检查上、下强迫减速电路是否通路。上强迫减速电路的检查（使用万用表电阻挡），如图 3-22 所示。下强迫减速电路的检查（使用万用表电阻挡），如图 3-23 所示。

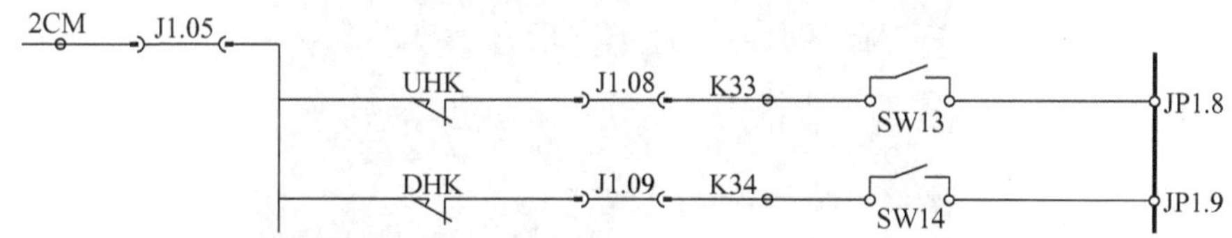

图 3-21　上、下强迫开关电路

UHK—上强迫减速开关　DHK—下强迫减速开关

a)

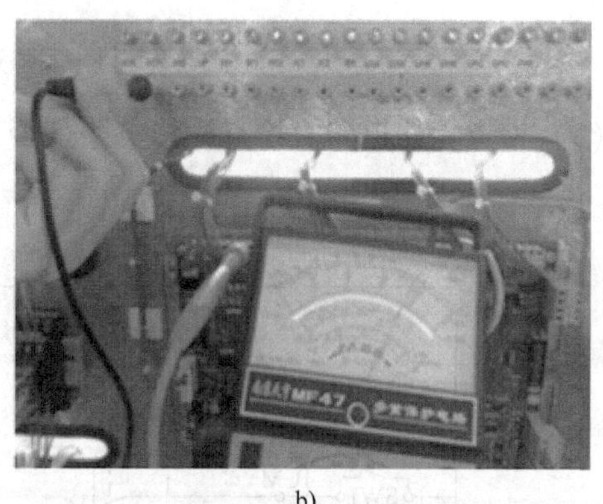

b)

图 3-22　上强迫减速电路的检查

a）通路状态　b）断开状态

若上、下强迫减速电路都为通路，主板 LED 指示 X7（上）、X8（下）为亮，说明上、下强迫减速电路工作正常。上、下强迫减速电路的正常状态如图 3-24 所示。

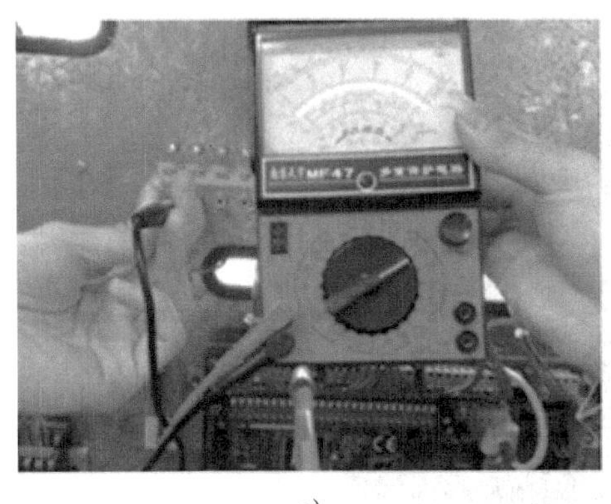

a)

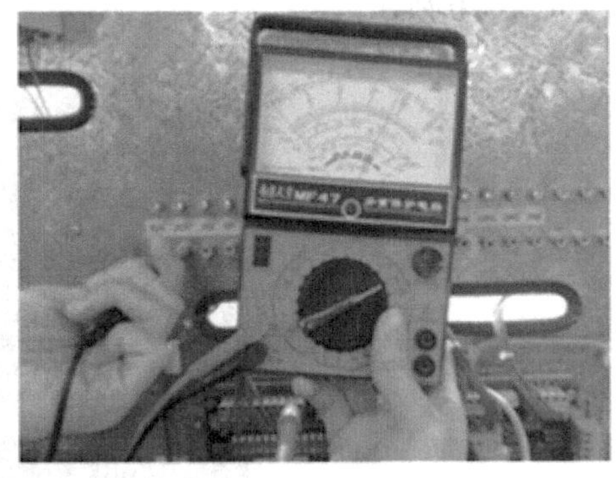

b)

图 3-23　下强迫减速电路的检查

a）通路状态　b）断开状态

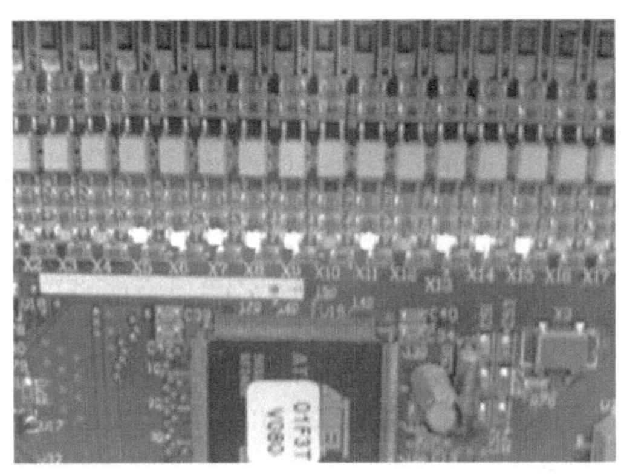

图 3-24　上、下强迫减速电路的正常状态

（3）检查检修电路　检查检修电路是否工作正常，检修电路如图 3-25 所示。

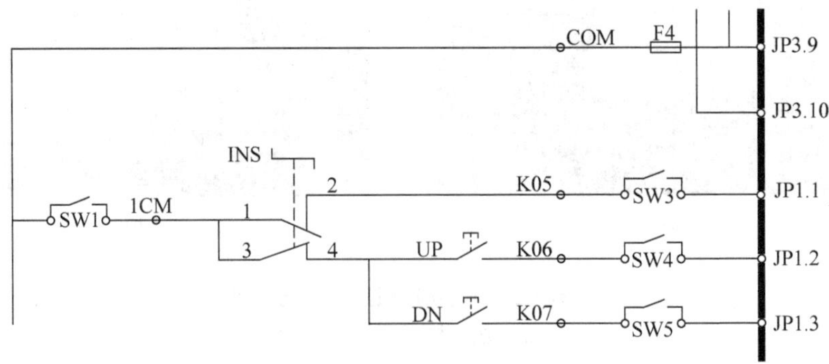

图 3-25　检修电路

使用万用表电阻挡测量检修电路的测量方法及正常状态如图3-26所示。

若达到上述要求，说明检修电路工作正常。

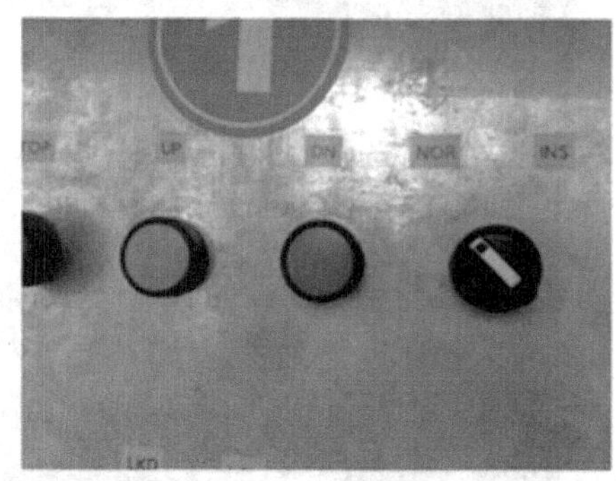

a)

b)

c)

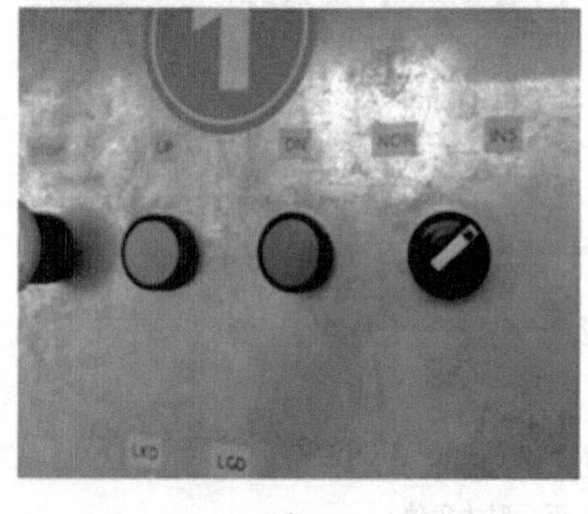

d)

e)

图3-26　检修电路的测量方法及正常状态

a）检修开关置于正常状态　b）正常状态下JP1.1～COM为通路

c）正常状态下主板LED X0亮　d）检修开关置于检修状态　e）检修状态下主板LED X0灭

（4）慢车运行　如图3-27所示。

1）按下检修上行按钮，主板输入LED灯X1亮，慢车上行。

2）按下检修下行按钮，主板输入LED灯X2亮，慢车下行。

（5）电梯慢车运行时变频器的检查　变频器显示当前电梯的运行转速或频率，检查变

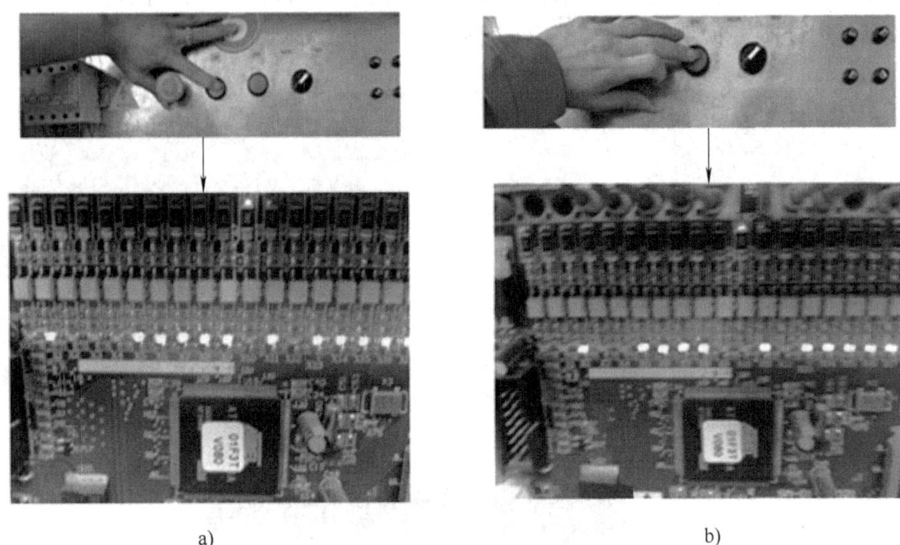

a)　　　　b)

图 3-27　慢车运行

a）检修上行　b）检修下行

频器液晶操作器上显示的速度。

电梯运行时，变频器显示当前电梯的运行频率，如图 3-28 所示，左为上行，右为下行。

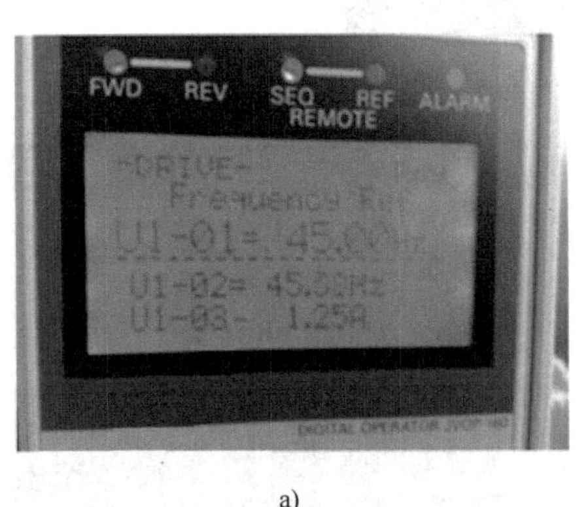

a)

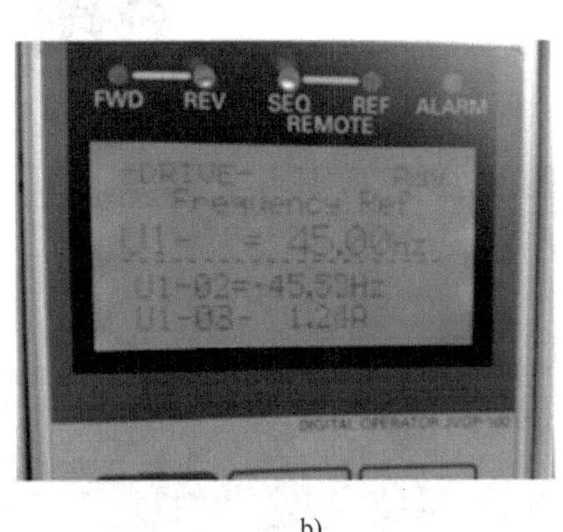

b)

图 3-28　慢车运行时的变频器显示

a）上行时为正值　b）下行时为负值

1）若原先采用开环方式且慢车运行，待设为闭环并修改变频器相关参数后，电梯慢车运行状态发生振动或速度异常时，可将电动机编码器的 A、B 相在关闭电源后进行对换，然后再送电观察运行情况。

2）若电梯的运行方向与按钮的方向不一致，则在关电后对换电动机进入变频器的相线 U、V，同时将电动机编码器的 A、B 两相对换，然后再送电检查运行情况。

3）检查液晶操作器上显示的速度是否与设定的速度值一致，如果显示的数值波动较大，则需检查编码器和电动机的接地状况。

实训5 快车运行前的准备工作

1. 实训目的

1）进行快车运行前的电气检查和确认。

2）进行门系统的检查和确认。

3）进行轿厢显示器的检查。

4）进行端站安全开关与平层感应器的检查。

2. 实训内容

（1）相关背景知识

1）端站开关的位置。在本微机控制系统中，要求井道中安装的开关有以下两种情形：

① 若模拟量控制梯速不超过1.75m/s，数字量多段速控制梯速不超过1.0m/s时，要求井道中安装上下对应的上极限开关、上限位开关、上单层强慢开关各三个。

② 若模拟量控制梯速超过1.75m/s，数字量多段速控制梯速超过1.0m/s时，要求井道中除安装上下对应的上极限开关、上限位开关、上单层强慢开关各三个外，还要求井道中安装上下对应的上下双层强迫慢车开关。

注意：减速斜率设置不同，开关位置也应有所不同，减速开关的距离略低于正常减速时的实际距离即可。若开关安装距离和实际所需减速距离差别较大，则会导致电梯在端站运行不正常。

2）上、下平层感应器的位置。在控制系统中，电梯的平层控制需要现场安装两只上下平层感应器和若干块隔磁板。如有提前开门或开门再平层功能，则必须增加两个门区感应器。有关平层感应器和隔磁板的具体要求见表3-13。

表3-13 平层感应器和隔磁板的具体要求

类 别	平层感应器	提前开门门区感应器	隔 磁 板
类型、材质	可以是永磁感应器，也可以是光敏开关，为响应精度高，建议使用光敏开关	永磁感应器	铁板厚度≥1.5mm
数量	2个	2个	没有特殊需要，为楼层的层数
高度、长度、深度	上下感应器的上下两端面高度为200mm左右	两个门区感应器在同一水平线上，保证同时动作	隔磁板的长度为220mm，吃进深度超过2/3，建议隔磁板的长度不小于220mm
安装位置	轿顶	轿顶	井道
注意事项	接地处理	接地处理	

注意：感应器为非绝缘体材质时，一定要进行接地处理！

（2）快车运行前的电气检查和确认 进行快车运行前的电气检查和确认的检查项目及内容见表3-14。

表 3-14 快车运行前的电气检查和确认的检查项目及内容

检查项目	检查内容
电气装配检查和确认	门机接线应正确，光幕接线应正确
	轿顶平层开关接线正确，并安装尺寸正确
	井道内各安全开关能有效动作
	井道内上、下极限安全开关的安装位置正确及开关的动作有效
	上、下限位开关的安装位置正确及开关的动作有效
	上、下强迫减速开关的安装位置正确及开关的动作有效
	对讲机接线正确，并确认通话正常
	到站时钟接线应正确
	召唤通信板的接线可靠、正确
关闭总电源开关，检查通信线	检查 TXV +、TXV -、TXA + 和 TXA - 四根线与其他电源线：R1、S1、T1、101、102、401、402、BKA1、BKA2 之间的电阻应接近无穷大
	测量 TXV +、TXV -、TXA +、TXA - 与 PE（接地）之间的电阻，应确认该电阻值为无穷大
	测量 TXA +、TXA - 之间的电阻
	确认轿厢内的 SM-04 板上的终端电阻跨线 JP5 是否接上（此处仅以 SM-04-VRA 作为代表，其他类型的控制器可参见《SM-04 显示板简介》）
	确认最低一层的井道模块 SM-04 板上的 JP5 跨线是否接上
	只接井道通信模块等，其电阻值应为 120Ω 左右
	只接轿厢通信模块等，其电阻值应为 120Ω 左右
通电前的准备	轿厢照明及风扇接线正确
	电源关闭、确认所有开关处于断开位置
	确认控制柜上的检修/自动开关在检修位置，急停开关被按下
	确认井道、轿厢无人，并具备适合电梯安全运行的条件
	确认井道外的施工不可能影响电梯安全运行

（3）门系统的检查和确认　检查和确认门系统的检查项目及内容见表 3-15。

表3-15　门系统的检查项目及内容

检查项目	检查内容
门机的检查和调试	合上断路器 FU3、FU4
	合上电梯电源开关
	复原控制柜急停开关
	合上控制柜门机电源开关，将轿顶检修/自动开关转至检修位置
	检查变频门机板电源端子之间的电压应为交流（220±15.4）V
	按照门机说明书进行门机调试
	检查开、关门动作
	将门机设置成自动状态，门处于关闭状态
	用手按开门 OPA 继电器，门机执行开门动作
	用手按关门 CLAC 继电器，门机执行关门动作
	让门处于完全打开位置，手按轿顶上行或下行按钮，此时门机应自动关闭
	检查开、关门到位动作情况
	使电梯停在平层位置，把检修/自动开关转到正常位置，门处于关闭状态
	观察液晶操作器，应显示自动状态
	让液晶操作器处于输入状态监视栏，观察开门到位后 TX0 右边应显示“ON”，关门到位 TX1 右边应显示“OFF”
	用手按动开门 GYS 继电器，门机执行开门动作，开门到位后 TX0 右边应显示“OFF”，TX1 右边应显示“ON”
	用手按动关门 KYS 继电器，门机执行关门动作，关门到位后 TX0 右边应显示“ON”，TX1 右边应显示“OFF”
	在自动状态下进入输入状态监视栏，观察安全触板 TX2，当光幕无阻挡物时 TX2 右边应显示“ON”，当光幕有阻挡物时 TX2 右边应显示“OFF”

（4）轿厢显示器的检查　轿厢显示器的检查项目及内容见表3-16。

表3-16　轿厢显示器的检查项目及内容

检查项目	检查内容
轿厢显示器的检查	关闭电梯电源开关，接上轿厢通信线，然后合上电梯电源开关
	应确认轿厢显示器显示正常，而且随控制柜上液晶操作器上的显示改变而同时改变
	将 S1 跨接线端子短接，应确认层显显示 S0，而后将 S1 跨接线去除。如果显示不是 S0，将该板设为 S0
	将层显板后 JP5 跨接线端子短接

（5）端站安全开关与平层感应器的检查　端站安全开关与平层感应器的检查项目及内容见表3-17。

表 3-17 端站安全开关与平层感应器的检查项目及内容

检查项目	检查内容
平层感应器接线与平层感应器信号的检查	平层感应器应按图正确接线（以下以 SQU 为上平层信号，SQD 为下平层信号）
	将电梯由上至下行驶，待进入平层区域时，平层感应器的信号顺序为先 UPG，再 DPG
	对应的信号输入点 LED 应该是上平层灯先亮，下平层灯后亮（平层为常开信号）
限位及极限开关位置的检查	在液晶操作器上输入检修速度为 0.05m/s
	若采用多段速度指令系统，则变频器中的某些参数也应进行相应的调整
	① 以 0.05m/s 的速度将轿厢向上运行，直至上限位开关动作，此时轿厢地坎应高出顶层厅门地坎 50mm
	② 以 0.05m/s 的速度将轿厢向下运行，直至下限位开关动作，此时轿厢地坎应低于底层厅门地坎 50mm
	③ 将上、下极限开关跨接后，将轿厢以 0.05m/s 速度向上运行直至上极限安全开关动作，此时轿厢地坎应高出顶层厅门地坎 130mm
	④ 将轿厢以 0.05m/s 速度向下运行直至下极限安全开关动作，此时轿厢地坎应低于顶层厅门地坎 130mm
	⑤ 调整完后，将跨接线取掉，恢复原来接线
终端强迫减速开关的检查和调整	终端强迫减速开关分为上终端强迫减速开关和下终端强迫减速开关
	将电梯以 0.05m/s 速度上行至上终端强迫减速开关动作，此时轿厢地坎应低于顶层厅门地坎的距离为 X（X 为井道中开关位置）
	将电梯以 0.05m/s 速度下行至下终端强迫减速开关动作，此时轿厢地坎应高于底层厅门地坎为距离为 X（X 为井道中开关位置）
	调整完毕后，将所有接线恢复至该调整前的状态
	检查每层平层插板安装位置、数量正确

实训 6 快车运行

1. 实训目的

1）进行主板参数的设定和检查。

2）进行电梯井道位置自学习。

3）快车运行。

2. 实训内容

（1）主板参数的设定和检查 根据参数说明逐一检查主板参数是否符合要求。由于数据量比较大，请参照设备说明书进行此项内容。

（2）井道位置自学习

1）将电梯检修速度设定为 0.25m/s，电梯处于机房检修状态。

2）自学习前，先将电梯开到底层有一个以上平层开关动作的位置即可，而不是必须开到下限位开关动作点位置（到下限位开关动作也可以），但此时，单层下行终端减速开关（强慢）必须动作，并确认 F5021 主板上的相关信号正确。

3）保持安全电路为导通状态。

4）确认电梯能安全地在井道全程行驶。

5）将电梯转到自动状态，再通过操作器进入自学习菜单确认后，电梯会自动关门并开始自动向上低速运行进行井道参数自学习，并自动记录各平层插板位置，上、下终端强迫减速开关的位置（如果安装后没有做过自学习，转到自动状态后主板会自动关门自学习，无需人为操作）。

6）在井道自学习模式，操作器上将自动显示相关的楼层指示、速度等信息。

7）当电梯行驶至上限位开关后，系统自动结束井道学习程序，操作器上显示井道学习结束界面。待保存井道自学习的数据后，将操作器上的显示退至状态窗口。

注意：当电梯只有两层楼时，还必须设置平层开关间距 F125 和平层插板长度 F127 两个参数（有三层楼以上的电梯就不需要这样设置了）。

（3）快车运行　井道位置自学习完毕后，可先在机房快车运行，并在液晶操作器上观察反馈速度是否正确。具体要求如下：

1）轿厢、轿顶、井道和底坑等处不要有人，所有厅门和轿门都要关好，且确认安全电路和门锁电路正常。

2）在机房将电梯慢车运行至中间楼层，并转为自动运行状态，在控制柜中给出单层指令，电梯会以单层速度运行，此时仔细观察反馈曲线、平层信号及曳引机等，看其是否能正常起动、加速、减速、平层、停车。如有异常，可调整相关参数。

3）单层运行正常后，给出双层指令，电梯会以双层速度运行，观察反馈曲线、平层信号及曳引机等，看其是否正常起动、加速、减速、平层、停车。如异常，可调整相关参数。

4）双层运行正常后，再给出多层指令，让电梯以多层速度运行，观察是否正常起动、加速、减速、平层、停车。如有异常，可调整相关参数。

5）多层运行正常后，分别让电梯以多层速度到顶层和底层，看其是否正常。

6）顶层和底层运行正常后，检查上、下强迫减速开关动作有效距离是否符合标准。确认强迫上、下减速开关有效距离符合标准后，分别让电梯向下错层和向上错层，观察电梯到顶层和底层时是否会冲顶和沉底。如有异常，可调整上、下强迫减速开关距离。

（4）几个特殊功能的说明

1）偏置实层数 F10 和偏置假层数 F119 的设定。当并联或群控电梯的地下层数值不一致时，需要以地下层数最多的电梯为基准，对应设置各台梯的偏置实层数 F10 和偏置假层数 F119，见表 3-18。

表 3-18　偏置实层数 F10 和偏置假层数 F119 的设定

A梯	B梯	C梯		外呼地址	备　注
3	3	3	实层	6	$2^8=256$
			假层		$2^7=128$
2	2	2	实层	5	$2^6=64$
1	1	1	实层	4	$2^5=32$
			假层		$2^4=16$
	−1	−1	实层	3	$2^3=8$
	−2	−2	实层	2	$2^2=4$
			假层		$2^1=2$
		−3	实层	1	$2^0=1$

因此，可以得到三台电梯对应的参数值，见表3-19。

表3-19 三台电梯对应的参数值

参数名称	参数号	A梯	B梯	C梯
电梯总层数	F11	4	7	9
偏置实层数	F10	3	1	0
偏置假层数	F119	2	1	0
真层相量1	F134	352	364	365

由于C梯地下层数最多，所以应以C梯为标准，且C梯共有9块插板，F11=9，F10=0，F119=0，则有

$F134=2^0+2^2+2^3+2^5+2^6+2^8=1+4+8+32+64+256=365$

① A梯共有4块插板，F11=4，A梯相对C梯的地下实层数少3个，地下假层数少2个，所以F10=3，F11=2，则有

$F134=2^5+2^6+2^8=32+64+256=352$

② B梯共有7块插板，F11=7，B梯相对C梯的地下实层数少1个，地下假层数少1个，所以F10=1，F11=1，则有

$F134=2^2+2^3+2^5+2^6+2^8=4+8+32+64+256=364$

2）密码层的功能。密码层设定只可以通过主操纵箱来完成。如果某一层已经设定了密码层，则该层的指令按钮只有通过主操纵箱的密码输入才能登记指令。其他操纵箱都无法登记该层指令信号。

① 密码层的设定方法如下：

a. 设定条件：使电梯处于检修开门状态，并将操纵箱中的密码层设定开关（TX17）闭合。

b. 设定方法：先按一下需设成密码层的对应的指令按钮，该按钮灯会闪烁。然后，在5s内连续按一下三个对应密码的指令按钮。刚才闪烁的按钮灯就会点亮，说明该密码层的密码已设置进去了。

重复上述过程可对多个层楼设定密码。全部设定完毕后，应将密码层设定开关断开。

c. 密码层的去除：在检修开门状态，将密码层设定开关闭合时，以前的密码层就会全部去除。如果需要新的密码层，就应按上述方法重新进行设置；如果不需密码层，就应直接将密码层设定开关断开。

② 密码层指令的登记方法：如果某层为密码层，则不能在副操纵箱、后门操纵箱和残疾人用操纵箱上登记该层指令，而只能在主操纵箱上完成该层的指令登记。具体方法是：当电梯处于自动状态时，每次按下指令按钮时，系统就会判断该层是否为密码层。如果是密码层，该按钮灯就闪烁，要在接下去的5s内连续按3个和密码设置时完全相同（包括次序）的按钮。如果密码正确，该按钮灯点亮，指令被登记；否则，按钮灯熄灭，指令不能登记。

3）NS-CB开关设定非服务层。在群控时，设定的非服务层只对指令有效，而对上、下召唤无效（如果要对上、下召唤有效，可通过群控板NS-S来实现）。

在单梯或并联时，NS-CB设定的非服务层指令和上、下召唤都不能登记，电梯也不会在这些层楼平层。

① NS-CB非服务层的设定方法如下：

a. 设定条件：使电梯处于检修开门状态，并将操纵箱中的NS-CB设定开关（轿箱输入

TX5）闭合。

b. 设定方法：依次按一下需设成非服务层的对应的指令按钮，这些按钮灯就会点亮。断开 NS-CB 设置开关后，非服务层就设置好了。

② 非服务层的去除：电梯处于检修开门状态，将 NS-CB 设置开关闭合后，不做任何工作就将开关复位，那么就会把过去设置的非服务层全部清除。

③ NS-CB 非服务层的设定：只在主操纵箱上完成，其他的操纵箱上不能实现这一功能。

4）NS-SW 的功能。先通过操作器设置参数 F137 ~ F139 来设置 NS-SW 开关控制的非服务层，当操纵箱内的 NS-SW 开关闭合时（轿箱输入 TX16），电梯就将 F137 ~ F139 参数中设成‘0’位对应的层楼作为不停层，既不能登记这些层楼的任何指令和召唤，也不会在这些层楼平层。

5）副操纵箱的功能。有副操纵箱时设置 F133 = 1，该功能即有效。副操纵箱的 SM-02 板程序需要特殊处理，它只有指令按钮和开、关门按钮的输入/输出，而不能再作其他的输入/输出。副操纵箱只在电梯自动状态时有效；而在司机或独立运行等状态时，它不工作。

6）贯通门的功能。

① 有贯通门时设置 F131 = 1，该功能即有效。

② 后门操纵箱的 SM-02 板程序需要特殊处理，它只有指令按钮和开、关门按钮的输入/输出，而不能再作其他的输入/输出。在 CAN 通信时，只有指令按钮和开、关门按钮的信号传输（协议和主操纵箱的有所区别），而不能再有其他信号的通信。后门操纵箱的指令按钮及开、关门按钮和主操纵箱都分开，但在实际操作时，按后门关门按钮时，如果前门还处于开门保持状态，也会和后门一起关门。

③ SM-04 板的程序是一样的，只是地址设置有所区别。如果没有残疾人用召唤，后门召唤控制器的地址从 49 ~ 96，对应 1 ~ 48 楼；如果还有残疾人用召唤，则后门召唤控制器的地址从 33 ~ 64，对应 1 ~ 32 楼（此时，总共只能做 32 层）。

④ 如果没有后门操纵箱，F131 = 0，且没有后门召唤（F123 = 0 或 2），此时前后门开门不能分别进行。在满足开门条件时，任何一扇门如果在这一层设置成能开门，它就会开门；如果两扇门设置成都能开门，则它们会一起开门。

⑤ 如果没有后门操纵箱，F131 = 0，且有后门召唤（F123 = 1 或 3），电梯停下时如果该层有指令，只要设置成能开门，两扇门会同时开，但如果停下来时只有召唤指令，则前后门还能分开（它只开有召唤的那个门）。

7）残疾人用梯的功能。

① 残疾人用梯功能的启用：

a. 残疾人用梯功能的参数 F132 = 1，该功能即有效。

b. 每次电梯平层时，如果本层有残疾人用指令或残疾人用同向召唤；或者，电梯停止时，有残疾人用开门按钮信号或残疾人用本层召唤按钮开门信号时，残疾人用梯功能就启动，并一直保持到门关闭为止。

② 残疾人用操纵箱的 SM-02 板程序也需要特殊处理，它只有指令按钮和开、关门按钮的输入/输出，而不能再作其他的输入/输出。在 CAN 通信时，只有指令按钮和开、关门按钮的信号传输（协议和主操纵箱的有所区别），而不能再有其他信号的通信。残疾人用操纵箱只在自动状态时起作用；在有司机及独立运行等状态时，它不工作。

③ SM-04 板的程序是一样的，只是地址设置有所区别。如果没有后门召唤，残疾人用召唤控制器的地址从 49 ~ 96，对应 1 ~48 楼；如果还有后门召唤，则残疾人用召唤控制器的地址从 65 ~ 96，对应 1 ~32 楼（此时，总共只能做 32 层）。

④ 残疾人用梯功能基本原则是：平层时，如果本层有残疾人用操纵箱指令或残疾人用召唤开门信号，本次开门后的保持时间延长为 10s（F117 可设置）；停梯时，如果按残疾人操纵箱的开门按钮或有残疾人召唤本层开门信号，本次开门后的保持时间也是加长为 10s（F117 可设置）。

8）在有后门操纵箱时的开、关门操作说明。

① 前、后门情况的处理：

a. 电梯平层时，如果前门有同向召唤指令，就开前门；如果后门有同向召唤指令，就开后门；如果前、后门都有召唤指令，就前、后门都开；如果都没有，就都不开。如果 F131 设置为 0（无后门操纵箱），但有后门召唤指令时（F133 =1 或 3），电梯平层时如果有指令，不论前后门，只要设成有门，就会开门。如果平层时只有同向前门召唤指令，就只开前门；如果平层时只有同向后门召唤指令，就只开后门。

b. 无论前门、后门，只有在满足既有门区开关，又设定成有门的情况下，才具备开门的必要条件。

c. 按前门开门按钮时，只开前门；按后门开门按钮时，只开后门；按残疾人用开门按钮时，只开前门。如果 F131 设置为 0（无后门操纵箱），则按开门按钮时，两扇门都开。

d. 按任一关门按钮时，前后门都会关门。

e. 在关门过程中，有一扇门由于安全触板或光幕开关动作而转成开门动作时，另一扇门会继续关闭。

f. 在关门过程中，有一扇门由于连续 8s（F115 可设置）关不上门而转成开门动作时，另一扇门如尚未关闭，就一起转成开门动作；如果已经闭合，后者就不再开门。

g. 在开门过程中，有一扇门由于连续 8s（F116 可设置）开不了门而转成关门动作时，另一扇门就一起转成关门动作。

② 不同的开门保持时间：

a. 如果平层时只有指令信号，开门保持时间的标准值为 2. 5s（F15 可设置）。

b. 如果平层时有同向召唤信号，或者在本层召唤按钮信号开门后，开门保持时间的标准值为 4s（F14 可设置）。

c. 有残疾人用梯功能时，开门保持时间的标准值为 10s（F117 可设置）。

d. 在自动状态下，电梯处于门开毕状态时，按一下 HOLD 按钮（TX18），电梯的开门保持时间就会增加到 60s（F118 可设置），但是在开门保持阶段，按一下关门按钮，电梯也会马上关门。

3. 2 微机控制电梯的常见故障诊断和排除

3. 2. 1 概述

电梯故障诊断和排除是指电梯在运行过程中安全电路、门电路等出现故障后在微机控制电梯上进行故障诊断和排除。

本节将重点解决微机电梯不能起动故障的诊断和排除、微机电梯门电路不能自动开关门故障的诊断和排除、微机电梯不能自学习故障的诊断和排除。

3.2.2 技术要求

按照电梯调试手册规程对电梯不能起动、不能自动开关门、不能自学习等故障进行诊断排除，使电梯能正常运行。

3.2.3 资源配置

1）配备实习微机控制电梯教学机10部，实物梯1部。

2）实训室配备多媒体、投影仪等现代化教学手段。

3）配套PLC，可与微机梯通信并安装相关的调试软件。

4）教学机的整套随机说明书（包括硬件电气图样、软件操作说明书及使用手册等），企业调试手册（可选）。

3.2.4 微机控制电梯的故障分析

造成电梯故障的原因是多方面的，既关系到制造厂家配套的零配件的质量、安装的质量，又同维护保养的质量有很大的关系。所以要求维修人员，一方面要加强电梯的维护与保养；另一方面，电梯出了故障，要有清晰的思路去排除故障。

1）寻找排除电梯故障的思路。一般思路是：由大而小，最后定位，具体来讲，电梯是由机械、电气系统构成，而电气系统又是由主拖动电路和各控制电路等环节组成的。

2）判断电梯故障存在于哪个系统。微机控制电梯出现故障后，会产生一系列故障代码，进行电梯故障排除时就可以依据这些电梯故障代码，首先判断出故障产生的范围，进而确定故障点。

3）对故障现象进行分类。电气系统发生的故障高，而且多样，而且故障可以分类，主要是门的故障、继电器故障、电气元器件老化引起的故障等几个方面。

3.2.4.1 新实达控制系统的故障代码

新实达控制系统的故障代码见表3-20。

表3-20 新实达控制系统的故障代码

故障代码	产生故障的原因	具体情况举例	电梯控制系统的复位方式
2	运行中门锁脱开	运行中门刀擦门球 门锁线头松动	自动复位
5	门开关故障	开门3s后门锁开关不能断开 检修复位开门限位和关门限位开关同时动作 开门限位和门锁开关同时动作	检修复位

（续）

故障代码	产生故障的原因	具体情况举例	电梯控制系统的复位方式
6	无法关门：自动状态下经过8次尝试关门仍无法关门到位	安全触板动作 关门限位开关损坏 外呼按钮卡死 门机打滑或不工作 门机系统机械卡死	按关门按钮复位
7	给出运行指令后3s，变频器还没有运行反馈信号	变频器运行信号断线或没有接线 变频器参数有误	断电复位方式
8	通信故障，连续20s主板没有收到SM-02板通信信号	通信受到干扰 通信中断 终端电阻未短接	检修复位
9	变频器故障信号	变频器故障	断电复位
13	终端开关故障	上、下单层减速开关同时动作	自动复位
14	终端减速开关动作位置错误故障：在一段时间内，多次发生终端开关动作时，所检测到的位置比自学习记录的位置离终端层近300mm以上	电梯到了终端层，终端减速开关不动作 开关动作位置与基准位置相差300mm以上	检修复位并自学习
15	终端层错层现象：停在门区时，单层终端减速开关已动作，但电梯层楼位置不在终端层；或电梯层楼位置是终端层，但单层终端减速开关不动作	终端开关误动作 编码器信号有干扰 平层开关误动作	检修复位并自学习
16	电梯运行过终端开关紧急减速曲线	终端减速开关误动作	检修复位
18	自学习不能完成	设定参数与实际层楼不符 平层插板偏离 平层感应器受到干扰	重新自学习
22	电梯逆向运行3s	主板反馈口A、B相反相 严重超载 变频器未工作	断电复位
23	电梯超速运行（超过额定速度的110%或速度指令的120%或返平层时速度超过16m/min）	编码器打滑或损坏 严重超载	断电复位
24	电梯过低速运行（速度指令高于0.13m/s，运行速度低于0.06m/s）	机械上有卡死现象，如：安全钳动作、蜗轮蜗杆咬死、电动机轴承咬死 电磁制动器未可靠张开 编码器损坏	断电复位
25	运转时间限制器保护（在自动高速运行时，连续20～45s无平层开关动作）	编码器打滑或损坏 钢丝绳打滑 平层开关损坏或断线	检修复位

（续）

故障代码	产生故障的原因	具体情况举例	电梯控制系统的复位方式
26	平层开关或门区开关故障	两个平层感应器都动作而门区开关不动作 两个平层感应器都不动作而门区开关动作	检修复位
29	层楼基准位置自学习数据检测故障	电梯没有做井道自学习 井道自学习数据丢失	重新自学习
30	平层位置和基准位置比较误差太大或错层： 200 次中有 10 次平层开关动作时误差超过 200 在平层位置时计算出来的楼层位置不在本层	平层开关误动作 编码器打滑或受干扰	自动复位
31	电梯溜车故障	电磁制动器弹簧过松 严重超载 钢丝绳打滑 编码器损坏	断电复位
32	运行时安全回路开关动作故障	相序继电器不正常 安全回路动作	自动复位
35	电磁制动器接触器触头故障（连续 3s 驱动信号和触头信号不一致）	电磁制动器接触器损坏，不能正常吸合 电磁制动器接触器卡死 电磁制动器接触器触头输入信号断开	断电复位
36	变频器输出接触器触头故障	变频器输出接触器损坏，不能正常吸合 变频器输出接触器卡死 变频器输出接触器触头输入信号断开	断电复位
37	门锁继电器触头故障	门锁继电器损坏，不能正常吸合 门锁继电器卡死 主板门锁电路高压输入口损坏 门锁电路输入信号与门锁继电器检测触头不一致	断电复位
38	电磁制动器开关故障	电磁制动器闸瓦不张 电磁制动器开关检测点输入类型与实际开关不符 电磁制动器开关检测时间设置较短 电磁制动器开关坏	断电复位

（续）

故障代码	产生故障的原因	具体情况举例	电梯控制系统的复位方式
39	安全电路继电器触头故障	安全继电器损坏，不能正常吸合 安全继电器卡死 安全电路输入信号与安全继电器检测触头不一致 主板安全电路高压输入口损坏	断电复位
45	再平层继电器触头故障	接触器损坏，不能正常吸合 接触器卡死	断电复位
53	变频器输入接触器触头故障	接触器损坏，不能正常吸合 接触器卡死 输入信号 X15 断开	断电复位
54	厅、轿门锁电路输入不一致故障	厅门锁短接	自动复位

复位方式是指当电梯出现故障后，通常电梯会停止运行，在电梯故障点被排除后，电梯需要复位后才能开始正常运行。微机控制电梯的复位方式包括：自动复位、检修复位、检修复位并自学习、断电复位方式一和断电复位方式二。

1. 自动复位　是指外围故障现象解除后，只要满足电梯正常运行条件电梯就可以继续运行。

2. 检修复位　是指外围故障现象解除后，必须将检修开关动作一次后才能继续运行（主板断电也可以）。

3. 检修复位并自学习　是指发生故障后检修状态下可继续运行，转自动状态电梯需自动重新做一次自学习才能继续运行。

4. 断电复位方式一　此类故障是指在电梯运行 10 次内，出现第一次故障后，如果运行条件满足则继续运行，超过 10 次运行无故障则重新记录。如继续运行 10 次内又出第二次故障，则电梯停止运行，必须主板断电后复位。

5. 断电复位方式二　是指一旦发生此类故障，电梯立即停止运行，必须主板断电后复位。

3.2.4.2　故障原因分析

从故障发生原因来看，故障大体上可分为以下三类：

1. 显性故障　显性故障就是指电梯系统发生了比较严重又不能自动复位的，必须由维修人员或经过专业培训的人员排除故障、手动复位才能再次正常运行的故障。

例如：在电梯正常运行中，门刀撞坏门锁或其他原因，使门锁电路在运行中突然断开并且不能自动复位，产生的故障代码为 2，其故障的修复必须由维修人员手动修复门锁电路才能完成。这样的故障就称为显性故障。

显性故障发生后，我们必须查明故障发生原因，有针对性地解决问题。

2. 隐性故障　隐性故障就是指电梯系统发生了比较轻微的，不需维修人员或经过专业培训的人员排除故障、手动复位就能再次正常运行的故障。

电梯正常运行中，如果门刀瞬间蹭开厅门滚轮一下，或门锁某一处触头接触不好，跳一下又马上复位，也就是说门锁电路瞬间断开一下又立即复位。此时就会留下 2 和 31 两个故障代码，如图 3-29a 所示，或可能留下 2、31 和 22 三个故障代码，如图 3-29b 所示。

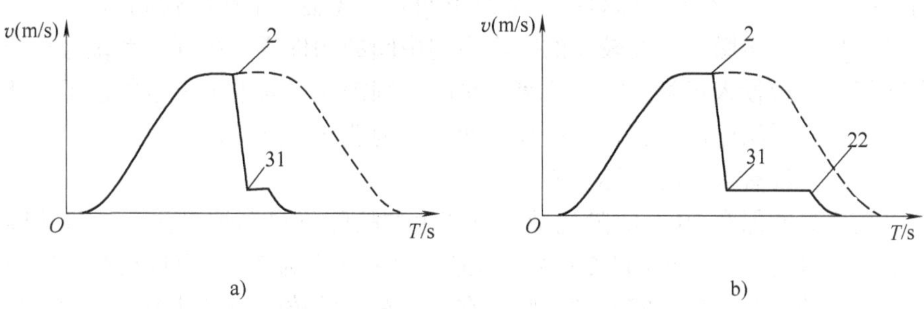

图 3-29 电梯运行曲线及故障示意图

a）运行中留下两个故障代码 b）运行中留下三个故障代码

注：图中虚线为理想运行曲线（标准）。

此故障现象可表述为：电梯正常运行中，门锁电路瞬间断开（故障代码为2），又立即复位，电梯马上溜车急停（故障代码为31）。溜车急停过程中，如果遇到平层插板，则平层停车；如果没有遇到平层插板，则电梯会在停下来后（电梯系统认为前方出现故障），又马上反向自动找平层（故障代码为22，即反向溜车），到达最近的楼层平层停车。平层停车开门后，这时主板自动检测一下运行条件，如判断条件符合正常运行条件，则会继续正常运行。

同一时间同一楼层处发生的故障，往往最早出现的故障记录就是故障的根源。我们根据故障记录分析可知，上述显示的故障代码 2、9、24 才是故障发生的根本原因，而显示的故障代码 31 或 31、22 则是 2、9、24 故障引起的联锁反应，也就是主板在电梯故障时发出的保护性动作。

此类故障往往具有很大的隐蔽性，因为有时乘客在故障发生并在门区平层停车后匆匆离去，或有的用户看到电梯自动恢复正常投入运行，并没有引起特别注意，维修人员也就无从知道电梯自身是否已有故障。

隐性故障可通过故障记录来查询，我们看到 2（或 9、24）、31（22）等故障代码，即可知道有隐性故障发生，也就是说电梯有故障隐患，维修人员即可根据故障记录找出原因，通过对相关部件或线路的检查和调整，将故障隐患排除掉。

最好的维修保养是在故障发生前将故障隐患排除掉。这样一是方便用户使用电梯，二是更容易取得用户对电梯质量和服务的认同。

3. 运行条件出错 运行条件出错就是指在电梯正常运行中，人为因素使外围条件出错而不满足电梯运行条件，造成运行中断的情形。此时只是电梯运行条件不满足，而非真正产生故障。

例如，同样是 2 号故障代码，如果维修人员在 5 楼厅外想上轿顶，通常的做法是：打一个 4 楼指令，然后看着厅外显示，估计能上轿顶了，就用三角钥匙打开 5 楼厅门（★ 请注意！打开厅门后必须首先判断电梯是否停在本层！否则可能有危险！）。

如果这时电梯还在运行的话，就会马上停止，故障代码只有一个 2。此时显示的故障代码 2 就并非真正的故障，而是人为造成的条件出错。

一般新住宅电梯的用户搞家庭装潢或搬家的比较多，如果有很多物件，一般人会习惯用一样东西挡住安全触板或光幕。电梯正常使用时，一般 4s 即可关门（酒店或住宅电梯可视情况适当设为 6s）；超过 1min 关不上，蜂鸣器就会鸣叫以提醒门中间的人注意避开或不要阻挡关门；超过4min关不上，除蜂鸣器继续鸣叫外，还会留下故障代码为6（关门关不上）的故障记录。如故障轻微——在较短的时间内门中间的物件或人移开，系统会在出错条件消除后，自己复位继续投入正常运行；故障严重时，则需人工断电再上电复位了。所以，此时的故障代码6并非说明已产生真正的故障，而是人为造成的条件出错。

这类故障记录没有太大的实际意义。

主板内最多只能保存20个故障记录。新产生的故障将自动记录为第1号故障记录，原来的故障记录号自动加1，原来的20号故障记录则由于变为21号而自动被系统所清除。这样，真正有意义的故障信息很容易被一些没有实际意义的故障记录冲掉，不利于故障隐患的查找和排除。所以，有必要要求我们现场维修保养人员在维保和现场维修时，都必须使用专用统一的笔记本记录下所有的故障记录。这样做，一是便于分析故障发生规律，查找并排除故障隐患；二是便于总结现场经验，培训并提高调试、维修、保养人员素质，对电梯系统设计也有较好的借鉴作用。

隐性故障和显性故障对我们维修电梯有很大的意义，尤其是隐性故障，因为显性故障一般发生明显，维修人员一般都会认真查找故障根源、消除隐患的。而隐性故障有时并不为维修人员所知，并且隐性故障也会积累转化为显性故障的，但只要我们维修保养人员勤于记录，勤于分析总结，便可以在故障发生之前排除掉故障隐患。

3.2.5 微机控制电梯常见故障诊断和排除实训

实训7 微机控制电梯不能进行井道自学习故障的诊断和排除

1. 实训目的

1）了解电梯进行井道自学习的主要目的。

2）掌握微机控制电梯不能进行井道自学习故障的诊断和排除方法。

2. 实训内容及步骤

（1）电梯进行井道自学习的主要目的　电梯在井道自学习过程中，通过旋转编码器获得每层层站的高度和准确的平层位置，这是电梯进行正常运行的必要过程，如果电梯不能确定轿厢的准确位置或者控制系统认为轿厢位置异常，电梯就会停止运行，此时我们需要控制系统重新进行井道自学习，以确定轿厢的正确位置。电梯井道自学习流程如图3-30所示。

（2）电梯不能井道自学习的故障原因及故障分析方法　电梯不能进行井道自学习的主要原因包括以下几种：

1）上限位开关安装位置错误。

2）编码器工作不正常。

3）上下平层开关位置异常。

4）下限位开关和平层开关位置异常。

5）变频器故障。

6）电梯自学习运行停车时，上单层强慢开关没有动作，或不在门区（没有一个平层开关动作）。

7）平层插板数和参数设定的层楼数不一致。

8）检测到的终端开关动作点位置不合理。

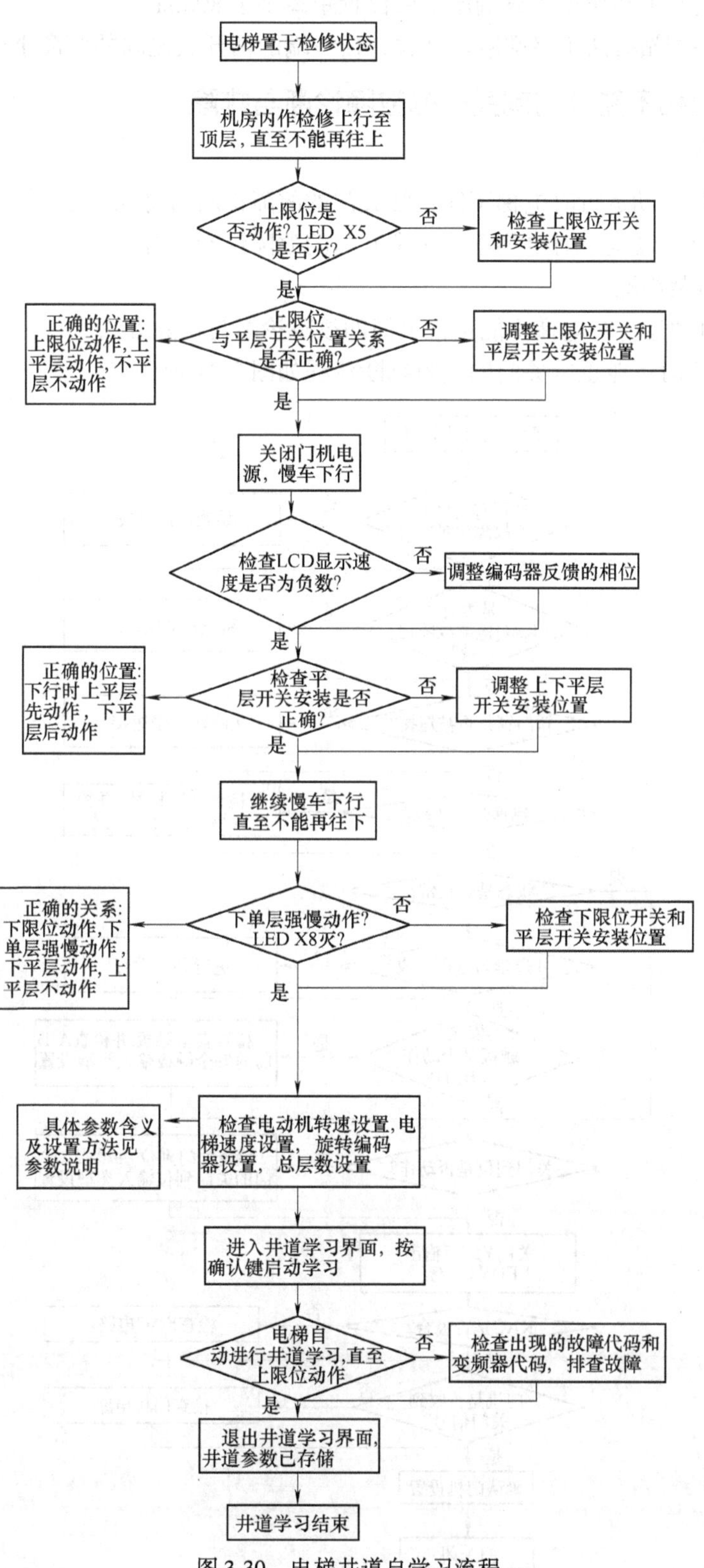

图3-30　电梯井道自学习流程

① 单层强慢开关动作点离终端层平层位置距离小于 800mm。

② 如果每一端站有两个终端减速开关，任一端的两开关之间的距离小于 800mm。

实训 8　电梯不能开门或关门的故障诊断与排除

1. 实训目的

1）掌握电梯自动运行时电梯不能正常关门的故障诊断与排除方法。

2）掌握电梯自动运行时电梯不能正常开门的故障诊断与排除方法。

2. 实训内容及步骤

（1）电梯自动运行时电梯不能正常关门的故障诊断与排除方法

1）电梯运行时不能正常关门的故障判断流程如图 3-31 所示。

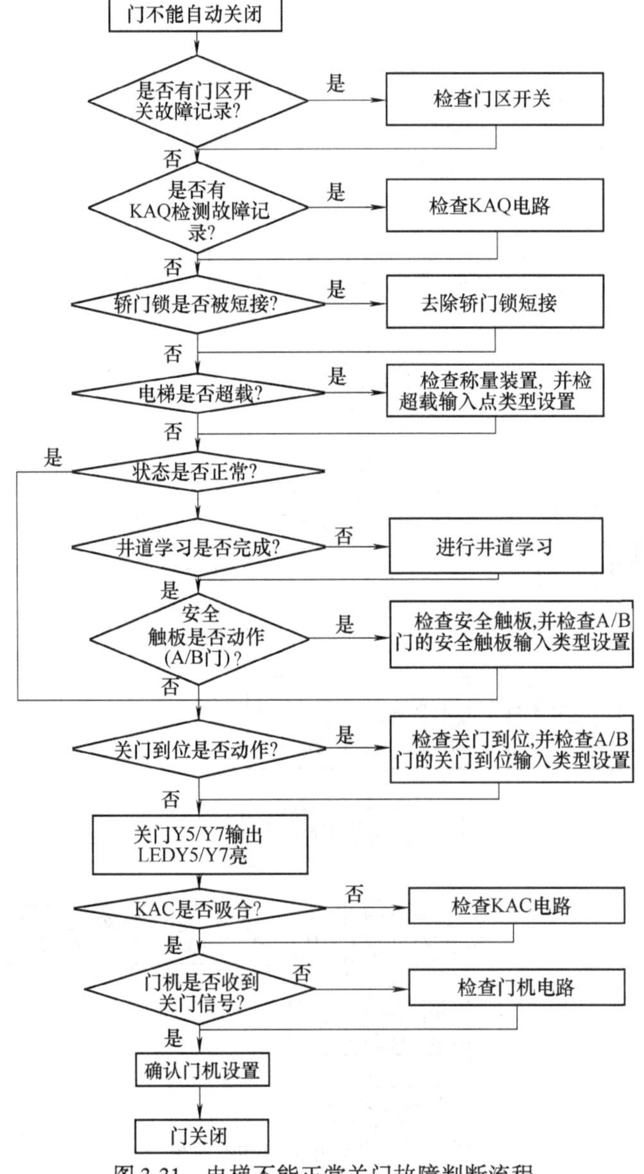

图 3-31　电梯不能正常关门故障判断流程

2）电梯不能正常关门的常见故障包括以下原因：

① 没有关门门区信号。

② 轿门门锁被短接。

③ 轿厢超载。

④ 电梯未完成井道自学习。

⑤ 安全触板或光幕动作。

⑥ 关门到位开关误动作。

⑦ 主板关门信号未输出。

⑧ 关门控制电路故障。其他常见电梯不能正常关门的原因如下：

a. 司机开关动作或该输入点常开/常闭设置错误使电梯处于司机状态。

b. 独立运行开关动作或该输入点常开/常闭设置错误使电梯处于独立运行状态。

c. 消防员开关动作过或该输入点常开/常闭设置错误使电梯处于消防员操作状态。

d. 开门按钮常动作。

（2）电梯不能正常开门的故障诊断与排除方法

1）电梯运行时不能正常开门的故障判断方法如图3-32所示。

2）电梯不能正常开门的常见故障原因包括：

① 没有开门门区信号。

② 可开门的层楼设置参数错误。

③ 开门限位信号错误（输入点常开/常闭设置错误、开关或接线错误）。

④ 开门按钮信号没有接收到。

⑤ 电梯所在层楼的外召唤按钮常动作。

⑥ 如果有光幕开关（不是接在安全触板开关的同一输入点），光幕开关常动作或该输入点常开/常闭设置错误。

⑦ 在司机或独立运行状态，没有确立运行方向。

⑧ 检修时能开门但自动时不能开门（即使按开门按钮）的原因：在司机或独立运行状态，关门按钮常动作。

⑨ 自动运行停车时不开门（但按开门按钮能开门）的故障原因：

a. 电梯停梯时在该层没有指令或召唤登记。

b. 电梯本次运行是自动返基站或分散待梯运行。

实训9　电梯不能起动的故障分析与排除

1. 实训要求

1）掌握电梯安全电路的故障诊断与排除方法。

2）掌握电梯检修电路的故障诊断与排除方法。

3）掌握电梯通信电路故障的诊断和排除方法。

4）掌握电梯端站开关的故障诊断和排除方法。

2. 实训内容及步骤

电梯不能起动的主要原因包括：安全电路断开、门锁电路断开、限位开关动作或变频器故

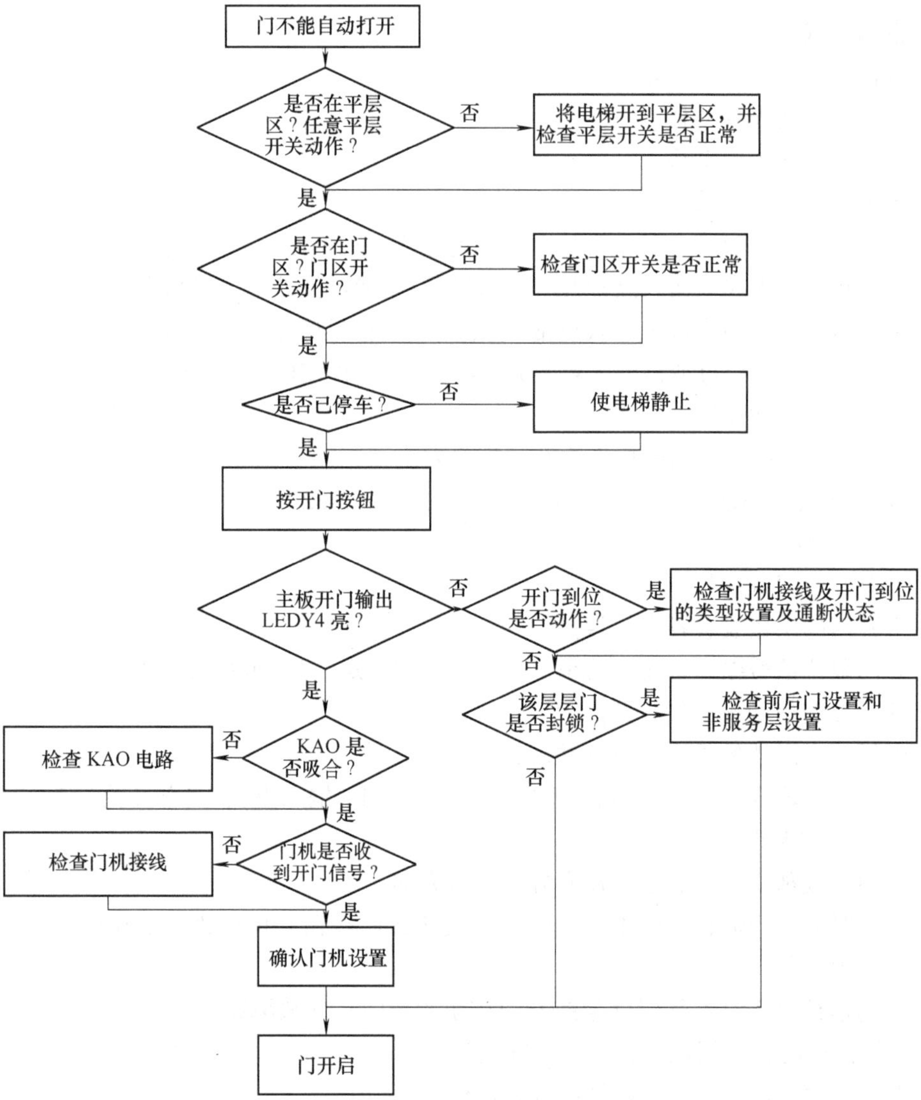

图 3-32　电梯不能正常开门故障判断流程

障、未完成电梯井道自学习等。实际工作中我们可以根据故障代码进行故障的诊断和排除。

（1）电梯安全电路的故障诊断与排除方法　当安全电路出现故障后，控制系统会出现故障代码，我们根据故障代码确定故障范围，进而检查故障点。

根据图 3-33a 检查安全电路 102 与 D4 之间是否为通路，检查方法如图 3-33b、c、d 所示。

（2）电梯门锁电路的故障诊断与排除方法　根据图 3-34a 检查门锁电路 102 与 D7 之间

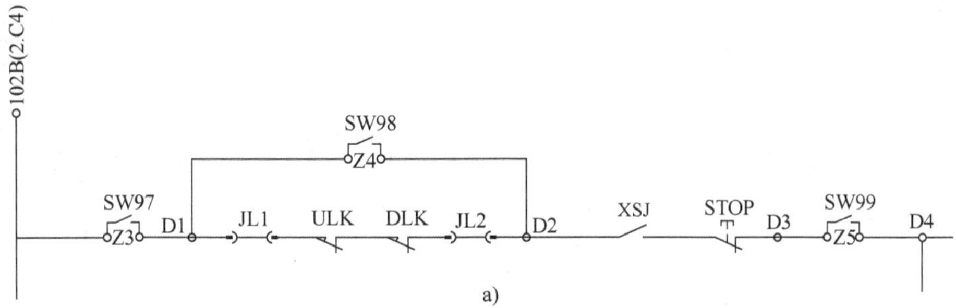

b)

c)

d)

图3-33　安全电路及其检查方法

a）安全电路　b）102B—D2通路　c）D2—XSJ5通路　d）XSJ8—D4通路

是否为通路，检查方法如图3-34b、c所示。

采用分段法检查安全电路、门锁电路故障点，确定故障点后进行检查和维修，排除故障后电梯可以正常运行。

（3）检修电路故障的排除与分析方法　检修电路如图3-35所示。

检修电路的检查方法如图3-36所示。

3. 电梯通信电路故障的诊断和分析方法

（1）检查通信电缆接线是否正确

1）必须防止这四根电缆TXV+、TXV-、TXA+、TXA-与其他电缆之间的短路。通

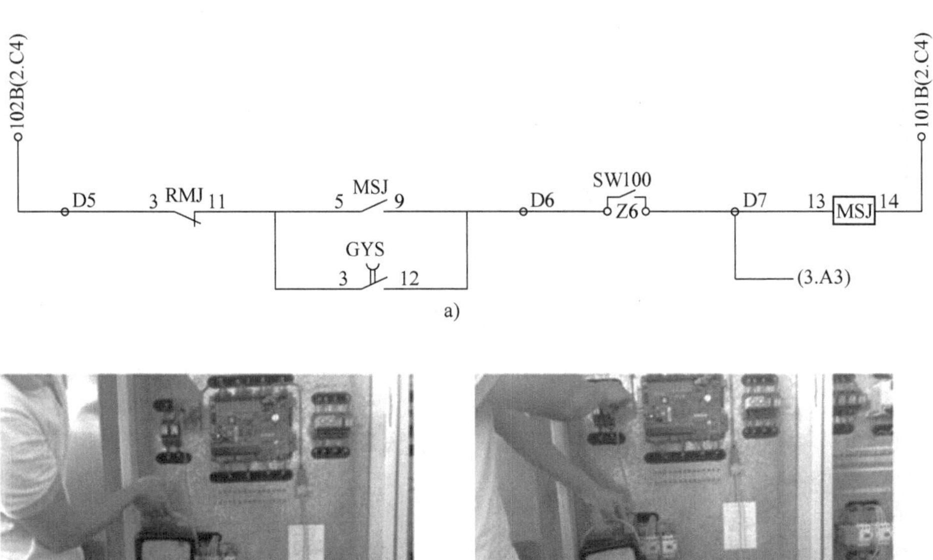

a)

b)

c)

图 3-34　门锁电路及其检查方法

a）门锁电路　b）102B—MSJ5 通路　c）MSJ9—D7 通路

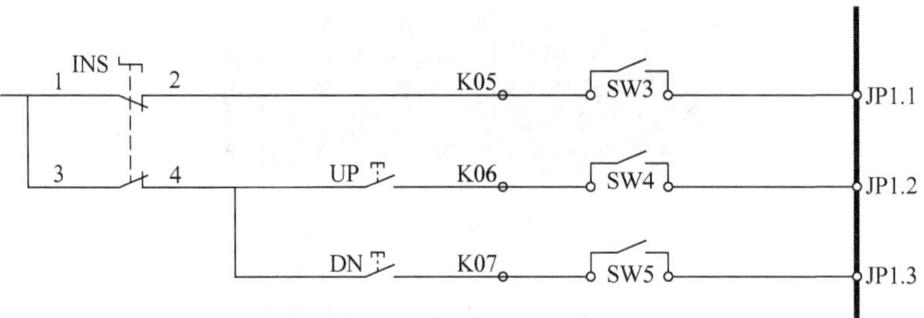

图 3-35　检修电路

电之前，务必用万用表检查这四根电缆与其他电缆间是否有短路，尤其是 24V、36V、110V、220V、380V 或其他电源电缆，如图 3-37 所示。

2）检查通信电路是否良好，如图 3-38 所示。

（2）检查端站开关、变频器是否工作正常

1）电梯检修上行，动作上限位开关，若电梯不停止，则说明电梯上限位开关工作不正常。

2）电梯检修下行，动作下限位开关，若电梯不停止，则说明电梯下限位开关工作不正常。

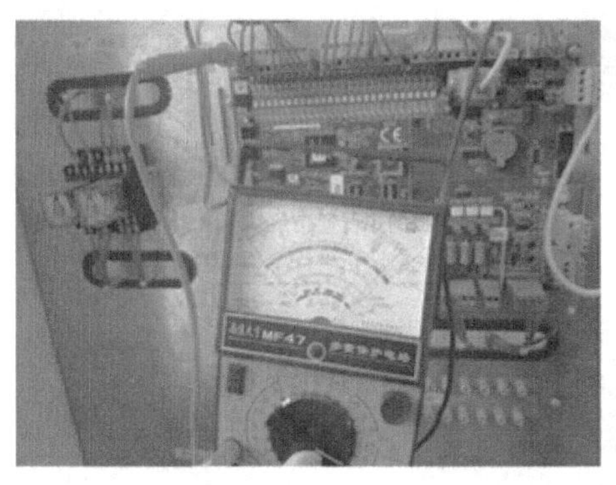

a)

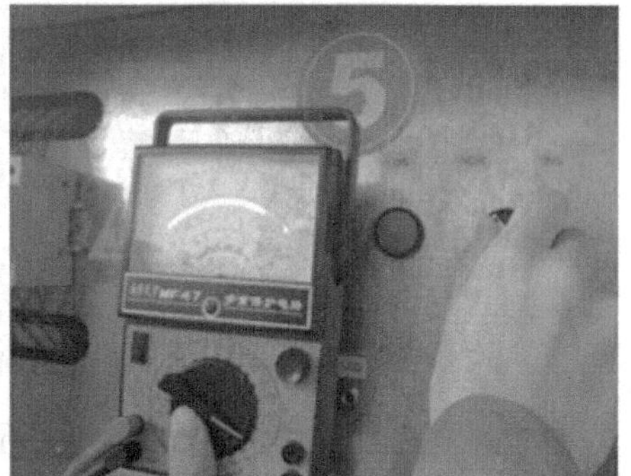

b)

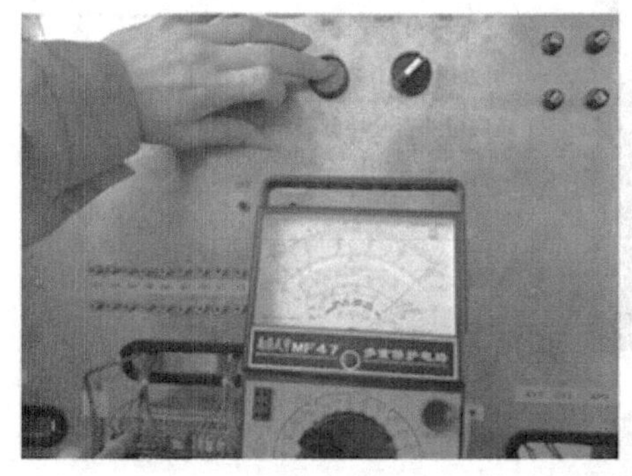

c)

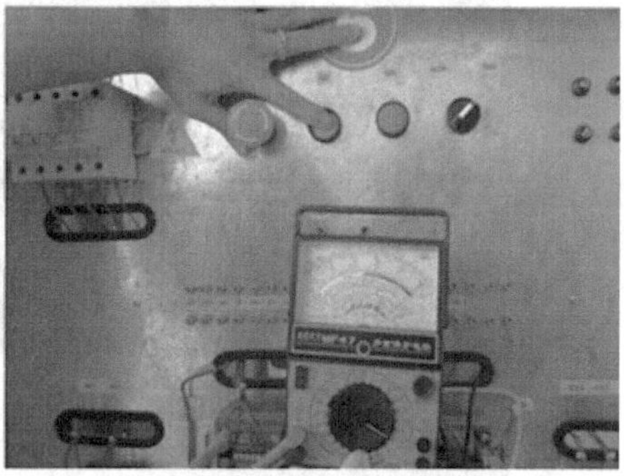

d)

图3-36 检修电路的检查方法

a）红表笔接 JP1. 1，黑表笔接“1”，应通路 b）拨动检修开关，应断开

c）红表笔接 JP1. 3，黑表笔接“3”，按下 DN 按钮后，应通路

d）红表笔接 JP1. 2，黑表笔接“3”，按下 UP 按钮后，应通路

检测 V+ 与各电源回路间的绝缘电阻为无穷大 (A+ 与 A–、V– 端同样测法）

图3-37 通信电缆的检查

3）检查微机控制电梯统故障代码，若出现变频器故障，则停梯检查变频器，确定故障原因。

确认最底层的召唤控制板和轿厢控制板的串行通信终端电阻均应置于 ON 位置

a)

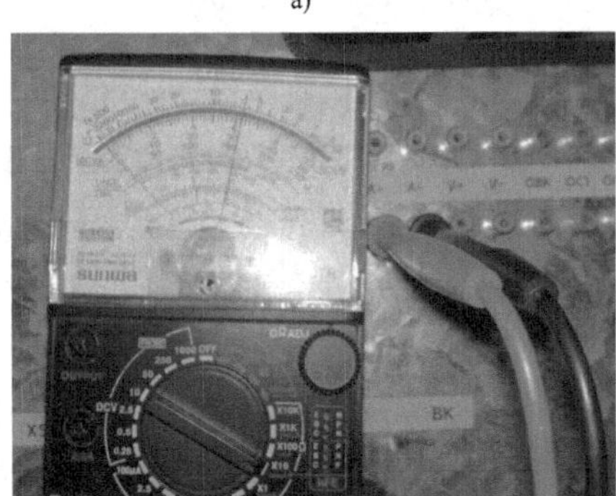
用万用表电阻挡测量串行通信终端 (A+、A-) 间的电阻为 60Ω（最底层的召唤控制板和轿厢控制板的串行通信终端电阻的并联值），属正常

b)

将最底层的召唤控制板（或轿厢控制板）的串行通信终端电阻置于 OFF 位置

c)

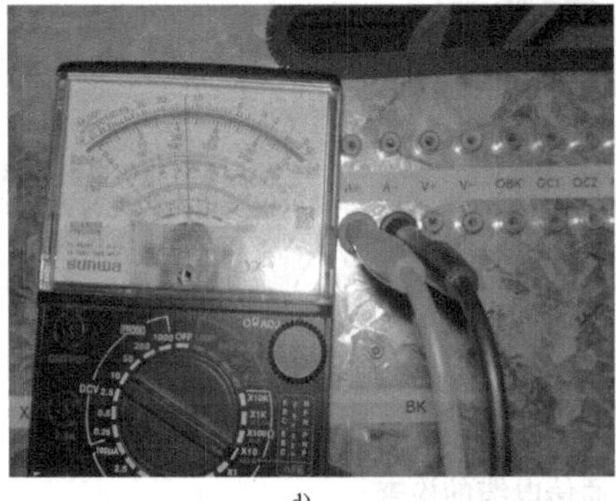
用万用表电阻挡测量串行通信终端 (A+、A-) 间的电阻为 120Ω（最底层的召唤控制板和轿厢控制板的串行通信终端电阻的并联），属正常

d)

图 3-38　通信电路的检查步骤

a）串行通信终端电阻置于 ON 位置　b）测量串行通信终端电阻值（一）

c）串行通信终端电阻置于 OFF 位置　d）测量串行通信终端电阻值（二）

电梯不能起动的检查流程如图3-39所示。

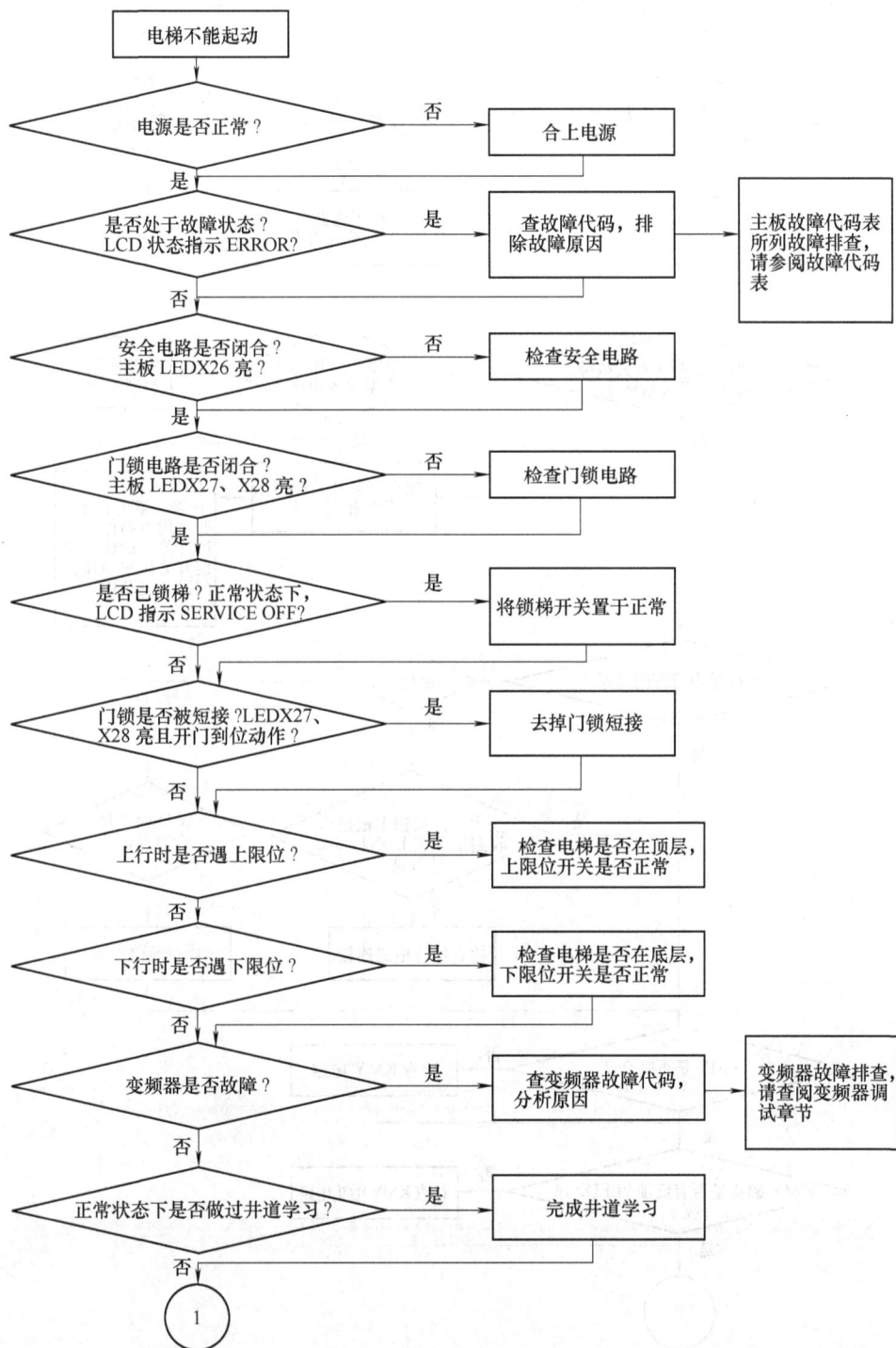

电梯不能起动

电源是否正常？ 否 → 合上电源

是

是否处于故障状态？LCD状态指示ERROR? 是 → 查故障代码，排除故障原因 → 主板故障代码表所列故障排查，请参阅故障代码表

否

安全电路是否闭合？主板LEDX26亮？ 否 → 检查安全电路

是

门锁电路是否闭合？主板LEDX27、X28亮？ 否 → 检查门锁电路

是

是否已锁梯？正常状态下，LCD指示SERVICE OFF? 是 → 将锁梯开关置于正常

否

门锁是否被短接?LEDX27、X28亮且开门到位动作？ 是 → 去掉门锁短接

否

上行时是否遇上限位？ 是 → 检查电梯是否在顶层，上限位开关是否正常

否

下行时是否遇下限位？ 是 → 检查电梯是否在底层，下限位开关是否正常

否

变频器是否故障？ 是 → 查变频器故障代码，分析原因 → 变频器故障排查，请查阅变频器调试章节

否

正常状态下是否做过井道学习？ 是 → 完成井道学习

否

1

图3-39　电梯不能起动的检查流程

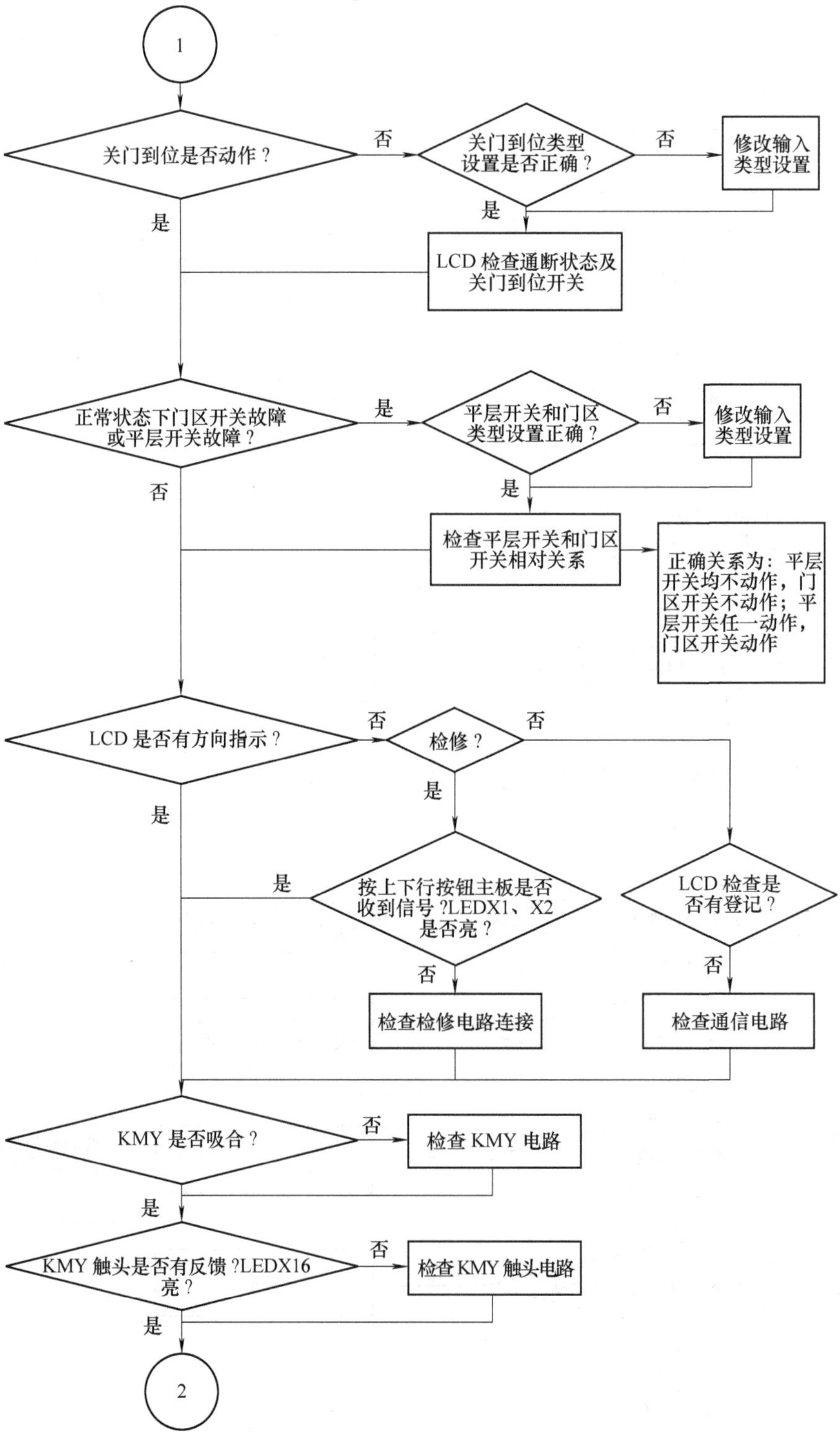

图 3-39　电梯不能起动的检查流程（续）

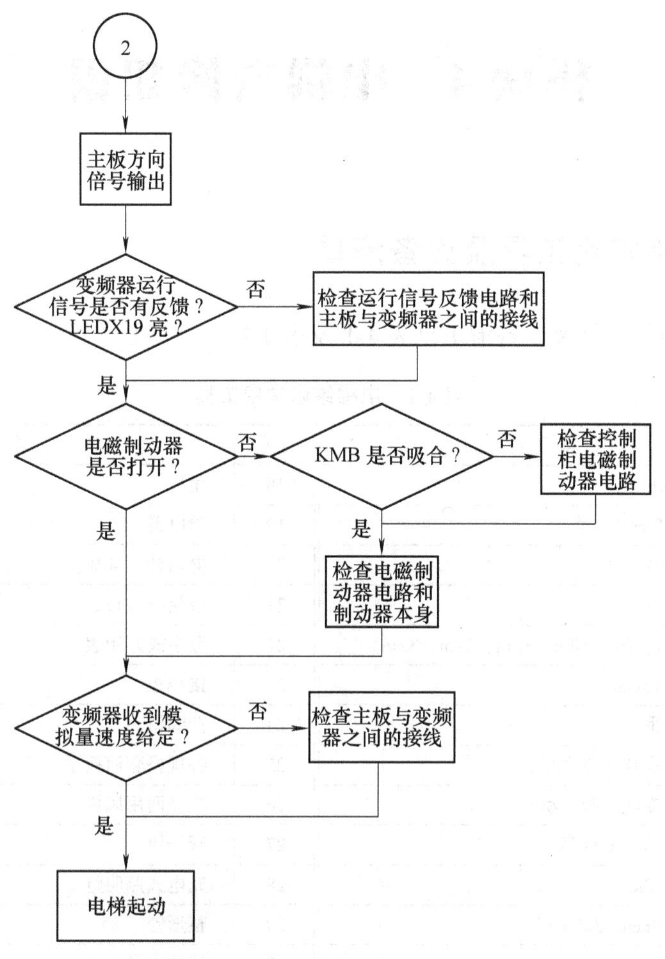

图3-39　电梯不能起动的检查流程（续）

总之，微机控制电梯故障排查应根据故障代码及维修手册，依据故障现象，缩小故障范围，查明故障发生原因，排除故障，保证电梯正常运行。

模块4　电梯大修知识

4.1　电梯大修常用工具及设备清单

电梯大修常用的工具及设备清单见表4-1及表4-2。

表4-1　电梯维修常用工具

序号	工具名称	序号	工具名称
1	钢丝钳（200mm）	18	角尺
2	尖嘴钳（160mm）	19	验电器
3	斜口钳（6in）	20	电烙铁（40W）
4	剥线钳（8in）	21	吸锡器（18g）
5	活扳手（6in、7in、10in、12in、24in、32in）	22	数字式万用表
6	梅花扳手（13mm）	23	接线板
7	各规格呆扳手	24	挡圈钳
8	十字形螺钉旋具（吸力型）	25	各规格套筒扳手
9	一字形螺钉旋具（吸力型）	26	吹吸两用风机
10	多用螺钉旋具（七件套）	27	管子钳
11	锤子（1kg、2kg）	28	充电式照明灯
12	钢直尺（150mm、300mm）	29	整形锉
13	钢卷尺（3m）	30	清洁工具
14	塞尺（规格尺寸为0.02～1mm，长度为150mm）	31	电钻
15	手电筒	32	电工刀
16	专用跨接线	33	弹簧秤
17	线锤		

注：1in＝25.4mm。

表4-2　电梯维修常用仪器、设备

序号	仪器设备名称	序号	仪器设备名称
1	数字式绝缘电阻表	8	焊接装置
2	数字式速度表	9	小型数字式钳形电流表
3	数字式温度计	10	声级计、噪声计
4	指示表	11	绳钳
5	手拉葫芦（3t、5t）	12	夹绳板
6	钢丝绳	13	塑料桶
7	细砂纸	14	油封

4.2　电梯曳引机的维修

电梯曳引机是一种安装在机房内的主要传动设备，通常电梯曳引机由电动机、制动器、减速箱、曳引轮等组成。曳引机通过钢丝绳与曳引轮槽之间的摩擦来实现电梯轿厢的上下运行，因此，曳引机被誉为“电梯机械系统的核心”。

（1）按有无减速箱分类：曳引机按有无减速箱分为有齿曳引机（见图4-1a）和无齿曳引机（见图4-1b）两种。

1）无齿曳引机。这种曳引机不带减速箱，电动机直接与曳引轮相联。这种曳引机的噪声低、效率高，一般用于高速、超高速电梯，无机房电梯上。

2）有齿曳引机。这种曳引机带有减速箱，通常用于1.75m/s以下的低、快速电梯上。速度低于0.63m/s时，以交流双速梯为主；速度为0.63～1.75m/s时，以变频变压电梯为主。

（2）按蜗杆的位置分类：齿轮减速箱包括一个蜗杆、蜗轮副。按蜗杆的位置不同，曳引机可以分为两类：一个是蜗杆上置型（蜗杆置于蜗轮的上方），另一类是蜗杆下置型（蜗杆置于蜗轮的下部）。

a)

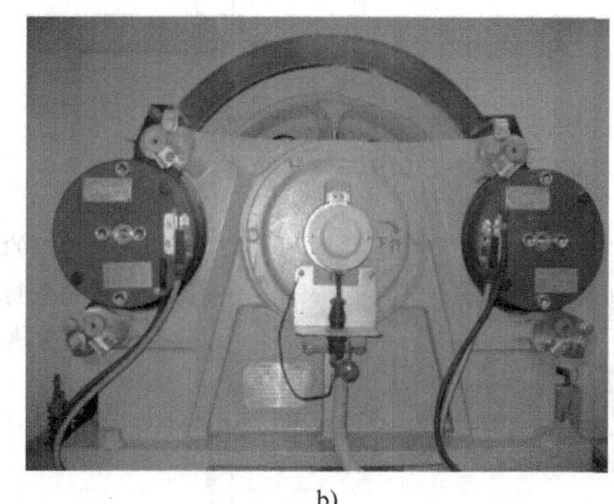

b)

图4-1　曳引机

a）有齿曳引机　b）无齿曳引机

4.2.1　曳引电动机的维修概述

4.2.1.1　电动机简介

电动机按其功能可分为驱动电动机和控制电动机；按电能种类可分为直流电动机和交流电动机；按电动机的转速与电网电源频率之间的关系可分为同步电动机与异步电动机；按电源相数可分为单相电动机和三相电动机；按防护型式可分为开启式、防护式、封闭式、隔爆式、防水式、潜水式；按安装结构型式可分为卧式、立式、带底脚、带凸缘等；按绝缘等级可分为E级、B级、F级、H级等。

按防护型式划分时电动机的种类、特点和用途见表4-3。

表 4-3　电动机的种类、特点和用途

种　类	特　点	用　途
开启式 (很少见)	开启式电动机的定子两侧与端盖上都有很大的通风口，其散热条件好，价格便宜，但灰尘、水滴、金属屑等杂物容易从通风口进入电动机内部	适用于清洁、干燥的工作环境
防护式	防护式电动机在机座下面有通风口，散热较好，可防止水滴、金属屑等杂物从与垂直方向成小于 45° 的方向落入电动机内部，但不能防止潮气和灰尘的侵入	适用于比较干燥、少尘、无腐蚀性和爆炸性气体的工作环境
封闭式	封闭式电动机的机座和端盖上均无通风孔，是完全封闭的。这种电动机仅靠机座表面散热，散热条件不好	封闭式电动机多用于灰尘多、潮湿、易受风雨、有腐蚀性气体、易引起火灾等各种较恶劣的工作环境。密封式电动机能防止外部的气体或液体进入其内部，因此适用于在液体中工作的生产机械，如潜水泵
防爆式	防爆式电动机是在封闭式结构的基础上制成隔爆形式，机壳有足够的强度	适用于有易燃、易爆气体工作环境，如有瓦斯的煤矿井下、油库、煤气站等

按电能种类划分时电动机的种类、性能及用途见表4-4。

表4-4 电动机的种类、性能及用途

种类				性能	用途
交流电动机	三相异步电动机	笼型	普通笼型	机械特性硬、起动转矩不大、调速时需调速设备	调速性能要求不高的各种机床、水泵、通风机（与变频器配合使用可方便地实现电动机的无级调速）
			高起动转矩 多速	起动转矩大 有多挡转速（2~4挡）	带冲击性负载的机械，如剪床、冲床、锻压机；静止负载或惯性负载较大的机械，如压缩机、粉碎机、小型起重机 要求有级调速的机床、电梯、冷却塔
		绕线转子		机械特性硬（转子串电阻后变软）、起动转矩大、调速方法多、调速性能及起动性能好	要求有一定调速范围、调速性能较好的生产机械。如桥式起重机；起动、制动频繁且对起动、制动转矩要求高的生产机械，如起重机、矿井提升机、压缩机、不可逆轧钢机
			同步电动机	转速不随负载变化，功率因数可调节	转速恒定的大功率生产机械，如大中型鼓风及排风机、泵、压缩机、连续式轧钢机
	直流电动机		他励、并励	机械特性硬、起动转矩大、调速范围宽、平滑性好	调速性能要求高的生产机械，如大型机床、高精度车床、可逆轧钢机、造纸机、印刷机
			串励 复励	机械特性软，起动转矩大，过载能力强，调整方便 机械特性硬度适中，起动转矩大，调速方便	要求起动转矩大、机械特性软的机械。如电车、电气机床、起重机、卷扬机、电梯等

4.2.1.2 交流电动机在电梯上的应用

三相交流电动机在电梯曳引机上得到了广泛的应用，交流双速电梯主要采用笼型异步电动机（见图4-2a），无机房及超高速电梯广泛采用永磁式同步电动机（见图4-2b），门机采

a) b)

图4-2 交流电动机在电梯曳引机中的应用

a）交流双速电梯采用的笼型异步电动机 b）无机房及超高速电梯广泛采用永磁式同步电动机

用交流小型电动机（见图4-3）。

4.2.1.3 YYTD系列电梯电动机

YYTD系列电梯电动机是引进日本“日立”技术制造成的三相交流电动机。该系列电梯电动机具有起动转矩高、机械特性硬、噪声低、振动小、运行安全可靠等特点。它完全符合日本电工标准JEC37和日本工业标准JISC4210。外壳防护等级为IP00，冷却方式为强迫通风冷却，如图4-4所示。

图4-3 电梯门机采用的交流小型电动机

图4-4 YYTD系列三相异步电动机

该电动机的额定电压为380V，额定频率为50Hz。除适用于交流双速及调速电梯外，还可用于负载变化大，起动频繁的其他调速机械设备。

电动机型号中字母的含义如图4-5所示。

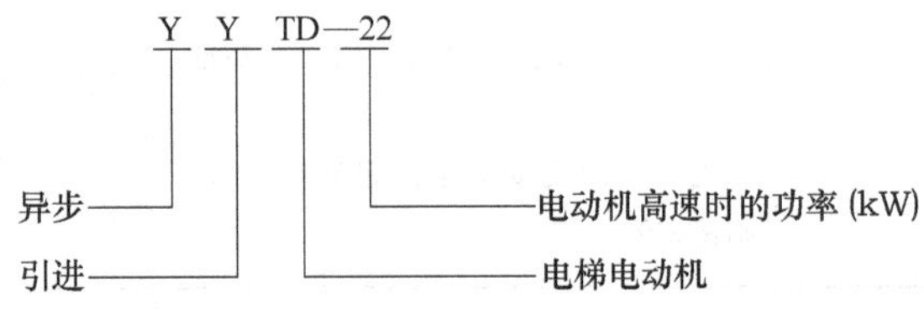

图4-5 电动机型号中字母的含义

使用条件是：海拔不超过1000m；环境温度不超过40℃；采用Y联结；定额工作制为4极为60min（短时工作制），16极为30min（短时工作制）。

1）定子绕组采用双绕组（4极和16极）。电动机具有良好的电气和力学性能，防潮性及热稳定性好，并有防止电动机过热的保护开关。

2）转子为双笼型结构，导条为铜条，转子铁心采用热套工艺，使转子固定在转轴上，转子经校正平衡，能够保证平稳运转，振动较小。

3）接线盒内有较大的空间，便于接线，出线方向与电动机轴线垂直向下，从轴端看，接线盒在机座的左侧，如按用户的需要，也可安装在机座的右侧。

4）轴承采用电动机专用全封闭轴承或单列向心（环轴承）见表4-5。

5）电动机的绝缘等级：5.5kW、7.5kW为B级；11kW、15kW、18.5kW、22kW为F级。

6）电动机的结构安装型式为IMB5，如用户需要可制成IMB3、IMB35。

表4-5　轴承型号

电动机型号	前轴承型号	后轴承型号	电动机型号	前轴承型号	后轴承型号
YYTD—5.5	6309	6309	YYTD—15	6311	6309
YYTD—7.5	6309	6309	YYTD—18.5	6311	6309
YYTD—11	6309	6309	YYTD—22	6312	6309

4.2.1.4　交流永磁同步调速电梯电动机

电梯性能随着计算机控制技术和变频技术的发展有很大的提高，但是异步变频电动机存在低频低压低速时的转矩不够平稳，进而影响低速段运行不理想的缺点。用永磁同步调速电动机替代交流异步电动机，用同步变频替代异步变频可以解决低速段的缺点和起动及运行中的抖动问题，进而使电梯运行更平稳、更舒适，同时也能减小电动机的体积，减小噪声。

由于交流永磁电动机转子是用永磁体直接产生磁场，因此永磁同步电动机具有结构简单、运行可靠、体积小、重量轻、效率高、形状和尺寸灵活多样等特点。

交流永磁同步调速电梯电动机具有如下优点：

1）结构简单，运行可靠。由于永磁电动机转子不需要励磁，省去了线圈或鼠笼，简化了结构，减少了故障，维修方便，维修复杂系数大大降低。

2）无机房电梯使用的小体积永磁同步电动机具有功率因数高、抗干扰能力强、损耗小、体积小、重量轻的特点。

3）调速范围宽，可达1:1000甚至于更高，调速精度极高，可大大提高电梯的品质。

4）永磁同步电梯电动机在额定转速内保持恒转矩，对于提高电梯的运行稳定性至关重要。可以做到给定曲线与运行曲线重合，特别是电动机在低频、低压、低速时可提供足够的转矩，避免电梯在起动换速过程抖动，改善电梯起动、制动过程的舒适感。

5）永磁同步电动机满载起动运行时电流不超过额定电流的1.5倍，配置变频器无需提高功率配置，降低了变频器的成本。

6）采用永磁同步电动机的电梯可节约能源40%，每台每年节约电费近万元计。

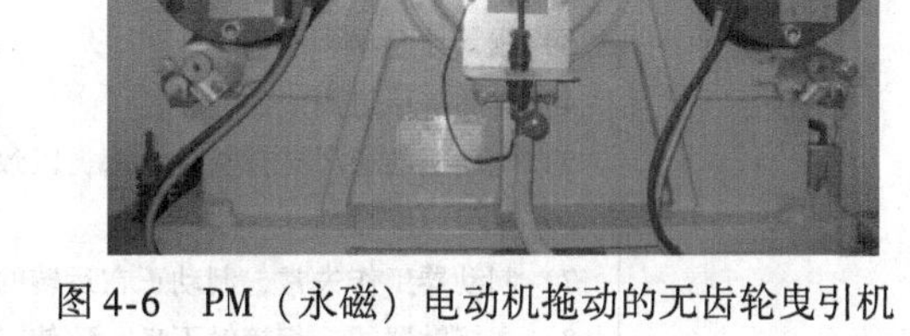

图4-6　PM（永磁）电动机拖动的无齿轮曳引机

PM（永磁）电动机拖动的无齿轮曳引机应用于三菱GPM系列高速电梯，如图4-6所示。

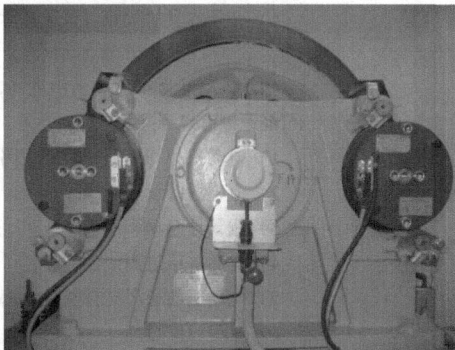

4.2.2　电梯曳引电动机的维修

4.2.2.1　电梯曳引电动机故障的检查

电梯电动机发生故障的机会较少，但是若发生故障，则需花费很长的修理时间，而且修理费用也很高，并且电梯将较长时间不能使用，很不方便，所以要注意加强保养工作和检查工作。

检查工作非常重要，可以提早和及时发现隐患，采取相应修理措施，避免故障扩大，检查电动机的方法需要耳听、眼观、手摸，只有经过综合判断，才便能够检查到真实的情况。

1）要经常训练自己的耳朵，以便熟悉各种不同型号的电动机运转时的正常声音，从而能够区别故障声音。

2）要学会利用铁棒、螺钉旋具等金属工具检查轴承的摩擦声音，以便判断出轴承是否存在磨损，如图4-7所示。

图4-7　用工具检查轴承运行时的响声

3）如果轴承的磨损不均匀，使得转子和定子的气隙也不均匀，当电动机旋转时就会产生电磁噪声，要训练耳朵熟悉此类噪声。

4）如果灰尘进入轴承太多，也会产生不规则的噪声。

5）如果各种不正常的轴承噪声还不致引起发热或振动，则电动机允许继续运行。

6）滚珠轴承或滚柱轴承轴承内的润滑油应占空间的2/3，润滑油太少会使轴承使用寿命缩短，产生电磁噪声。

电梯电动机的故障及可能原因见表4-6。

表4-6　电梯电动机的故障及可能原因

现　　象	可能原因
振动	1）联轴器松动或不同心 2）底座固定螺钉的松动 3）轴承磨损严重或轴承润滑油不够 4）转子本身的故障以致转动时不平衡
电动机温升超过极限	轴承的温升为40℃，若温度高，润滑油变稀流失，轴承容易磨损。引起电动机温升超过极限的可能原因有以下几种： 1）电动机相间短路，匝间短路或对地短路 2）电梯的持续过载 3）频繁地起动和停止 4）电源电压过高 5）电动机的通风孔被灰尘堵塞，以致风量不够，冷却达不到要求 6）机房温度过高 7）制动器工作失常，制动正在运转的电动机上，致使电动机电流过大 8）主接触器的一相接触不良，致使三相电流不平衡 9）起动电流过大（由于起动电阻或起动指令等原因引起）

曳引电动机安装在由铸铁制作的整体机座上，制造厂已安装好，只要不再重新拆装电动机或减速箱，就不必再对电动机进行安装和校准。电动机座脚板下的垫片必须平整，要保证接触面都能与机座接触，垫片数量不能超过两层，如厚度不合适，可以更换。

4.2.2.2　曳引电动机各部件的维护与检测

电动机各个部件的维护与检测方法分述如下：

1. 电动机干燥与否检查　电动机干燥与否，用500V绝缘电阻表测量绕组对外壳的绝缘电阻，阻值应大于0.5MΩ。

电动机在使用过程中存在着用电安全问题，它们的正常运行标志之一，就是其绝缘材料的绝缘程度，即绝缘电阻的数值。当受热和受潮时，绝缘材料就会发生老化，其绝缘电阻的阻值降低，从而造成电气设备漏电或短路事故发生。为了避免事故发生，就要求经常测量电动机的绝缘电阻。

普通电阻的测量通常又分为在低电压下的测量和在高电压下的测量两种方式。而绝缘电阻的数值一般较高（约为兆欧级）。在低电压下的测量值不能反映在高电压条件下工作的真正绝缘电阻值。绝缘电阻表就是用来测量绝缘电阻的常用仪表。

绝缘电阻表在工作时，自身产生高电压，而测量对象又是电气设备，所以必须正确使用，否则会造成人身和设备事故。使用前，首先做好以下各种准备工作：

1）测量前必须将被测设备的电源切断，并对地短路放电，决不允许对电气设备带电进行测量，以保证人身和设备安全。

2）对被测物体表面要清洁，减少接触电阻，确保测量结果的可靠性。

3）测量前要检查绝缘电阻表是否处于正常工作状态，主要进行开路和短路试验。绝缘电阻表在开路状态下，应处于“∞”位置，短路时应处于“0”位置。

4）绝缘电阻表使用时应放在平稳、牢固的地方，且远离大电流的导体和磁场。

做好上述准备工作后，就可以进行测量了。在测量时，还要注意绝缘电阻表的正确接线，否则将不能正确测量。

绝缘电阻表共有3个接线柱：一个为“L”为接线端，一个“E”为接地端，再一个“G”为屏蔽端（也叫做保护环）。一般被测绝缘电阻都接在“L”和“E”端之间。但当被测绝缘体表面漏电严重时，必须将被测物体屏蔽线接在“G”端，这样漏电流就经由屏蔽端“G”直接流回电动机形成回路，而不流过绝缘电阻表的测量机构。

绝缘电阻表测电气设备的绝缘电阻时，一定要注意“L”和“E”端不能接反，正确的接法是：“L”端接被测量导体，“E”端接电气设备的外壳，“G”屏蔽端接被测电气设备的绝缘部分。数字式绝缘电阻表如图4-8所示。

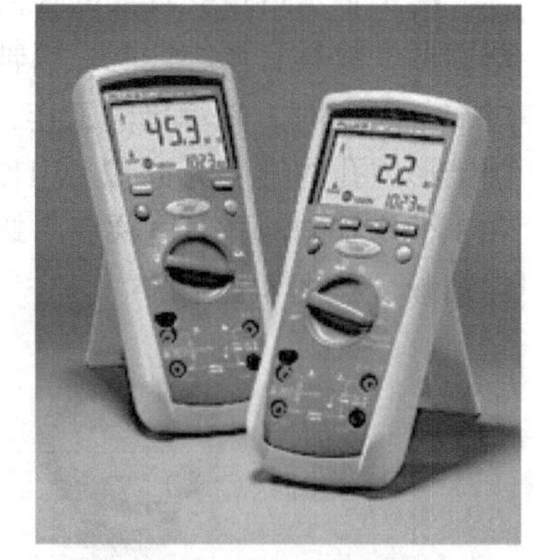

图4-8 数字式绝缘电阻表

电动机进行绝缘测试时，应相对于接地线，分别测试U、V、W三相绕组。一般测量值应不小于5MΩ，表示电动机绝缘良好。

2. 电动机的清洁保养 电动机要经常打扫并擦拭干净，但不得用汽油、全损耗系统用油、煤油等液体擦拭电动机绕组，同时应检查有无杂物进入内部。有时老鼠或小鸟会钻进去，造成电气或机械故障，严重时损坏设备。

3. 电动机电刷检查 电动机电刷要经常进行检查。电刷的材料大多由石墨制成，为了增加导电性，也有用含铜石墨制成，石墨有良好的导电性，质地软而且耐磨。电刷是电动机传导电流的滑动接触体。在直流电动机中，它还担负着对电枢绕组中感应电动势的交变，进行换向（整流）的任务。实践证明：电动机运行的可靠性，在很大程度上决定于电刷的性能。要确保电刷接触良好，并在过度磨损前更换或修整。电刷的检修步骤如下：

（1）在电动机运转时，观察电刷是否有振动。必要时可用绝缘棒压在刷架上，用手感觉振动的大小。

（2）若有振动，应检查固定螺栓是否松动，电刷弹簧是否丢失。

（3）电刷磨损的剩余长度小于4mm时，应更换新的。

（4）电刷的连接铜线为铜色，如果颜色变黑，表示有大电流流过。电刷发热严重，要查明原因。

4. 轴承润滑情况检查　电动机出厂时在滚动轴承内填满润滑脂，保持半年后应予补充，最好加轴承润滑脂。润滑油要清洁，轴承应能自由灵活地转动，轴承盖要密封（见图4-9），以防异物进入。轴承磨损严重时，电动机运转有异常的振动现象，进而使联轴器和蜗杆轴承产生很大的附加应力，造成电梯运行故障。

图4-9　轴承盖

滚子轴承是在有两条滚道的内圈和滚道为球面的外圈之间，装配有鼓形滚子的轴承。外圈滚道球面的曲率中心与轴承中心一致。在轴、外壳出现挠曲时，可以自动调整，不增加轴承负担。滚子轴承可以承受径向负荷及两个方向的轴向负荷。径向负荷能力大，适用于有重负荷、冲击负荷的情况。内圈内径是锥孔的轴承，可直接安装。

滚子轴承可承受较大的径向载荷，同时也能承受一定的轴向载荷。该类轴承外圈滚道是球面形，故具有调心性能，当轴受力弯曲或倾斜而使内圈中心线与外圈中心线相对倾斜不超过1°~2.5°时，轴承仍能工作，调心滚子轴承内孔有圆柱形和圆锥形两种，如图4-10所示。圆锥形内孔的锥度为1:12或1:30。为了加强轴承的润滑性能，在轴承外圈上加工环形油槽和3个均布的油孔。电梯曳引蜗杆处使用的是滚珠轴承（见图4-11），在蜗轮处使用的是滚柱轴承（见图4-12）。

a)　　b)

图4-10　蜗杆轴承和蜗轮轴承

a）蜗杆轴承　b）蜗轮轴承

5. 电动机运转要求　电动机在运转中要防水、油等侵入，地脚螺栓要紧固。

6. 电动机噪声检查　电动机在运转时一般无较大的噪声，个别电动机稍有电磁噪声（即电磁嗡鸣），这是正常现象。如发现异常声响，应检查定子与转子之间的气隙是否保持

均匀。若间隙差超过0.2mm时，应更换轴承。

图4-11　蜗杆轴承安装在曳引机后端盖

图4-12　蜗轮滚动轴承安装在蜗轮卷筒

（1）轴承检修的方法：

1）轴承有锈迹。可用0号砂纸擦除锈迹，再用汽油清洗干净。对已破损或钢圈有裂纹的轴承，就必须更换相同型号的新轴承。

2）轴承过紧。拆卸轴承，用砂纸打磨转轴，再正确装配轴承。

3）轴承过松。轴承过松情况有两种：一种是轴承内圈与转轴配合不紧，俗称跑内套；一种是轴承外圈与端盖内圆配合不紧，俗称跑外套。

（2）轴承的清洗及加油。先刮去钢珠表面的废油，用棉布擦去残余的废油，然后把轴承浸在汽油里，用毛刷洗刷钢珠。把轴承放在干净的汽油里漂洗干净，最后把轴承放在纸上使汽油挥发干净。

（3）轴承的加油。对滚动轴承润滑脂的选择，主要考虑轴承的运转条件，如使用环境（潮湿或干燥）、工作温度和电动机转速等。

轴承加润滑油时，应从轴承的一面把油挤压进去，然后用手指轻轻刮去多余的油，只要把油加到能平平封住钢珠即可。在轴承盖上加润滑油时，不要加得太满，约有60%～70%即可。

通用锂基润滑脂适用于－120～－20℃范围内各种机械设备的滚动轴承和滑动轴承及摩擦部位的润滑，具有良好的机械安定性、防水性、防锈性和抗氧化性，油色为浅黄色至褐色光滑油膏。

钙基润滑脂脂用途较广泛，适用于中型电动机轴承。用于中负荷、中转速机械设备。钙脂皂分含量较大，适用于低转速，重负荷机械设备的润滑，最高使用温度不超过60℃。钙基润滑脂是以水为稳定剂，如果使用温度超过规定值，就会失水，使脂的结构遭到破坏而形成油皂分离，因此，使用温度应按规定严格进行控制。

（4）黄油枪的使用。把润滑脂（俗称黄油）注入黄油枪油桶中，然后把它打入曳引机轴承等需要润滑的机件部位，如图4-13所示。

滚珠轴承或滚柱轴承内的润滑油应占空间的2/3，润滑油太少会使磨损增加；但是润滑油太满会产生过多的摩擦热。

7. 曳引机减速箱保养要求　曳引机减速箱每年清洗换油一次，蜗轮轴的轴承每月加锂/钙基润滑脂一次，每年清洗一次。在正常运行条件下，减速箱各机件温度不得超过

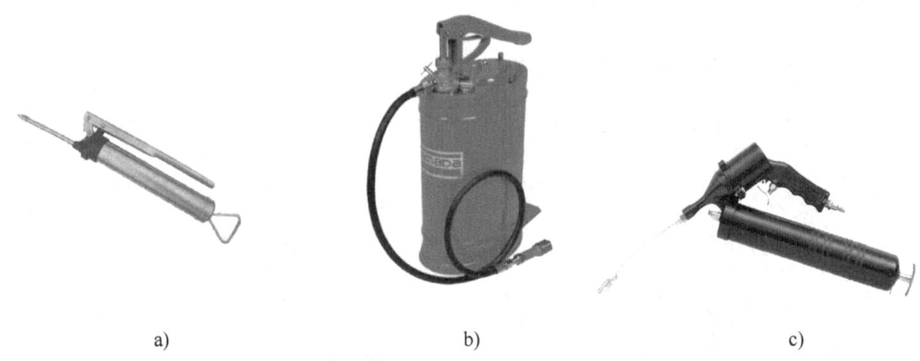

a)　　b)　　c)

图 4-13　各种形式的黄油枪

a）手动黄油枪　b）手动、电动黄油枪　c）气动黄油枪

70℃，减速箱中的油温不得超过 85℃。

8. *曳引电动机运行电压要求*　电动机不得在电压低于额定电压值 7% 的情况下运转，低于此电压运转时，电动机输出转矩降低很多。在电动机轴负载不变情况下，电压降低造成电动机超负荷运转，导致电动机烧毁。

4.2.2.3　曳引电动机正常运行的标准

曳引电动机正常运行的标准如下：

1. *运行正常*　电流在允许范围内，功率能够达到铭牌中规定的要求。电动机的铭牌上标注了电动机的主要参数，即

三相异步电动机		
型号 Y132M-4	功率 7.5kW	频率 50Hz
电压 380V	电流 15.4A	接法　Δ
转速 1440r/min	绝缘等级 B	工作方式 连续
年　月　日	编号	××电机厂

（1）功率：电动机在铭牌规定条件下正常工作时转轴上输出的机械功率，称为额定功率。

（2）电压：电动机的额定线电压。

（3）电流：电动机在额定状态下运行时的线电流。

（4）频率：电动机所接交流电源的频率。

（5）转速：额定转速。

2. *运行温升*　定子和转子的温升不超过 25℃（温度计测量），轴承温度不超过 80℃。

通常电动机和发电机的温度应使手掌能忍受长期触摸。确认温度的简单方法是：若手心可以承受 5s，则为 60℃；若可忍受 10s，则为 55℃。用温度计测量简单可靠，把温度计立在要测量部位，用油灰（粘窗玻璃用的，材料成分为桐油加白灰混合）把温度计固定住，读出机器温度；用另一温度计同时读出机房温度。则机器的温升可表示为

机器的温升 = 机器的温度 − 机房的温度

机房温度最高不允许超过 40℃，请注意温升和温度的不同意义。

机器允许的温升见表4-7、表4-8。

表4-7　感应电动机的允许温升（用温度计测量）　　　　（单位：℃）

感应电动机部位 \ 绝缘等级	A	E	B	F
定子线圈或转子线圈	50	65	70	85
靠近绝缘线圈的铁心或其他部位	60	75	80	100
集电环	60	70	80	90

表4-8　直流电动机的允许温升（用温度计测量）　　　　（单位：℃）

直流电动机部位 \ 绝缘等级	A	E	B	F
电枢或励磁线圈	50	65	70	85
励磁线圈或换向器	60	75	80	100
靠近绝缘线圈的铁心或其他部位	60	70	80	90

轴承的允许温升为40℃，若温度过高，润滑油会变稀释，造成润滑油流失，轴承容易磨损。

3. 集电环、换向器和无火花运行　电动机过载时电流会过高，另一个是起动时会产生火花，加大电刷的压力可改善这种状况，但压力不能太大，不然会加剧磨损。电刷摩擦会带来炭灰，时间长了就容易拉火，需要定期清洗集电环。如果是修过的电动机，电刷火花特别大，有可能是电刷的极性接反了；如果是未拆过的电动机，可能是电刷磨损严重，需要检查一下。如不是上述原因，可能是换向器表面太脏造成的，用酒精擦一下就行了。再一种现象，可能是换向器磨损太严重了，需更换转子。

4. 振幅及轴向窜动　曳引电动机各部位振幅及轴向窜动允许值应小于表4-9中规定的数值。

表4-9　曳引电动机各部位振幅及轴向窜动允许值

电动机转速/（r/min）		电动机功率/kW		
1000	750	<10	10～20	>30
振幅允许值/mm		滑动轴承电动机振幅及轴向允许窜动量/mm		
0.13	0.16	0.50	0.74	1.0

5. 质量要求　零件无损（质量符合要求）的电动机内无明显积灰和油污，以及线圈、铁心、槽楔无老化、移动、变色等现象。

（1）主体完整清洁，零、附件齐全好用。

（2）外壳有铭牌，字迹清晰。

（3）起动、保护和测量装置齐全，灵活好用。电缆头接线符合要求，保护盖完好。

（4）外观整洁，轴承不漏油，零、附件接地装置齐全。

6. *安装要求* 曳引电动机安装的机房必须符合以下要求：

（1）机房不能有产生湿气、逸出蒸汽、管子滴水、油、酸碱的设备。

（2）地面不应有积水，通向井道的孔洞四周应筑一道高度在50mm以上的台阶。

（3）通风良好，无其他物品妨碍机器周围的空气自由流动。

（4）有足够的便于拆除、清扫和检查电动机的场地或空间。

4.2.2.4　电动机轴与蜗杆轴的连接方法

曳引电动机一般采用刚性联轴器或弹性联轴器。对于蜗杆轴采用滑动轴承的结构一般采用刚性联轴器，因为此时轴与轴承之间的配合间隙较大，刚性联轴器有助于蜗杆轴传动的稳定。刚性联轴器要求两轴之间的同轴度要求较高。在连接后同轴度误差不应大于0.02mm。

当蜗杆轴采用滚动轴承的结构时，一般采用弹性联轴器。由于联轴器中的橡胶块在传递转矩时会发生弹性变形，从而能在一定范围内自动调节电动机轴与蜗杆轴之间的同轴度，因此可允许安装时有较大的同轴度误差，但同轴度误差不应大于0.1mm，这样就使安装与维修都较为方便。另外，弹性联轴器对传动中的振动具有减缓作用。

联轴器的外圆，即为曳引机电磁制动器的制动面，因此联轴器又称为制动轮。

实训1　曳引电动机的更换与同轴度的调整

1. 实训目的

掌握曳引电动机的更换及同轴度的调整，并能检修一般电动机发生的机械故障。

2. 实训设备

（1）工具

1）钳工常用工具：活扳手、呆扳手、梅花扳手、套筒扳手、螺钉旋具、木槌、锉刀等。

2）起重、吊装工具：手拉葫芦、起重用钢丝绳、夹绳钳等。

（2）仪表　指示表。

（3）器材　主要包括：细砂纸和钙基或锂基润滑脂。

（4）设备　教学用曳引机。

3. 调整步骤

1）明确曳引机各部件的功能和作用，熟悉曳引机的工作原理。

2）按照要求，完成曳引电动机的吊装。

3）拆下曳引电动机与联轴器的连接螺栓。

4）更换曳引电动机。具体更换前的准备及更换工作实施方法如下：

① 准备工作。

a. 将电梯轿厢用手拉葫芦吊起，使用支撑木将对重侧对重撑起，提拉安全钳拉杆使安全钳钳块动作，然后稍微松一下手拉葫芦，使轿厢重力主要由安全钳承受。

b. 起吊轿厢时要注意安全，同时还必须要保护好称量装置。

c. 完全松开电磁制动器制动弹簧，将制动臂放下。

d. 拆下制动轮与联轴器的连接螺栓。

e. 用手拉葫芦吊住电动机吊环，随后拆下电动机与安装板的连接螺栓。

② 更换新的电动机。

③ 装好制动轮与联轴器的连接螺栓，螺栓要对角收紧，且不要完全收紧，要留有一定的调整余量。

5）检查安装质量，并进行电动机同轴度的测量与调整。同轴度的测量和调整方法如下：

① 电动机与蜗杆轴同轴度的调整需要使用专用调整工具，主要包括百分表和调节百分表，如图4-14所示。

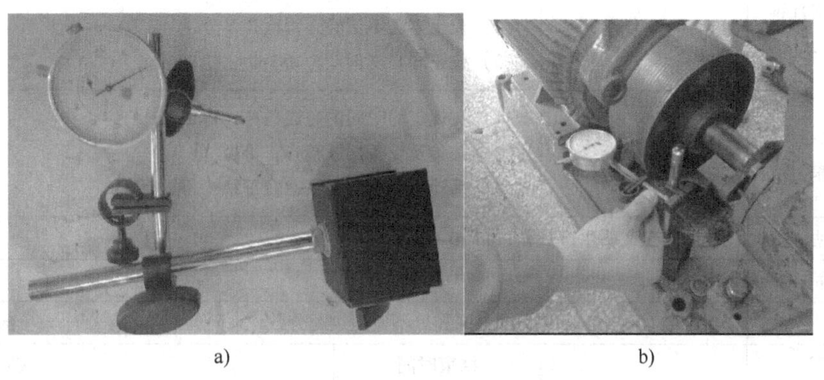

a)　　b)

图4-14　电动机与蜗杆轴同轴度的调整工具

a）指示表　b）调节指示表

② 具体调整步骤如下：

a. 清洁制动轮表面，防止灰尘和油泥干扰同轴度调整。

b. 将指示表表头压紧在制动轮表面上，调整好压力，同时将表针跳回零点位置。

c. 用手轻轻转动电动机轴，检测电动机轴与蜗杆轴的同轴度。如果精度不符合要求，轻轻调整电动机的位置，直到偏差不超过0.1mm（弹性连接），如图4-15所示。

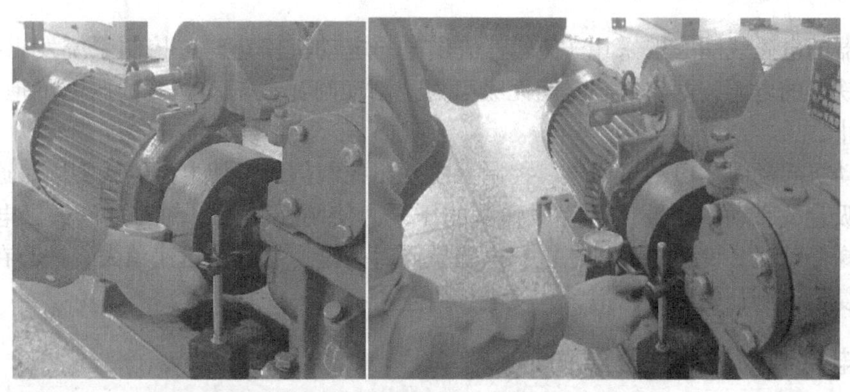

图4-15　电动机与蜗杆轴同轴度的调整要求

在安装与使用过程中，有可能造成电动机或蜗杆轴的弯曲和变形，此时调整同轴度很难达到所需要求，就需要重新更换电动机或蜗杆轴。

6）将电源接入控制开关。

7）经教师检查合格后进行通电试验。

4. 考核及评分标准（见表4-10）

表4-10　曳引电动机的更换与同轴度的调整考核及评分标准

项　目	配　分	评分标准		
曳引电动机的拆卸、复位	30分	（1）曳引电动机拆卸有误，每次扣5分 （2）曳引电动机不能正常复位，每次扣5分		
电动机轴与蜗杆轴同轴度校正	40分	（1）测量方法不正确，每次扣5分 （2）校正方法不正确，每次扣5分 （3）校正同心度偏差为0.1mm，扣20分		
操作过程与综合效果	30分	（1）在规定的时间内完成任务，得10分 （2）工具及设备摆放整齐，得10分 （3）手动转动电动机，运转平稳，得10分		
安全文明	违反安全文明生产规程，扣10～70分			
定额时间	30min			
备注	除定额时间外，各项目的最高扣分不应超过配分数			成绩
开始时间		结束时间		实际时间

4.3　电磁制动器的维修

电磁制动器是电梯的一个重要的安全装置，安装在电动机和减速箱之间，联轴器之上。它的作用是使轿厢停靠准确，同时使电梯在停止时，不因轿厢与对重的重量差，而产生滑移。在电梯中的电磁制动器，多采用直流电磁制动器。

4.3.1　电磁制动器的工作原理

制动器的电磁线圈一般采用110V直流供电，电动机停止时，控制系统发出控制信号，切断电磁铁心的电源，两块铁心之间无吸引力，制动闸瓦在制动弹簧的压力下抱紧制动轮，使电梯静止。

当电动机起动时，电动机通电，控制系统发出控制信号，使电磁铁线圈同时通电，铁心迅速磁化吸合，带动制动臂使其克服弹簧的压紧力使闸瓦张开，制动力消失，电梯得以运行。当电梯停站时，曳引电动机断电，电磁铁同时失电，电磁力迅速消失，铁心在制动弹簧的作用下复位，闸瓦把制动轮抱紧，使电梯停止。

4.3.2　电磁制动器的主要结构

4.3.2.1　电磁铁

电磁的作用是松开闸瓦，因此又成为松闸器。直流电磁铁结构简单，动作平稳，噪声小，因此电梯一般均采用直流电磁铁。

电磁铁的基本结构是线圈和一对铁心（见图4-16）。线圈绕制在线圈套上，铁心用软磁材料制造，能迅速磁化和迅速失磁。在松闸时，闸瓦与制动轮表面应有合理的间隙，四个角的平均间隙不超过0.7mm，一般调整在0.4～0.5mm。

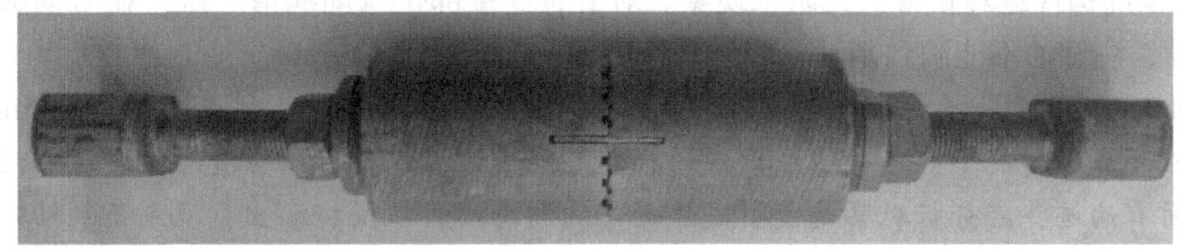

图4-16　电磁制动器铁心

为了防止吸合时，两铁心的底部发生撞击，吸合后其底部间应留有适当的间隙，但此间隙不应影响铁心的迅速吸合，不应出现松闸滞后的现象。

线圈的供电电流不可以太大，也不可以太小。电流过小会使吸合力不足；过大会使吸合过快，且会导致线圈温升过高。对线圈的温升，应控制在60℃以下，最高温度不应大于105℃。

4.3.2.2　制动闸瓦

制动闸瓦（见图4-17）用销钉与制动臂相连，其特点是闸瓦可以绕铰点做小幅度调整，在制动过程中，闸瓦能很好地与制动轮配合。在制动臂上各装有三个调节螺钉，能限制闸瓦的转动。

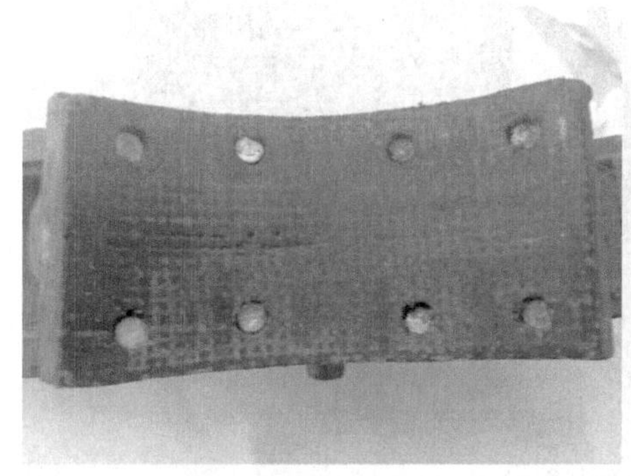

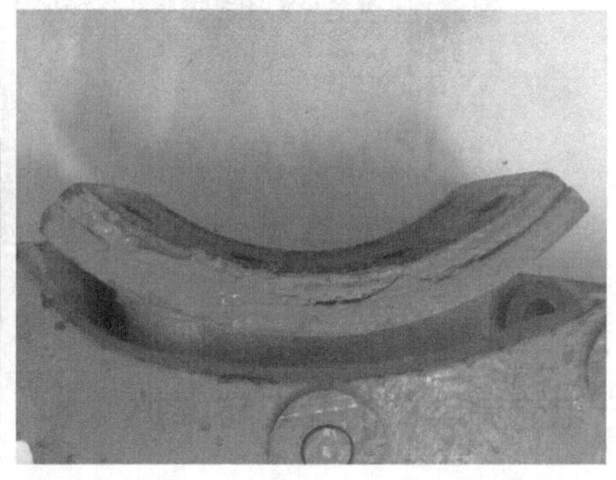

图4-17　制动闸瓦

4.3.2.3　制动弹簧

制动弹簧的作用是压紧闸瓦，产生制动力矩。通过调节双头螺柱两端的螺母，可以调整弹簧的压缩量，获得所需的制动力。当制动力过大时，电梯平层时会产生冲击感；制动力过小会使平层不准确，如图4-18所示。

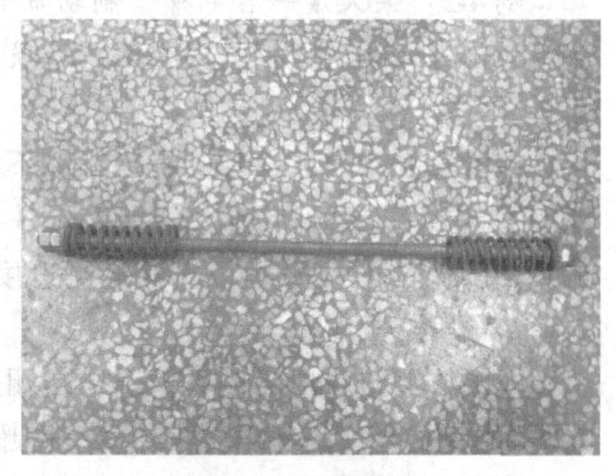

图4-18　制动弹簧

4.3.3　制动器安全技术检查的要求

1）加强对主弹簧的检查和维护，确保制动力。检查时先使闸瓦合处于全抱合状态，再用松闸装置使闸瓦打开，凭手感可先发现弹簧是否变软，也可用锤子敲击弹簧，凭声响检查弹簧上否失效和有无裂纹。

2）全部构件运转正常，无阻塞现象。对所有连接部位每周润滑一次，在活动部位滴入10# 机油，注意油不能滴到制动轮和制动带上面。

例 4-1：某大厦一台电梯，速度为 1.6m/s，在做制停试验时，刹车距离超过 5m。在电梯冲顶或蹲底的情况下，容易造成设备的损坏。经过维修人员仔细检查后，发现制动轮和制动带表面有油迹，经分析观察是曳引减速箱内的润滑油，从蜗杆渗出，甩到了制动轮表面和制动带上。更换制动带，清洗制动轮后，重新做制停试验后，电梯制停距离恢复正常值，不超过 1750mm。

3）闸瓦应均匀的贴合在制动轮表面上，闸瓦两端不应与制动瓦体脱离。

4）制动轮表面光滑，没有划伤的痕迹或者凹槽。制动轮调整螺母、锁紧螺母松紧适当，如图 4-19 所示。

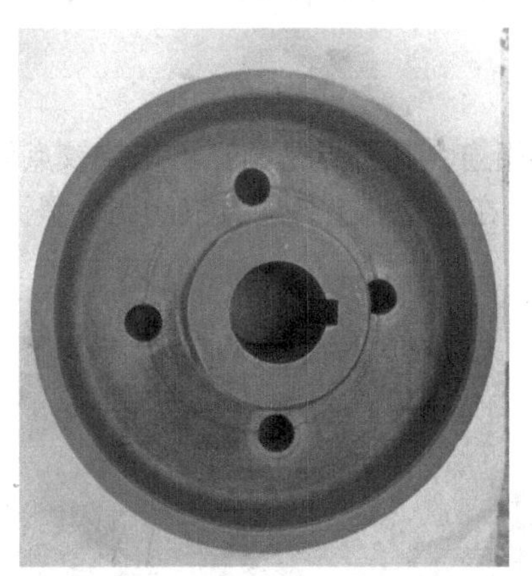

图 4-19　制动轮

4.3.4　电磁制动器的检查与维护

4.3.4.1　制动器的检查

制动器动作必须灵活可靠，制动瓦应紧密地贴合在制动轮的工作表面上，制动带与制动轮的接触面积不小于 80%。测量方法：用圈点法测量（也称为包围测量法或八点测量法），松闸时，闸瓦应用同时离开制动轮，无局部摩擦。

例 4-2：某大厦一台电梯，制动带磨损超过 2mm，维修人员更换新的制动带后，制动带与制动轮有轻微的摩擦，电梯运行一段时间后，制动带、制动轮发热严重，并伴有很大的焦臭味。

在紧急制动时，电梯的滑行距离不应过大。电梯在行程上部范围内空载上行及行程下部范围 125% 额定载荷下行，分别停层 3 次以上，轿厢应被可靠地制停（下行不考核平层要求），在 125% 额定载荷以正常运行速度下行时，切断电动机与制动器供电，轿厢应被可靠制动。

电磁线圈接头应无松动情况，线圈外部必须有良好绝缘保缘，防止短路。正常起动时线圈两端电压 110V，电磁线圈温度不得超过 85℃。

制动器的销轴能活动自如，可用薄质油润滑，如图 4-20 所示。销轴磨损量超过原直径的5%，或圆度偏差超过0.5mm时，应更换新轴，杠杆系统和弹簧发现裂纹要及时更换。

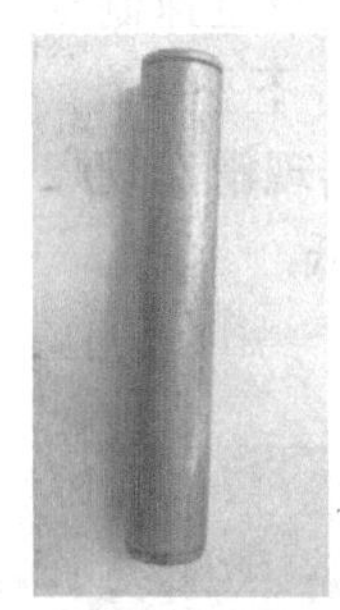

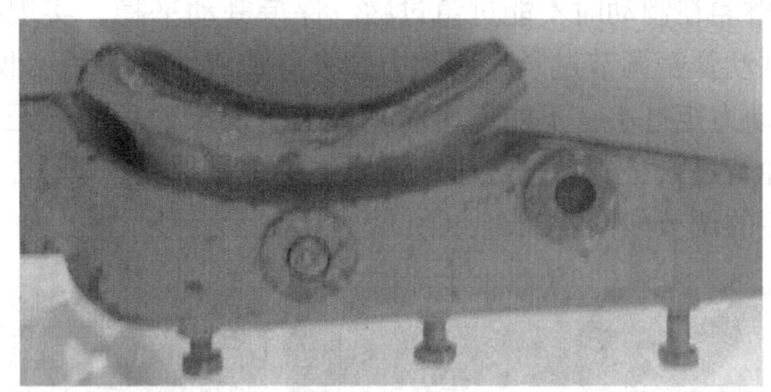

图4-20　制动器销轴

电磁铁可动铁心在铜套内滑动灵活，必要时可用石墨粉或二硫化钼润滑（铅笔芯研成粉末可代用）。

制动带应无油迹或油垢，以防制动或打滑距离过大，减少制动力矩。固定闸带的铆钉应埋入沉头座孔中，新铆制动带的铆钉头沉入深度不小于3mm，任何时候制动带的铆钉头都不能与制动轮接触，制动带磨损超过1mm或超过厚度的1/4时应更换新带。

为保证制动瓦上下两端与制动轮间隙均匀，并在整个接触面上施加的力均匀，必须用垫片调整制动器底座，使制动瓦与制动轮中心线保持水平。检查时注意地脚螺栓是否松动，垫片是否移位。

检查松闸装置的可靠性，检查两个铁心的间隙，测量可动铁心在松闸和制动两个状态下的不同位置即可，如图4-21所示。

图4-21　制动器铁心的调整

制动轮表面应无划痕和高温焦化颗粒，否则应打磨光滑。

4.3.4.2　制动力的调整

为使制动器有足够的松闸力，须调整两个铁心的间隙，其方法：用扳手松开调节螺母，调整调节螺母间隙适中后拧紧压紧螺母。

粗调时两个调节螺母都要朝里拧，使两个铁心完全闭合，测量螺栓杆的外露长度并使其相等。

粗调时，以一边先退出0.3mm作为已调好，拧紧螺母不再动它，另一边松开调节螺母，使两边栓杆后退时总和为0.5～1mm即两个铁心的间隙为0.5～1mm。螺栓杆后退量可用表测量（钢皮尺代用，精度较差）。

4.3.4.3　制动弹簧的调整

制动力矩由主弹簧产生的，必须调整主弹簧的压缩量，其方法如下：松开主弹簧压紧螺母，（制动带部位）把调节螺母拧进减小弹簧长度，增加弹力，使制动力矩变大；拧出增大弹簧，长度增加弹力减少，使制动力矩变小，调整完毕后应拧紧压紧螺母。

调整注意事项：

1）应使两边主弹簧长度相等，调整量适当。

2）满足轿厢下降提供足够制动力，迫使轿厢迅速停止运行。

3）满足轿厢在制动时不能过急过猛，保持制动平稳，实现平滑迅速制动，故制动力矩不能过大。制动弹簧调节过紧，制动力过大，造成电梯上平层低，下平层高。

4）若制动力矩过小，不能迅速停车影响平层准确度，甚至出现滑车现象或出现反平层现象。制动弹簧过松，制动力过小，造成电梯上平层高，下平层低。

制动弹簧的调节如图 4-22a、b 所示。

a)

b)

图 4-22　制动弹簧的调节

a）制动时　b）解除制动时

制动器使用日久，制动带磨损，特别在使用初期磨损速度很快，待制动带与制动轮磨合后，磨损才趋缓和。因制动带磨损，主弹簧随之伸长，造成制动力矩逐渐减小，为调整方便，最好在制动器安装调整好后，将弹簧长度在双头螺杆上刻线作记号。当制动带磨损弹簧伸长后，可根据刻线将弹簧调回原来长度，以保证制动力矩不变。

4.3.4.4 制动瓦与制动轮间隙的调整

制动瓦离开制动轮间隙应均匀，其四角平均间隙不应超过 0.7mm，用塞尺（见图 4-23）进行测量。

调整方法如下：

用手动松闸装置松开制动瓦，此时两个铁心闭合在一起，把上面两个螺钉旋进或旋出，用塞尺检查制动瓦，如图 4-24 所示。其测量值应尽可能一致，如果调整得当，制动瓦与制动轮间隙调到 0.4 ~ 0.5mm。

图 4-23　塞尺

4.3.5 紧急状态下使用手动装置救援乘客的说明

蜗轮蜗杆传动式曳引机松闸须知：

1）必须由经过培训的有相关资质证书的专业人员操作。

2）必须先将电梯的动力电源切断，保留照明电源。

3）确认层、轿门都已关闭。

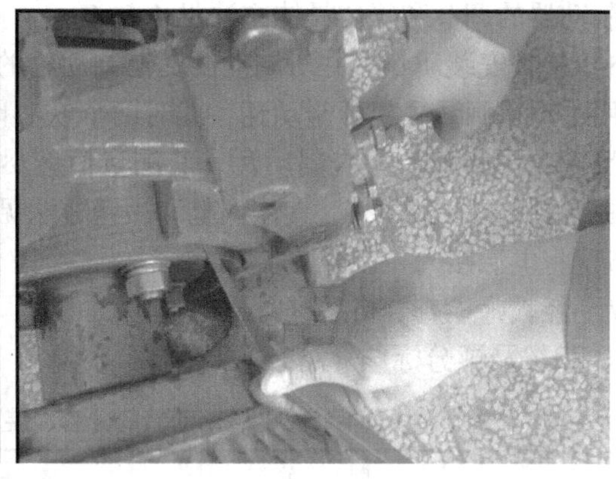

图4-24 制动器间隙的测量

4）由二人协同操作，一人先将盘车手轮套在电动机轴端并握住，另一人用松闸扳手打开制动器，盘动盘车手轮使电梯缓慢匀速升降。

5）盘车至所需位置后，释放并取下松闸扳手，使制动器保持在制停状态，然后取下盘车手轮。

6）由经过培训的有相关资质证书的专业人员用三角钥匙开门放出乘客，开启层门时请注意检查电梯是否已平层，以防跌入井道。

7）各操作器件放于原处，合上电梯动力电源。

8）确认各部件都处于正常状态后，方可使用电梯。

实训2 电磁制动器的分解、装配及调整

1. 实训目的

掌握电磁制动器的分解、装配及调整，并能检修电磁制动器一般机械故障。

2. 实训设备

（1）工具

1）钳工常用工具：活扳手、呆扳手、梅花扳手、套筒扳手、螺钉旋具、木槌、锉刀等。

2）专用工具：塞尺。

（2）器材 细砂纸、黄油或钙基润滑脂、石墨粉。

（3）设备 教学用曳引机。

3. 调整步骤及工艺要求

1）明确制动器各部件的功能和作用，熟悉制动器的工作原理。

2）按照要求，完成电磁制动器的整体拆卸。

按照顺序拆卸制动闸瓦、弹簧及电磁铁心。

3）完成制动器的清洗加油。

① 对制动器铁心加石墨粉进行清洗工作。

② 对制动器销轴进行加油润滑。

4）完成制动器的复位与调节。

制动器的调节和复位具体方法见4.3.4。

5）检查安装质量，并对制动闸瓦与制动轮的间隙进行测量。

用手动松闸装置松开制动瓦，此时两个铁心闭合在一起，把上面两个螺钉旋进或旋出，用塞尺（见图4-24）检查制动瓦，其测量值应尽可能一致，如果调整得当，制动瓦与制动轮间隙调到0.4～0.5mm。具体调整和测量方法见4.3.4。

6）将电源接入控制开关。

7）经教师检查合格后进行通电实验。

4. 考核及评分标准（见表4-11）

表4-11 电磁制动器的分解、装配及调整考核及评分标准

项目	配分	评分标准		
电磁制动器分解	20分	（1）制动闸瓦、弹簧拆卸有误，每次扣5分 （2）电磁铁心拆卸有误，每次扣5分		
制动器清洗加油	10分	（1）没有按照规定对铁心加石墨粉，每次扣5分 （2）没有按照规定对销轴进行润滑，每次扣5分		
制动器装配复原	20分	（1）电磁铁心不能复位，每次扣5分 （2）制动闸瓦不能复位，每次扣5分		
制动器调整（制动器装配复原后进行）	30分	（1）铁心调节不正确，每次扣5分 （2）制动力调节不正确，每次扣5分 （3）制动闸瓦调节不正确，每次扣5分 （4）手动不能送闸，每次扣10分		
操作过程与综合效果	20分	（1）在规定的时间内完成任务，得10分 （2）工具及设备摆放整齐，得10分 （3）手动转动电动机，运转平稳，得10分		
安全文明	违反安全文明生产规程，扣10～70分			
定额时间	30min			
备注	除定额时间外，各项目的最高扣分不应超过配分数			成绩
开始时间		结束时间		实际时间

4.4 减速箱的维修

4.4.1 减速箱的工作原理

减速箱的作用主要是降低电动机的输出转速和提高电动机的输出转矩，曳引机减速箱一般采用蜗轮蜗杆传动，也有用斜齿轮传动。电动机通过联轴器与蜗杆相联，带动蜗杆高速转动，由于蜗杆的头数与蜗轮的齿数相差很大，从而使涡轮轴传递出的转速大为降低，而转矩则得到提高。

在减速箱内，蜗杆安装于蜗轮上方的称为蜗杆上置式。其特点是：减速箱内蜗杆、蜗轮齿的啮合面不易进入杂物，安装维修方便，但润滑性较差。

在减速箱内，蜗杆装在蜗轮下方的，称为蜗杆下置式，其特点是：润滑性能好，但对减速箱的密封要求高，否则容易向外渗漏油。

4.4.2 减速箱的主要结构

减速箱包括蜗轮、蜗杆、轴承及箱体组成。

减速箱的润滑包括对轴承的润滑和对蜗轮蜗杆的润滑两个方面内容。

减速箱内注入适量合格的润滑油，对蜗轮蜗杆以及轴承工作进行润滑是很重要的。它不但能减少表面摩擦力，减少磨损，提高传动效率，延长机件的使用寿命，而且还能起到冷却、缓冲、减震、防锈等作用。

蜗杆和蜗轮的工作性能在很大程度上取决于润滑。要实现良好的润滑，除了要有合适的润滑油外，还要防止油的漏失。

电梯曳引机渗漏油的检查与维修是电梯曳引机日常保养的重要工作之一。

4.4.3 减速箱的密封

在减速箱中，采用O形密封圈（见图4-25）作为防漏油装置通常能起到较好的效果，但由于制作油封的材料一般为橡胶合成材料，随着使用年限的增加，油封防漏油的效果有所下降，所以，一般在油封使用1~2年以后，应予以更换。密封圈的性能参数见表4-12。

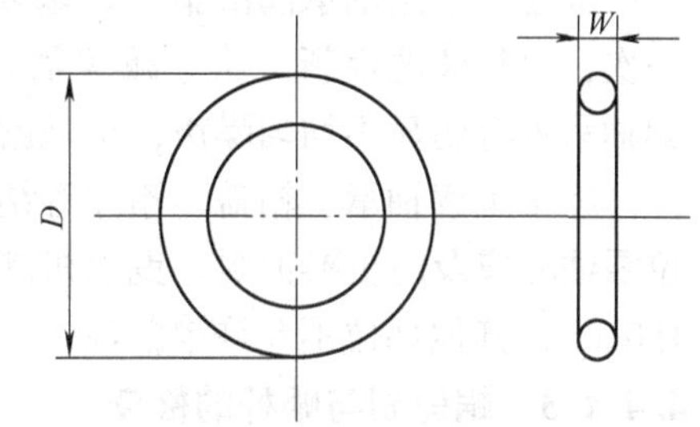

图4-25 O形密封圈

O形密封圈的特点：O形密封圈由于它制造费用低及使用方便，因而被广泛应用在各种动、静密封场合。大部分国家对O形密封圈都制定系列产品标准，其中美国标准（AS 568）、日本标准（JIS B 2401）、国际标准（ISO 3601/1）较为通用。

表4-12 密封圈的性能参数

性能参数	静态密封	动态密封
工作压力	无挡圈时，最高可达20MPa 有挡圈时，最高可达40MPa 用特殊挡圈时，最高可达200MPa	无挡圈时，最高可达5MPa 有挡圈时，较高压力
动作速度	最大往复速度可达0.5m/s，最大旋转速度可达2.0m/s	
温度	一般场合：-30~+110℃；特殊橡胶：-60~+250℃；旋转场合：-30~+80℃	

4.4.4 减速箱的安全技术检查

4.4.4.1 减速箱蜗轮与蜗杆的检查

移开箱盖并用手转动电动机，用以检查蜗轮齿与蜗杆槽的磨损情况。另有一种较为简单的方法，是给轿厢加载荷，使之与对重平衡。然后加至额定载荷，在曳引钢丝绳拉力的作用下蜗轮发生偏转，该偏转量即是轮齿磨损量，若偏转量过大，则表明轮齿已过度磨损。

后一种方法简单，不必把轿厢用其他吊装设备悬吊在机房顶部，缺点是不能观察到磨损的内在情况。

当轮齿磨损使齿侧间隙超过1mm，并在运转中产生猛烈撞击时，或轮齿磨损量达原齿厚15% 时，应予更换。更换蜗轮蜗杆时，为保证啮合性，要成对更换。

4.4.4.2 减速箱润滑油的检查

减速箱的润滑应经常检查，重点是油质和油量：润滑油的选择。电梯减速箱使用我国生产的蜗轮蜗杆油效果很好，一般可加入30#齿轮油或者24#、38# 气缸油。

润滑油的加入要适量，过多会引起发热，能量损失，产生气泡，并使减速箱油快速变质，不能使用；过少会使蜗轮蜗杆得不到充分的润滑，加速了蜗轮蜗杆的磨损。

油的合理高度：当蜗杆是下置式时，油面应在蜗杆中线以上，蜗轮与蜗杆啮合面以下；当蜗杆是上置式时，加油量以两个齿高为宜。油镜应在中间位置，油针应在两个刻度线之间。

新装或大修后，在运转8～10天必须要更换润滑油，再后根据油的清洁情况，半年至一年换一次。

换油时，先把旧油倒出，再倒入少许新油，把减速箱清洗干净。在加油口放置过滤网，经滤网过滤再注入，以保持油的清洁度，更换的油应作废油不能回收使用。

滚动轴承用轴承润滑脂（钙基或锂基润滑脂）润滑，必须填满轴承空腔2/3，每月挤加一次，每年清洗换新一次。减速器在正常运转时，其机件和轴承的温度一般不超过60℃，如轴承处有明显不均匀噪声，出现磨切和撞击声时应检修，该轴承应更换。

经常观察轴承、箱盖、箱体等结合部位有无漏油。蜗杆轴承漏油是常见的缺陷，轴承部位漏油时应及时更换油封。曳引机减速器，除蜗杆轴伸出一端渗漏油面积平均每小时不超过150cm^2，其他部位不允许渗漏油。

4.4.4.3 蜗轮副与蜗杆的检查

蜗轮齿与轮筒的连接必须精心检查，螺母无位移，轮筒与主轴的配合连接无松动。用手锤检查轮筒有无裂纹。蜗轮的轮筒和齿如图4-26所示。

在蜗杆的一端通常都装有双向推力轴承（见图4-27），检查推力座是否过度磨损。当不正常的磨损导致空隙加大，轴向力可能传给电动机轴承，引起过热和碎裂，还可能使联轴器销键（见图4-28）在孔内窜动而很快损坏。

要经常检查地脚螺栓，不能松动。

图4-26 蜗轮的轮筒和齿

图4-27 蜗杆端部的双向推力轴承

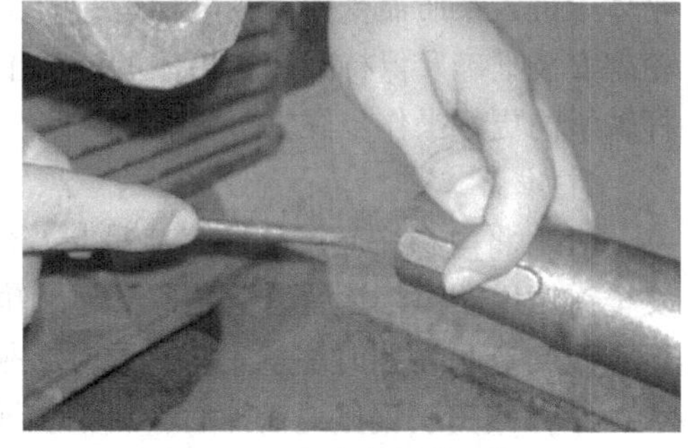

图4-28 蜗杆轴键销图

电梯曳引电动机传动，带动曳引机减速箱蜗杆传动，再由蜗杆与蜗轮的机械齿轮传动带动曳引轮传动，通过曳引轮与钢丝绳的摩擦从而实现电梯的上下运行。因此，蜗轮、蜗杆的机械配合（我们称之为齿轮啮合）将直接影响到电梯运行质量（如：振动、噪声、异常温升等指标）的好坏，我们对曳引机减速箱蜗轮副的结构、安装要求标准及检查要领做一下介绍。

蜗轮副分为蜗杆及蜗轮两部分组件，其中蜗杆材料为钢材料，蜗轮材料为铜材料，因此，蜗轮相比较而言较易被擦碰伤。同时由于对蜗杆表面粗糙度要求较高，在安装及搬运过程中必须做好保护措施。

蜗轮副的啮合标准：

电梯曳引机蜗轮副的啮合标准规定：蜗杆、蜗轮啮合间隙为0.1～0.2mm，且蜗轮、蜗杆啮合齿面应保持十分光洁。

蜗轮副的啮合检查要领如下：

打开曳引机减速箱顶部端盖，借助照明器具检查蜗轮齿面，蜗轮齿面啮合区域呈橄榄形状，分布均匀。如果两齿轮的接触点在齿的末端，就可能产生振动和噪声。相反，如果在中间接触，则可以减少振动和噪声。各蜗杆齿轮齿与齿的接触面积应大于50%，蜗轮副齿轮表面必须光滑，无凹陷的痕迹。

4.4.5 减速箱的维护与修理

电梯采用蜗轮蜗杆减速器，它具有传动比大，噪音少，传动平稳，体积小等优点。蜗杆多采用滑动轴承，承受径向力。当改用滚动轴承时，要求其精度不低于D级。

蜗轮轴都用滚动轴承，其精度不低于E级；轴承精度对噪音和寿命均有影响，更换的轴承必须符合规定精度要求。

蜗轮轴不是直接安装在减速箱外壳上，而是分别安装在轴承支架和轴承座上，轴承支架安装在曳引机的机座上，轴承座安装在箱体上，因此蜗杆的中心距可以调整，其方法：在轴承支架和轴承的底面加减垫片。

蜗轮齿联结的轮筒上铸成有挡油盘，并有毛毡密封，因此蜗轮轴部分很少有漏油发生。蜗杆采用密封圈和填料密封的组合形式，因蜗杆转速较高，并在油面以下，故漏油现象时有发生。

安装减速箱不允许在箱体底塞垫片，如果底座不平，应用锉刀、刮刀等机修加工，直至符合要求为止。

为使蜗杆传动灵活，要求啮合有一定的齿侧间隙，最小齿侧间隙称为保证侧隙，因上装配后蜗杆和蜗轮轴向游隙应符合规定。

4.4.5.1 蜗轮蜗杆轴承的更换

曳引机的维修是电梯日常维修中的一项重要工作，其内容包括：蜗轮副啮合情况的判断和处理；轴承损坏的判断与更换；油封的更换等。从电梯曳引机结构图，可以看到减速箱蜗杆轴承的更换相对比较复杂，但是一旦曳引轮在负载情况下，蜗杆轴由于不均匀受力或由于箱体中进入杂质而受损时，电梯运行时曳引机就可能发出噪声。所以，保证曳引机减速箱蜗轮副安装准确及保持减速箱箱体的清洁十分重要。下面结合曳引机结构图介绍常用曳引机蜗杆轴承的更好操作步骤：

1. 准备工作

（1）将电梯轿厢用起吊葫芦吊起，使用支撑木将对重侧对重撑起，提拉安全钳拉杆使安全钳钳块动作，然后稍微松一下起吊葫芦，使轿厢重力主要由安全钳承受。

（2）起吊轿厢时注意安全，同时必须保护好称量装置。

（3）当曳引钢丝绳松掉后，将钢丝绳拆卸下，并做好排列顺序标记。

（4）将曳引减速箱齿轮油放入干净的桶，拆下电动机、编码器接线及抱闸接线。

2. 蜗杆轴承的拆卸（负荷侧轴承我们称为前端盖轴承）

（1）完全松开报闸制动弹簧，将制动臂放下。

（2）拆下制动轮与联轴器的连接螺栓。

（3）用手拉葫芦吊住电动机吊环，随后拆下电动机与女装板的连接螺栓。

（4）拆开曳引机减速箱箱盖，将曳引轮吊起，注意起吊时，曳引轮必须是垂直向上起吊，以保证固定曳引轮轴的定位销不被损坏。

（5）松开固定制动轮的锁紧螺母，用铜棒或木槌轻轻敲击制动轮，使制动松动即刻。

（6）松开曳引减速箱后端盖的螺栓，将蜗杆往后端盖的方向缓缓移动5cm，将制动轮拿出，拆下制动轮的键销，在键销上贴上胶布（以防拆卸下前端盖时碰伤油封），随后拆下前端盖。

（7）继续将蜗杆往后端盖方向移出直至整个蜗杆从减速箱内抽出。

（8）将蜗杆后端盖朝上倒放置在地上，用木槌轻轻敲击将前端盖轴承敲下（避免蜗杆损伤）。

3. 蜗杆轴承的安装

（1）使用轴承加热器（TMBH1 型磁感应轴承加热器）加热轴承至 80℃左右将轴承套入蜗杆，此时轴承温度较高，必须使用隔热手套。当现场无加热器时，可将轴承放入装油的金属器皿中，放在电磁炉上进行加热。

（2）可用煤油或专用清洁剂清洗减速箱体（严禁使用汽油），并检查蜗杆啮合齿面是否光滑，同样对蜗杆进行清洁。

（3）待套上钳端盖调整垫圈、油封及制动轮。

（4）紧固前后端盖的螺栓，使电动机复位。

（5）曳引轮复位，安装时确认定位销要完全到位。

（6）装好制动器，盖上减速箱箱盖，加齿轮油。

（7）钢丝绳复位，放下轿厢。

注意：电梯重新运行时，必须确认机房及井道的电气与机械方面无任何问题后，先进行检修，保证上下行正常情况下方可进行快车运行。

4. 蜗杆后端盖轴承的更换　与蜗杆前端盖轴承更换的操作步骤相比，蜗杆后端盖轴承的更换相对较为简单，操作步骤如下：

（1）电梯停至顶层，将抱闸弹簧用螺母拧紧，使制动轮不能转动。

（2）减速箱放油后松开曳引机减速箱后端盖的螺栓，在后端盖轴承上可以看到有 2 个工艺孔，用2个规格相当的螺栓，将后端盖轴承箱从减速箱中拉出，随后将轴承从轴承箱中取出，因为后端盖轴承为双轴承（2个单边封闭的轴承）。

(3) 事先必须记下轴承安装的方向（2个轴承封闭面相依）。

(4) 安装新轴承时，首先将轴承箱装入减速箱后端盖，用铜棒或木锤逐个敲入轴承箱，由于此轴承与蜗杆采用紧配合方式，敲击过程中要注意使轴承慢慢敲入，用力均匀，直至完全敲不动为止。

(5) 装上弹簧垫及锁紧落幕，锁紧落幕必须拧紧，以防运行时蜗杆有前后窜动。将后端盖复位。

4.4.5.2 减速箱密封圈的更换

1. 准备工作

(1) 将电梯轿厢用起吊葫芦吊起，使用支撑木将对重侧对重撑起，提拉安全钳拉杆使安全钳钳块动作，然后稍微松一下起吊葫芦，使轿厢重力主要由安全钳承受。

(2) 起吊轿厢时注意安全，同时必须保护好称量装置。

(3) 当曳引钢丝绳松掉后，将钢丝绳拆卸下，并做好排列顺序标记。

(4) 将曳引减速箱齿轮油放入干净的桶，拆下电动机、编码器接线及抱闸接线。

2. 拆除电动机

(1) 记下抱闸两边弹簧的长度，收紧一边抱闸臂的弹簧，放松制动闸瓦。

(2) 缓慢放松弹簧，检查制动轮是否转动。确认制动轮停止后，放松剩下一侧弹簧，松开抱闸。

(3) 在电机上绑好钢丝绳，并连接好葫芦，使钢丝绳处于松弛状态。

(4) 用套筒扳手松开电动机轴和蜗杆之间联轴器的固定螺栓。

(5) 松开电动机与电动机架的安装连接螺栓（注意不要松开电动机架定位销）。先拆下下部两个螺栓，松开上部一个螺栓，收紧葫芦使钢丝绳刚好受力。再拆除上部两个螺栓，从电机安装架中取出电动机。

注意：取出电动机时应保持电机平衡，防止转子从电动机外壳中滑出。

放油：将曳引机中的油放出。

3. 更换油封

(1) 放松蜗杆后端盖的固定螺栓。

(2) 拆下抱闸制动轮。

(3) 拆除蜗杆前端盖，如图4-29所示。

(4) 取出端盖，更换油封。更换油封时应用铁板垫在密封圈上，用锤均匀地敲击密封圈四周，直至密封圈和端盖完全嵌合。O形密封圈在减速箱前端盖的位置如图4-30所示。

4. 装配

(1) 用0号砂纸在蜗杆和密封圈接触部位轻轻打磨。

(2) 安装密封圈时应注意的，密封卷的唇口应向内，压紧螺栓要交替地拧紧，使压盖均匀地压紧密封圈（见图4-31、图4-32）；安装羊毛毡卷前必须用机油浸透，既可减小毡卷与轴颈的摩擦，又可提高密封性能。

(3) 将制动轮安装在蜗杆上。拧紧后端盖安装螺栓，按键的位置对准后推入制动轮，拧紧固定螺栓。

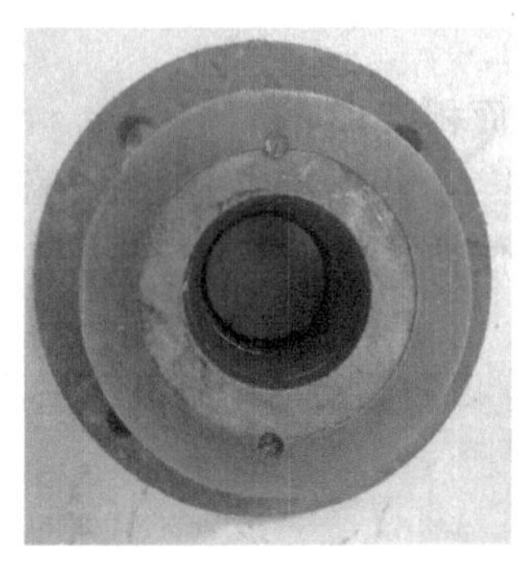

图 4-29　前端盖

图 4-30　密封圈在前端盖的位置

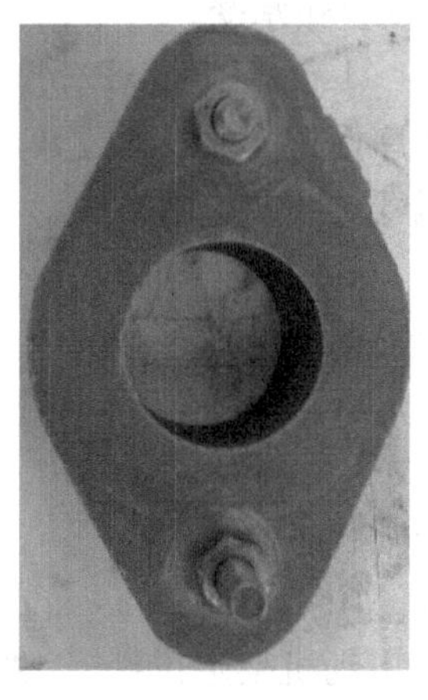

图 4-31　压盖

图 4-32　压紧密封圈压盖示意图

（4）将电动机安装回电动机安装架，在联轴器中插入连接螺栓，拧紧电动机与电动机安装架之间的固定螺栓，最后拧紧联轴器螺栓。

（5）将抱闸制动臂安装会原来位置，调节弹簧为原来记录刻度。

（6）重新连接电机电源线、接地线及编码器、抱闸接线。

（7）电梯合上电源，慢车下行，检查是否异常。取出对重支撑木。

（8）电梯在中间层运行，检查抱闸是否异常，调整抱闸弹簧力矩。

实训 3　电梯曳引机蜗杆轴承的更换与装配

1. 实训目的

掌握电梯曳引机轴承更换、装配的要点，并能检修一般轴承机械故障。

2. 实训设备

（1）工具

1）钳工常用工具：活扳手、呆扳手、梅花扳手、套筒扳手、螺钉旋具、木锤、锉刀等。

2）起重、吊装工具：手拉葫芦、起重用钢丝绳、夹绳钳等。

(2) 仪表 指示表。

(3) 器材 主要包括：细砂纸和钙基或锂基润滑脂。

(4) 设备 教学用曳引机。

3. 实训步骤

1) 明确曳引机轴承的功能和作用，熟悉曳引机的工作原理。

2) 按照要求，完成曳引电动机的吊装。

3) 拆下曳引电动机与联轴器的连接螺栓。

4) 拆卸曳引减速箱蜗杆轴承进行清洁、加油。

5) 装配曳引减速箱蜗杆轴承、复位联轴器及曳引电动机。

6) 将电源接入控制开关。

7) 经教师检查合格后进行通电实验。

以上操作步骤具体实施方法可以参考4.4.5的内容，在此不再赘述。

4. 考核及评分标准（见表4-13）

表4-13 电梯曳引机蜗杆轴承的更换、装配考核及评分标准

项目	配分	评分标准			得分
曳引电动机、联轴器的拆卸	20分	(1) 曳引电动机拆卸有误，每次扣5分 (2) 联轴器拆卸有误，每次扣5分			
减速箱蜗杆轴承的拆卸、清洗与复位	60分	(1) 蜗杆轴承拆卸有误，每次扣10分 (2) 轴承清洗、润滑有误，每次扣10分 (3) 轴承复位安装有误，扣20分			
操作过程与综合效果	20分	(1) 在规定的时间内完成任务，得10分 (2) 工具及设备摆放整齐，得10分			
安全文明	违反安全文明生产规程，扣10～70分				
定额时间	30min				
备注	除定额时间外，各项目的最高扣分不应超过配分数			成绩	
开始时间		结束时间		实际时间	

实训4 曳引机蜗轮滚动轴承的拆卸、复位与调整

1. 实训目的

掌握蜗轮滚动轴承的拆卸、复位与调整，并能检修一般机械故障。

2. 实训设备

(1) 工具

1) 钳工常用工具：活扳手、呆扳手、梅花扳手、套筒扳手、螺钉旋具、木槌、锉刀等。

2) 起重、吊装工具：手拉葫芦、起重用钢丝绳、夹绳钳等。

(2) 仪表 指示表。

(3) 器材 主要包括：细砂纸和黄油或钙基润滑脂。

(4) 设备 教学用曳引机。

3. 实训步骤

1）明确减速箱各部件的功能和作用，熟悉蜗轮滚动轴承的工作原理。

2）按照要求，完成曳引轮的吊装。

3）拆下曳引轮。

4）拆卸蜗轮轴的滚动轴承。

5）完成曳引轮滚动轴承的安装与调节。

6）将电源接入控制开关。

7）经教师检查合格后进行通电实验。

以上操作步骤具体实施方法见4.4.5。

4. 考核及评分标准（见表4-14）

表4-14　曳引机蜗轮滚动轴承的拆卸、复位与调整考核及评分标准

<table>
<tr><th>项　目</th><th>配　分</th><th colspan="3">评分标准</th><th>得　分</th></tr>
<tr><td>拆卸蜗轮轴的滚动轴承</td><td>30分</td><td colspan="3">拆卸有误此项不得分</td><td></td></tr>
<tr><td>蜗轮轴的滚动轴承的安装</td><td>40分</td><td colspan="3">安装有误此项不得分</td><td></td></tr>
<tr><td>操作过程与综合效果</td><td>30分</td><td colspan="3">(1) 工具使用正确，得10分
(2) 在规定的时间内完成作业，得10分
(3) 轴向游隙和侧隙符合要求，得10分</td><td></td></tr>
<tr><td>安全文明</td><td colspan="4">违反安全文明生产规程，扣10～70分</td><td></td></tr>
<tr><td>定额时间</td><td colspan="4">30min</td><td></td></tr>
<tr><td>备注</td><td colspan="3">除定额时间外，各项目的最高扣分不应超过配分数</td><td>成绩</td><td></td></tr>
<tr><td>开始时间</td><td></td><td>结束时间</td><td></td><td>实际时间</td><td></td></tr>
</table>

4.5 曳引钢丝绳的维修

电梯用钢丝绳指的是曳引用钢丝绳，曳引绳承受着电梯的全部重量，并在电梯运行中，绕着曳引轮，导向轮或反绳轮单向或交变弯曲。钢丝绳在绳槽中也承受着较高的比压。所以要求电梯用钢丝绳具有较高的强度，挠性及耐磨性。

4.5.1 电梯用钢丝绳的种类和规格

1. 钢丝绳的基本结构　电梯钢丝绳一般是圆形股状结构，主要由钢丝，绳股和绳芯组成。钢丝是钢丝绳的基本组成件，要求钢丝有很高的强度和韧性。钢丝绳股由钢丝捻成，一般6～8股。绳芯通常由纤维剑麻或烯烃类的合成纤维制成。在绳芯中存储有润滑油，在使用过程中，润滑油向外渗透，对钢丝绳表面进行润滑。因此在一般情况下，不用对钢丝绳进行加油。钢丝绳规格有6×19和8×19两种规格，外粗式交捻。

2. 曳引绳端接装置　曳引绳端接装置的设计应有利于钢丝绳张力的调节，至少有一端的端接装置是可调的，钢丝绳与端接装置接合处的机械强度至少能承受钢丝绳最小破断载荷的 80%。

当钢丝绳的绕绳比为 1:1 时，钢丝绳的一端固定在轿厢架的上梁上，另一端与对重架连接。出现其他情况时，钢丝绳必须绕过安装于轿厢架上梁和对重架上的反绳轮。每根钢丝绳的悬挂必须是相对独立的。

钢丝绳端接装置的形式有：锥套型、自锁楔型、绳夹。

4.5.2 钢丝绳的安全技术检查

电梯的曳引钢丝绳所受的张力应保持均衡，如张力有不均衡情况，可用钢丝绳锥套螺栓上的螺母来调节弹簧的张紧度使其均衡。自缩紧楔形锥套及轿厢侧绳头组合如图 4-33 及图 4-34 所示。

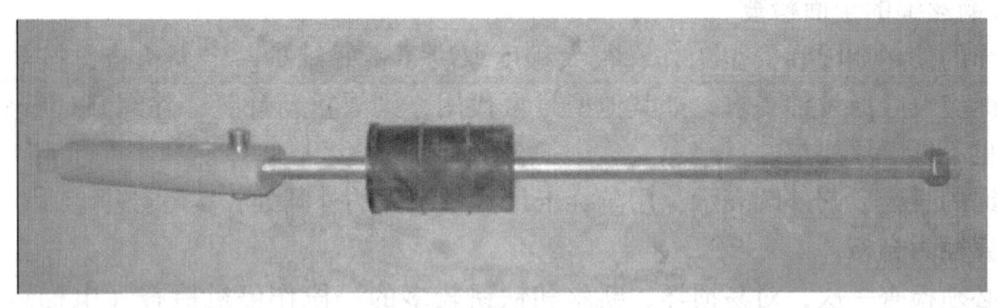

图 4-33 自缩紧楔形锥套

钢丝绳应有适量润滑，以降低绳丝之间的摩擦损耗，并保护钢丝绳表面，防止锈蚀。钢丝绳内有油浸麻芯一根，使用时油渐外渗。新绳表面无须涂油，使用日久，油渐告枯竭，就须定时上油。钢丝绳油油质宜较薄，不可太多，使钢丝绳表面轻微润滑即可。当渗油过多时，钢丝绳表面会形成一层很厚的油泥，降低了钢丝绳与曳引轮之间的摩擦力，防止因渗油过多造成打滑现象，应予除油。

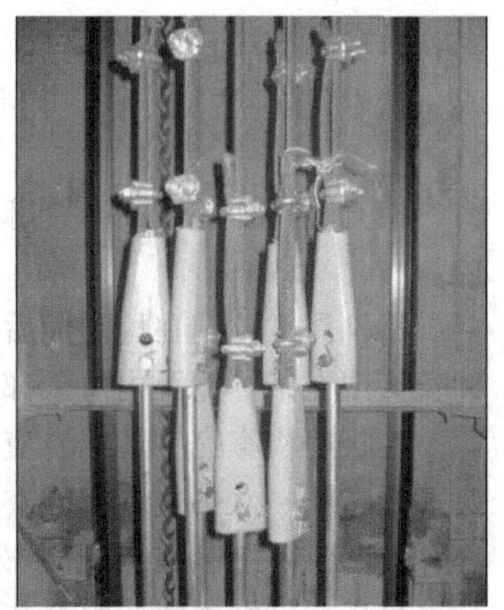

图 4-34 轿厢侧绳头组合

检查钢丝绳应无机械损伤，有无断丝、断股、锈蚀和磨损的情况，绳头是否完好无松动。钢丝绳使用一定时间后会出现断丝，必须每周仔细检查钢丝的磨损和断丝数。

4.5.2.1 影响钢丝绳寿命的因素

（1）外部因素：拉伸载荷，曲率半径，槽型，曳引轮槽材质，腐蚀等。

（2）内部因素：钢丝的性能，钢丝的直径，钢丝的捻绕型式等。

4.5.2.2 电梯曳引钢丝绳报废标准

电梯用钢丝绳，在悬挂前必须经过试验，一般情况，产品出产已具合格证书，可不经试验。钢丝绳在曳引轮上的运行寿命将受到磨损和钢丝交变应力的限制。对大多数情况来说，只要观察出外部有明显的钢丝破断现象就应确定更换。

1）为了保证电梯的正常运行，钢丝绳报废的主要判断准则是，在一段预先选定的长度上检查其可见钢丝破断数目，检查长度为6d或30d（d钢丝绳直径）。当钢丝绳的可见断丝超过规定数目时，则必须更换。

2）另外，当钢丝绳出现绳端断丝，断丝局部集聚等现象，也应考虑报废。钢丝绳直径相对于公称直径减少10%以上时，即使未发现断丝，该钢丝绳也应报废。

3）当钢丝绳上出现断股时应立即报废，单丝磨损超过原直径的40%时应立即报废。

4）新挂钢丝绳，发现其中断丝数较多、弯曲、笼形畸变时，不得使用。

5）若表面磨损或腐蚀占直径百分率达到30%时，不管有无断丝都应报废。

6）当发生突然停车，轿厢被卡住或坠落时，要对遭受猛烈冲击的一段钢丝绳进行仔细检查。在伸长或被挤压处做标记，发现损坏或其长度增长0.5%以上时必须更换。

7）钢丝绳锈蚀严重，点蚀麻坑形成沟纹，外层松动时，不论断丝数是否超标或绳径是否变小，都应立刻更换。

4.5.2.3 钢丝绳的全面检查

钢丝绳的使用期限和安全工作，很大程度取决于良好维护。定期检查，按规定更换新绳；换新绳应符合原设计要求，如其他型号可代用，则要重新计算，除绳直径符合要求外，破断拉力也不低于原要求。

测量绳的直径以它外圆表示，用游标卡尺测量最大的外圆处，实际数据点 >0.9 ~ 0.95x 绳表公称直径为合格。

每周必须检查一次，对易损坏、断丝和铁锈较多的一段作停机检查（电梯运行到基站以及中段，钢丝绳断丝数较多）。断丝的突出部分应在检查时剪下，并记入检查记录簿内。

检查方法：人在机房电梯慢车行驶，细心检查绳在曳引轮上绕行全过程或用棉纱围在绳上，若绳有断丝，其断头会把棉花挂住。少量断丝不须更换，仍可使用，不过巡查要特别注意。在一个捻距（7 ~7.2 倍绳径）内断丝数目超过钢丝总数的2%，每周需增加检查的次数。

检查钢丝绳的表面有否麻斑、断股、锈蚀、是否干燥，绳的受力均匀与否都在检查范围内。

特别注意：绳在稳定期后出现不正常的伸长或断丝数加多时，例如：连续三天出现显著伸长，或在某一捻距内每天都有断丝出现，则已接近失效，宜及时更换。

在机房检查完钢丝绳，应到井道内继续检查。人站在轿顶，操作电梯检修运行，轿顶与对重处在同一水平位置，检查轿厢与对重绳头连接部。电梯以检修速度从井道顶部运行到底部，其间每隔1.5mm停止一次，检查对重上部的钢丝绳，其内容与方法同在机房检查相同。

最后，仔细查绳头组合装置、不允许有锈蚀，紧固螺母不能松动，绳头弹簧不能有永久变形或裂纹。检查方法：用小锤轻轻敲击被查部位，观察松动情况，若敲击有嘶哑声，表明有裂纹存在。

4.5.3 钢丝绳绳头的制作

电梯使用一段时间或天气变冷时，钢丝绳都会伸长。钢丝绳伸长，会使对重完全压缩到缓冲期上，造成电梯运行故障。因此，每季度都需要检查对重与对重缓冲期的距离是否符合要求。弹簧缓冲器规定为200 ~350mm，液压缓冲器规定为150 ~400mm，超过此标准，就要对钢丝绳进行裁减，重新制作绳头。

钢丝绳绳头制作步骤如下：

1）根据样线 L 测量钢丝绳长度。

2）用砂轮机切断钢丝绳，并在截断处用西铁丝和乙烯胶带包扎。

3）将钢丝绳从锥套口穿入，从浇注口穿出。

4）将钢丝绳绳股分别拆开，绳头拆散后用煤油洗干净。

5）将各绳股按照图示弯折好，编成麻花状。

6）将所有弯折好的钢丝绳拉入锥套内。

7）浇注巴氏合金，绳头绕注完毕后安装好弹簧。

具体如图 4-35 ~ 图 4-38 所示。

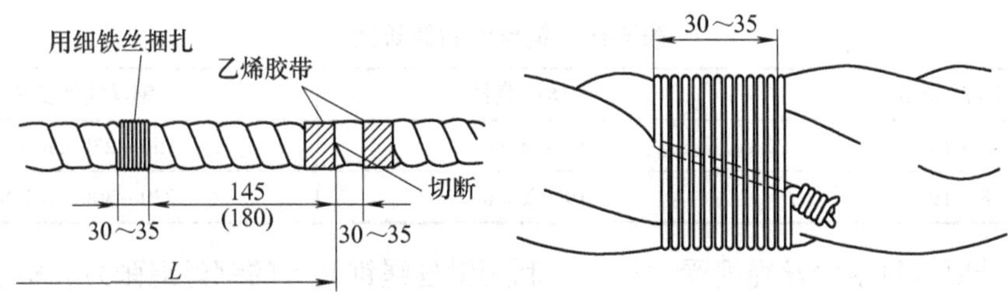

图 4-35　钢丝绳的截断与包扎

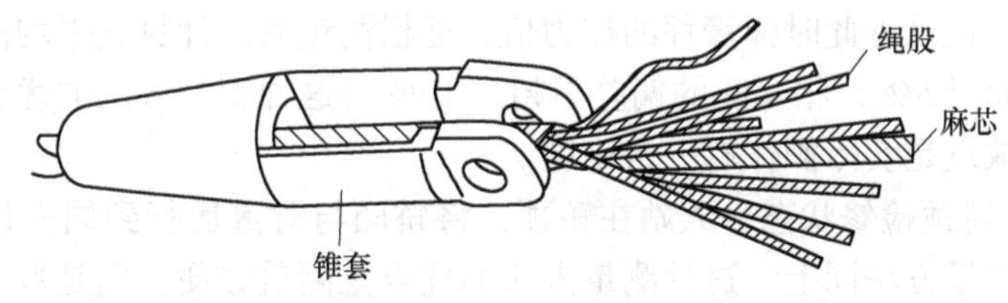

图 4-36　钢丝绳穿入锥套、拆散

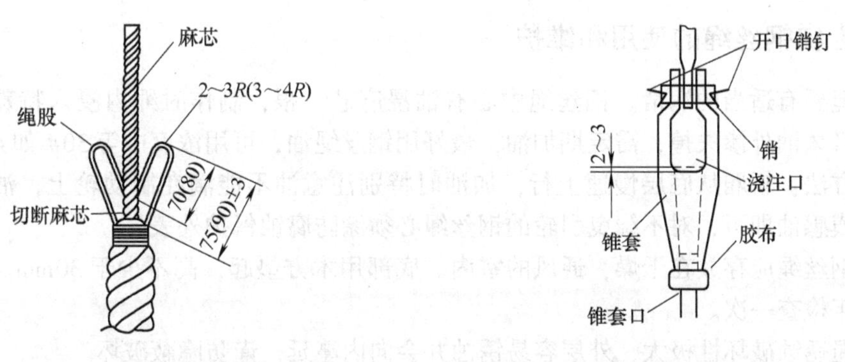

图 4-37　钢丝绳折弯　　图 4-38　浇注合金

注：钢丝绳头必须先包扎后切断，防止整条绳散开。清洗绳头可用煤油或汽油，决不允许用火焰清洗油质。

4.5.4 钢丝绳的更换

更换钢丝绳时，同时检查曳引轮的磨损情况，如果曳引轮磨损超标或磨损不均匀，应同时予以更换，更换的钢丝绳与曳引轮性能指标要保持一致。否则会加速钢丝绳与曳引轮的磨损。

4.5.5 钢丝绳张力的调整方法

电梯是多绳提升，在使用中会产生结构性伸长，这一伸长过程在钢丝绳安装后早期阶断发展相当迅速，使用几个月或一年（视电梯运行频次，负荷大小而定）后，伸长量随时间增加而减少，直至处于稳定期，这一伸长量可按表4-15进行估算。

表4-15 钢丝绳的伸长量

钢丝绳规格	钢丝绳直径	钢丝绳伸长量
6×19	13～19mm	150～230mm/30m
8×19	19～25mm	230～300mm/30m

多绳提升要求每根钢丝绳绳受力均等，利用钢丝绳锥套上的钢丝绳张力调整装置，拧紧或放松螺母改变弹簧力的办法达到目的。弹簧还可起微调作用，瞬时不平衡力由弹簧补偿。

钢丝绳张力的测量方法如下：

1）将电梯运行至顶层平层位置，在中间站打开厅门，用专用测量工具将对重侧钢丝绳拉至指定的位置，记录下此时弹簧秤的拉力值。逐根测量后，计算其平均值。钢丝绳张力与平均值偏差不应超过5%，相互间的偏差不超过10%。这种测量方法的优点是测量数据较为准确、偏差小；缺点是实际操作有一定难度。

2）电梯置于轿顶检修状态，人站在轿顶，将轿厢与对重运行到同一位置，测量对重侧钢丝绳的张力，测量方法同上。这种测量方法的优点是测量方便，但是数据偏差较大。

注意，由于数根弹簧性能有差别，因而不能用测量压缩弹簧的长度来衡量钢丝绳受力是否相等。

4.5.6 电梯钢丝绳的使用和维护

钢丝绳要有适当的润滑。钢丝绳中心有油浸麻芯一根，制作时绳内浸入特殊润滑油妨锈，使用日久油外渗失掉，需定期加油，最好用钢丝绳油，可用浓度中等30# 如45# 机油。

加油方法：轿厢从底层慢速上行，加油时特别注意油不能滴在制动轮上，油不宜加太多，以手摸感油即可，对不绕曳引轮的钢丝绳必须涂防腐蚀保护外表。

备用钢丝绳应存放在干燥，通风的室内。底部用木方垫起，高不少于30mm。绳面涂防腐剂，每年检查一次。

钢丝绳锈蚀破坏性极大，外层容易锈蚀并会向内蔓延，谨防隐蔽破坏。

钢丝绳应卷在绳木轮上，用时使绳木轮转动放出钢丝绳，避免绳打圈、打结、松散或钢丝破断。

电梯运行中，导轨不垂直、接头不平、导靴与导轨间隙过大都会引起钢丝绳在运行时震动。司机采取点动平层，不但电气元器件易受损害，钢丝绳也会因点动产生附加动载荷受损。

实训5　曳引钢丝绳绳头组合的制作

1. 实训目的

掌握曳引绳头组合制作的要点，并能检修钢丝绳的基本故障。

2. 实训设备

（1）工具

1）钳工常用工具：活扳手、呆扳手、梅花扳手、套筒扳手、螺钉旋具、木锤、锉刀等。

2）起重、吊装工具：手拉葫芦、起重用钢丝绳、夹绳钳等。

（2）器材　钢丝绳、锥形绳套、煤油炉、巴氏合金。

（3）设备　模拟井架。

3. 实训步骤

1）明确钢丝绳绳头的功能和作用，熟悉绳头的制作方法。

2）按照要求完成曳引轿厢的吊装。

3）安全钳把轿厢制停在导轨上。

4）拆下钢丝绳绳头，裁减钢丝绳并重新制作。

5）检查绳头质量，并安装在轿厢架上。

6）检修运行电梯，检查钢丝绳的运行状况。

具体制作步骤见4.5.3。

4. 考核及评分标准（见表4-16）

表4-16　曳引钢丝绳绳头组合的制作考核及评分标准

项　目	配　分	评分标准		得　分	
轿厢的吊装	30分	（1）吊装不符合要求，此项不得分 （2）安全钳没夹住导轨，此项不得分			
绳头的制作	40分	（1）钢丝绳裁剪不符合要求，每次扣10分 （2）绳头制作不符合要求，每次扣10分			
操作过程与综合效果	30分	（1）在规定的时间内完成任务，得10分 （2）工具及设备摆放整齐，得10分 （3）钢丝绳张力均匀、无抖动，得10分			
安全文明	违反安全文明生产规程，扣10～70分				
定额时间	120min				
备注	除定额时间外，各项目的最高扣分不应超过配分数			成绩	
开始时间		结束时间		实际时间	

4.6　层、轿门的维修

4.6.1　层、轿门的工作原理

电梯的门分为轿厢门和厅门。轿门挂在轿厢上，与轿厢一起升降；厅门安装在井道层站。在厅、轿门上设有机械电气连锁装置，当厅、轿门打开时，电梯就不能运行。

电梯的门可按其开门的形式分为中分式门、旁开式门等类型，按其选用材料的不同，有钢板喷漆、不锈钢、镜面不锈钢和花纹不锈钢等类型。

1. 中分式门　门由中间向两边打开，具有开关门时间短，出入方便的优点。设有自动开关门机构的客梯，厅门和轿门采用这样门。

2. 旁开式门　门由侧边向另一侧打开，具有开门宽度大，对井道的宽度要求小的优点。货梯的厅门和轿门多采用这种形式。旁开门有两扇双折式、三扇三折式。

4.6.2　门的结构

4.6.2.1　门的基本组成

电梯的门主要由门板、门滑轮、门导轨架、门滑块及地坎等组成。

1. 门板　封闭式门一般采用1~1.5mm厚的薄钢板制成。

2. 门滑轮与门导轨架　厅门和轿门的顶部装有滑轮，门通过滑轮挂在门导轨架上。轿门的导轨架装载轿厢上，厅门的导轨架装在厅门门框内侧上。

3. 门滑块与地坎　在门的下部都装有尼龙导向滑块，滑块如图所示嵌入地坎槽中，开关门时，滑块沿着槽滑动，配合门滑轮，起导向作用。

4.6.2.2　厅门联动机构

厅门是从动门，由轿门通过门刀来带动，因此厅门的开门方式应与轿门一致，即轿门是中分式，厅门也是中分式样；轿门是旁开式，厅门也是旁开式。

门刀装在轿门上，靠门刀拨动安装在厅门上的门锁胶轮来带动厅门。由于门刀只能带动一扇门，因此两扇厅门之间必须要有一个联动机构，使门刀只需带动一扇门，就能使两扇门同时动作。

采用钢丝绳联动机构时，主门与钢丝绳连接，钢丝绳的两头均固定在导轨支架上，当主门运动时，通过动滑轮使副门也随着运动。采用这种结构时，门锁的电气联动只能保证一扇门的关闭，当钢丝绳打滑或断裂时，电梯在另一扇门未关闭的情况下，仍能起动运行，这是非常不安全的，容易发生剪切的安全事故。应设置门关闭确认开关，使电梯只有在门锁和关门到位开关确认完全闭合时，才能起动。

4.6.2.3　自动门锁

自动门锁是电梯自动门的机械电器联锁装置，安装在厅门上，它有如下两方面的功能：

1）锁住厅门，使在厅外层站的乘客只能用锁匙才能打开。

2）锁合时接通电梯控制回路，打开时断开电梯控制回路。

自动门锁最常见的是机械电气门锁。

4.6.3　厅、轿门的安全技术检查

4.6.3.1　厅门的检查

要求厅、轿门应平整立直、启、闭轻便灵活，无跳动、摆动和噪声，门滑轮的滚动轴承和其他摩擦部位都应润滑，每周加油一次。

封闭门用薄钢板制成，凡内外表面都应涂漆保护，遇漆剥落时，则应补漆防锈。厅门门锁应灵活可靠，在厅门关闭上锁时，必须保证不能从外面开启。

厅门和轿门的电路控制回路应灵敏，安全可靠。电梯只能在门锁闭上，触点闭合接通的情况下，才能运行。无论何时，当厅、轿门开启，电路触点断开时，电梯应不能起动，即使在运行过程中，电梯应立刻停止运行。

安全触板反应灵敏，安全可靠。

各门锁钩、锁臂及动接点动作灵活，在电气安全装置动作之前，锁紧元件的最小啮合长度为7mm，关门时无撞击声，接触良好。

厅门地坎的不水平度不应超过2/1000。地坎应高出装饰楼板平面5～10mm，并抹成1/100～1/50的过渡斜坡。各层厅门地坎至轿门地坎的距离偏差均不超过0～+3mm。厅门立柱、横梁的水不度均不应超过1/1000。

厅门轨道与地坎槽在导轨两端和中间三处间距的偏均不应超过±1mm，即导轨与地坎槽尽可能保持平行。厅门导轨滑轮接触地面（即顶面）与地坎槽底部的不平行误差不应超过1mm，即导轨与地坎槽不能倾斜，厅门导轨水平度误差不应超过0.5mm。

厅门门扇的导向门脚插入地坎槽后，其门脚与地坎在高度方向上的间隙应为6±2mm。

调整滚轮架上的偏心挡轮与导轨下端面间的间隙不应大于0.5mm，门扇在运行时平稳无跳动现象。

开门刀与各层厅门地坎、厅门的滚轮与轿厢地坎间的间隙均应为5～8mm，厅门的门扇与门套，门扇与门扇间的间隙均不超过6mm，折叠式门扇的快门与慢门之间的重叠部位为20mm。

轿门和厅门都是电梯安全保护装置，防止人员附入井道，或与井道相撞受伤，造成事故，它是维修保养工作一个较重要的组成部分，应予重视。

4.6.3.2　轿门的检查

1. 自动门机构的检查　自动门机构动作应灵活可靠，各拉杆绞每周滴加润滑油，孔内不许有脏物，发现要立即修光。

因皮带传动噪声小，而在自动门减速机构中广泛应用，在使用一段时间后，皮带有结构性伸长，使强力降低，引起打滑，传动乏力。其调整方法：将电动机位置进行精确测，然后转动皮带轮，仔细调整好电机位置。

门转动平稳的调整。自动门机构横梁两端有调整螺杆，旋进或旋出旋杆，可以使横梁安装水平，只有在安装合格的情况下，各个门扇移动才会均匀无颠簸，否则造成门移动抖动或卡死现象。

检查电动机。清除电动机上灰尘，轴承上加好润滑油。当电动机速度不稳定，或门开关冲击现象严重时，应检查行程开关有无移位，触头动作是否灵活，接线有无脱落或松动。

检查拨动厅门的门刀有无松动，刀片尖部是否损坏，若损坏可以补焊接长。该附在轿门上的不动刀片，起带动厅门开启关闭作用。

2. 安全触板的检查　轿门前沿附装活动安全触板（或光电保护器），其作用能使正在关闭的轿门碰到障碍物时，迅速向相反的方向开启。

4.6.4　厅、轿门的调整与维护

4.6.4.1　门刀的调整

从轿厢的顶部开始检查，确认轿门是否能平滑的带动层门开关；确认固定门刀的垂直倾

斜度不大于 1mm；完全关闭层门和轿门，确认各门轮与相对应的门刀之间间距不小于 6mm。如果门到与相应门轮的间隙不在要求的范围内要及时调整，如图 4-39 所示。

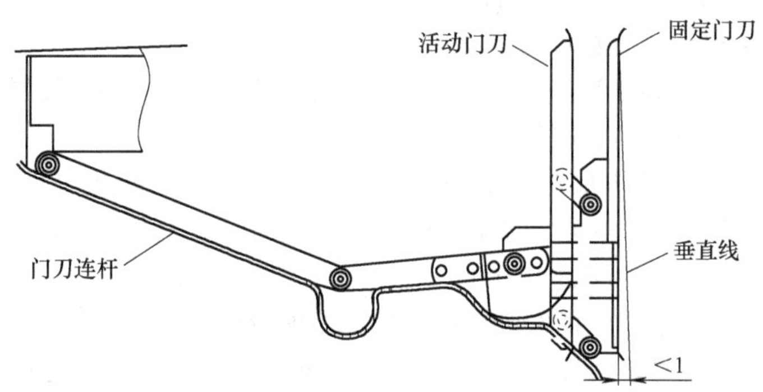

图 4-39　门刀的调整

4.6.4.2　门挂板及门导轨的调整与维护

门关板与门导轨之间间隙为 3～5mm，两边的门挂板与门导轨的间距之差不超过 1mm，挂门轮与门导轨之间间距 0.1～0.3mm，如图 4-40 所示。

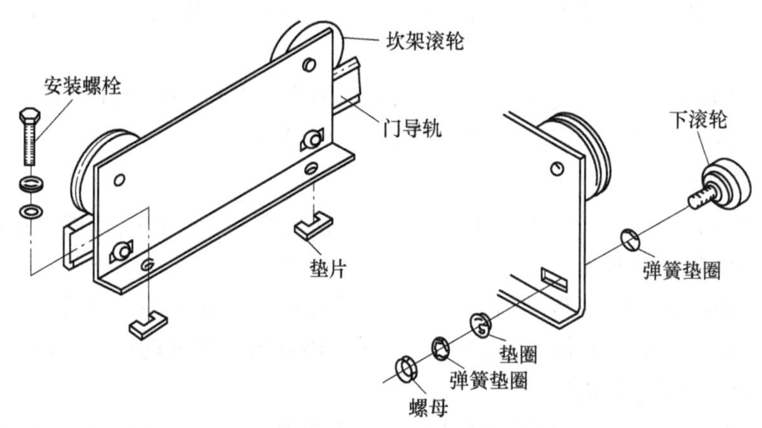

图 4-40　门挂板的调整

检查门挂板上的固定螺栓是否紧固、门挂挂板是否变形、挂门轮轴是否松动、挂门轮动作是否灵活、挂门轮是否有磨损、脱落、损坏的情况。

检查门导轨是否有锈蚀、门导轨是否有磨损、门导轨的固定螺栓是否紧固、门导轨上是否积灰，特别是门导轨的两端。

1. *挂板的调整*　如果挂门轮与门导轨的间隙不在要求范围内，调整挂门轮的固定螺钉以达到要求。如果挂门板安装水平度不符合要求则需要调整上坎架的固定螺栓使上坎架、门导轨水平。

2. *更换门挂板及门导轨*　如果挂轮轴过于松动、发出异常的响声、动作不灵活，挂门轮表面磨损、剥落、损坏则需要更换门挂板。如果门导轨磨损超过 0.3mm 时则需要更换门导轨。

4.6.4.3 门滑块的调整

门滑块安装在门板下并在地坎槽内活动，它用于导向门的运动。保持门滑块、地坎槽的表面及滑槽的清洁，否则门将不能顺畅、正常的开关。

如果地坎表面与门板底面间隙不在要求范围内，则可以通过加减门板下的垫片来调整。如果门滑块滑动时撞击地坎槽的边缘（但门滑块没有变形），则可能门板变形了。在这种情况下调整上坎架来消除门板的变形，门滑块的安装与调整如图4-41所示。门滑块的相关尺寸如图4-42所示。

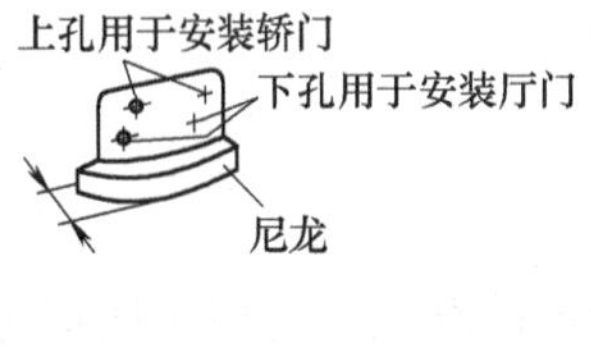

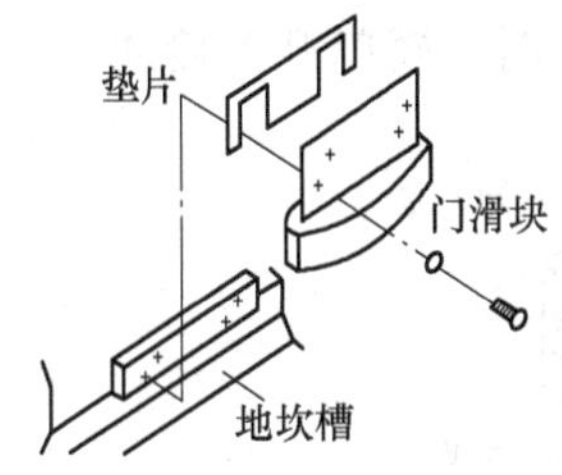

图4-41 门滑块的安装与调整

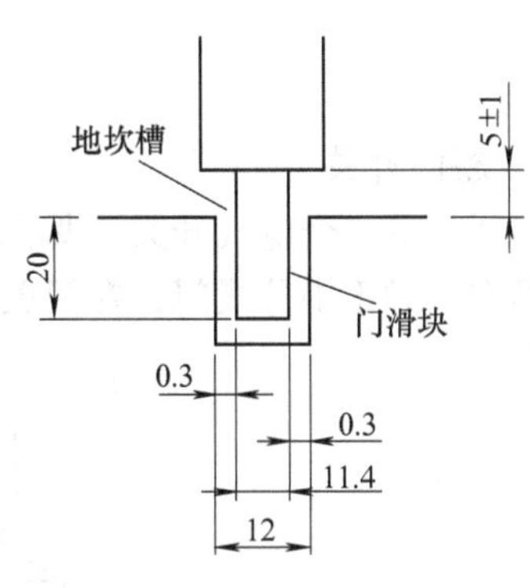

图4-42 门滑块的相关尺寸

检查门滑块的安装，轿门与层门使用相同的门滑块。轿门安装用上孔，层门安装用下孔。检查门滑块的安装螺栓是否紧固，门滑块是否磨损及变形，地坎槽的磨损及损坏，门滑块在地坎槽内运行是否灵活、是否有异常的响声，有则调整或更换滑块。

如果门滑块变形或者磨损超过1mm时，就需要更换新滑块。

4.6.4.4 传动链和传动带

经常清洁传动链和传动带，特别注意在加油润滑前清洁它们。在调整好门电动机的位置后，再调整门机传动链和传动带的张紧力。测量链条和传动带张紧度的方法：当弹簧秤的推力为1kg时，链条和传动带的下垂距离为5mm，链条上应加少量的机器油防止生锈。

如果链轮在运行过程中发出怪声，就需要在链轮齿上轻轻加上润滑油。润滑油不能太多，否则会滴到乘客的衣物上。检查同步带是否有磨损、断裂或损坏。

门机链条及同步带如图4-43所示。

4.6.4.5 门机凸轮控制箱

门机凸轮控制箱主要由门机凸轮、调速电阻、开关门到位触点开关、开关门换速触点开关组成。日常维护过程中，要检查凸轮的固定螺钉是否松动，开关触点有否脏污或损坏，连接线线耳是否松动、电线有否断裂，管状调节电阻的调整环是否松动。

当门完全开启时，开门到位开关触点的间距应为2mm。当门完全关闭时，关门到位开关的触点间距应为2mm，门的开启和关系位置可由定位螺栓来调整。

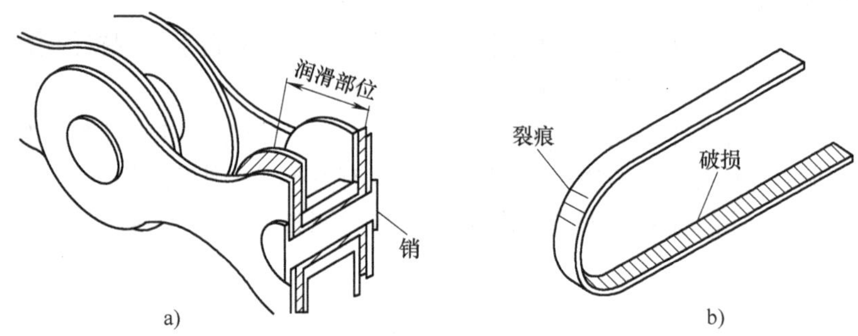

图 4-43　门机链条及同步带

a）门机链条　b）同步带

4.6.4.6　轿门开关

轿门开关是一个电气开关（见图 4-44），该开关用于确保电梯只有在门关闭后才能进行正常的操作。对于中分式门，在门关紧前 16～20mm 时，轿门开关接通。

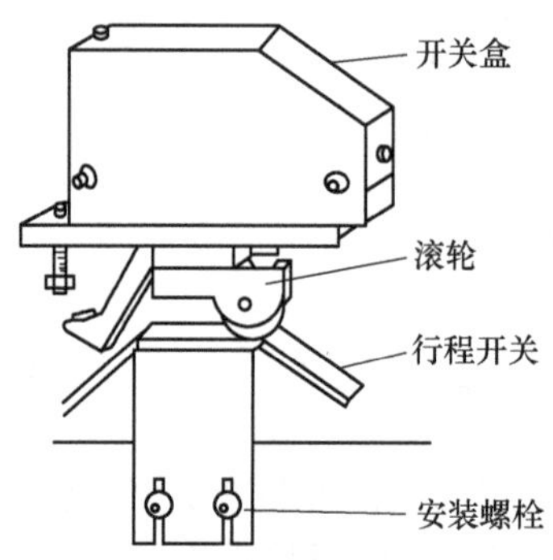

图 4-44　轿门开关

实训 6　层门的安装与调节

1. 实训目的

掌握层门调整的要点，并能检修层门机械故障。

2. 实训设备

（1）钳工工具　活扳手、呆扳手、梅花扳手、套筒扳手、螺钉旋具、木锤、锉刀等。

（2）专用工具　塞尺。

（3）器材　细砂纸和黄油或钙基润滑脂。

（4）设备　教学用层门。

3. 实训步骤

1）明确层门各部件的功能和作用，熟悉层门的工作原理。

2）按照要求，完成层门的拆卸。

3）完成层门的安装与调节。

4）检查安装质量。

具体步骤见 4.6.4。

4. 考核及评分标准（见表4-17）

表4-17　层门的安装与调节考核及评分标准

项　目	配　分	评分标准		得　分
拆卸层门（门框及地坎不拆）	20分	操作有误每项扣除5分，最多扣除20分		
层门安装及调节	60分	（1）层门门扇之间、门扇与地坎之间门扇与门套之间间隙超过1~6mm，扣10分 （2）门框、层门、导轨各方向的垂直度、水平度超过1/1000，扣5分 （3）层门用手推拉有明显噪声扣除5分，扣10分 （4）层门用手推拉有明显跳动扣除5分，扣10分 （5）单扇门牵引阻力大于5N扣除5分，扣5分 （6）层门偏心挡轮与门导轨之间间隙超过0.5~1mm，扣5分 （7）在层门下端，用手两边拔门，门扇与门扇之间的间隙超过30mm，每项扣5分 （8）门锁在电气触电接通之前，机械啮合不少于7mm，电气触头有不少于3mm的压紧量，锁钩与锁盒的侧隙在2~3mm之间，超过每项扣5mm		
操作过程与综合效果	20分	（1）在规定的时间内完成任务，得10分 （2）工具及设备摆放整齐，得10分		
安全文明	违反安全文明生产规程，扣10~70分			
定额时间	30min			
备注	除定额时间外，各项目的最高扣分不应超过配分数		成绩	
开始时间		结束时间		实际时间	

实训7　轿门的调节

1. 实训目的

掌握轿门调整的要点，并能检修开关门的故障。

2. 实训设备

（1）钳工工具　活扳手、呆扳手、梅花扳手、套筒扳手、螺钉旋具、木锤、锉刀等。

（2）专用工具　塞尺。

（3）器材　细砂纸和黄油或钙基润滑脂。

（4）设备　教学用自动门机。

3. 实训步骤

1）明确轿门各部件的功能和作用，熟悉轿门的工作原理。

2）按照要求，完成轿门开关门速度的调节。

3）完成轿门开关门减速位置的调节。

4）完成开关门结束位置的调节。

5）检查轿门调整质量。

具体步骤见4.6.4。

4. 考核及评分标准（见表4-18）

表4-18 轿门的调节考核及评分标准

项目	配分	评分标准		扣分
开关门速度调节	20分	（1）开门速度调节：0.35～0.4m/s速度平稳、适当，速度过快或过慢；扣10分 （2）关门速度调节：0.25～0.3m/s速度平稳、适当，速度过快或过慢；扣10分		
开关门减速位置调节	20分	（1）开门减速位置调节：门开至1/2处减速，误差不超过+10mm；扣10分 （2）关门减速位置调节：门关至2/3处减速，误差不超过+10mm；扣10分		
开关门结束位置调节	20分	（1）开门结束有冲击及位置误差超过6mm，扣10分 （2）开门结束有冲击及位置误差超过6mm，扣10分		
操作过程与综合效果	40分	（1）在规定的时间内完成任务，得10分 （2）1～6项需要通电进行调整、检测，只能通过按钮控制开关门 （3）综合效果不符合要求不得分		
安全文明	违反安全文明生产规程，扣10～70分			
定额时间	30min			
备注	除定额时间外，各项目的最高扣分不应超过配分数		成绩	
开始时间		结束时间	实际时间	

参 考 文 献

[1] 缪鸿孙，王水福，陈夏鑫，等．电梯的保养和维修技术［M］．北京：中国计量出版社，1997．

[2] 孟少凯，尚贵林，张存荣，等．电梯技术与工程实务［M］．北京：中国宇航出版社，2002．

[3] 冯国庆．电梯维修与操作［M］．北京：中国劳动社会保障出版社，2005．

[4] 陈恒亮，郭昕文，等．电梯结构与原理［M］．北京：中国劳动社会保障出版社，2005．

读者信息反馈表

感谢您购买《**高级电梯安装维修工技能实战训练**》一书。为了更好地为您服务，有针对性地为您提供图书信息，方便您选购合适图书，我们希望了解您的需求和对我们教材的意见和建议，愿这小小的表格为我们架起一座沟通的桥梁。

<table>
<tr><td>姓　名</td><td colspan="2"></td><td colspan="2">所在单位名称</td><td colspan="2"></td></tr>
<tr><td>性　别</td><td colspan="2"></td><td colspan="2">所从事工作(或专业)</td><td colspan="2"></td></tr>
<tr><td>通信地址</td><td colspan="4"></td><td>邮　编</td><td></td></tr>
<tr><td>办公电话</td><td colspan="2"></td><td colspan="2">移动电话</td><td colspan="2"></td></tr>
<tr><td>E-mail</td><td colspan="6"></td></tr>
<tr><td colspan="7">1. 您选择图书时主要考虑的因素：（在相应项前画✓）
（　　）出版社 （　　）内容 （　　）价格 （　　）封面设计 （　　）其他
2. 您选择我们图书的途径（在相应项前画✓）
（　　）书目 （　　）书店 （　　）网站 （　　）朋友推介 （　　）其他</td></tr>
<tr><td colspan="7">希望我们与您经常保持联系的方式：
□ 电子邮件信息　□ 定期邮寄书目
□ 通过编辑联络　□ 定期电话咨询</td></tr>
<tr><td colspan="7">您关注（或需要）哪些类图书和教材：</td></tr>
<tr><td colspan="7">您对我社图书出版有哪些意见和建议（可从内容、质量、设计、需求等方面谈）：</td></tr>
<tr><td colspan="7">您今后是否准备出版相应的教材、图书或专著（请写出出版的专业方向、准备出版的时间、出版社的选择等）：</td></tr>
</table>

非常感谢您能抽出宝贵的时间完成这张调查表的填写并回寄给我们，您的意见和建议一经采纳，我们将有礼品回赠。我们愿以真诚的服务回报您对机械工业出版社技能教育分社的关心和支持。

请联系我们——

地　址：北京市西城区百万庄大街22号　机械工业出版社技能教育分社

邮　编：100037

社长电话　（010）88379083　88379080　68329397（带传真）

E-mail　jnfs@ mail. machineinfo. gov. cn